Tourenübersicht

1 Simmswasserfall
2 Hölltalschlucht – Weg der Sinne
3 Rotlechschlucht
4 Stuibenfälle
5 Schnanner Klamm – Fritzhütte
6 Radurschlklamm
7 Kaunertaler Wasserweg
8 Verpeilbach
9 Salvesenklamm – Hoher Übergang
10 Rosengartenschlucht – Blaue Grotte
11 Pitzeklamm
12 Söllbergwasserfall
13 Ötztaler Ache – Piburger See
14 Stuibenfall
15 Winnebachseehütte
16 Rotmoos-Wasserfall – Zirbenwegrunde
17 Zimmerbergklamm – Strassberghaus
18 Leutascher Geisterklamm
19 Gleirschklamm
20 Ehnbachklamm
21 Hundstalsee
22 Lüsenerblick
23 Mühlauer Klamm
24 Grawa-Wasserfall – Sulzenauhütte – Blaue Lacke
25 Laponesalm – Bremer Hütte
26 Obernberger See
27 Naviser Almenrunde
28 Ramsgrubner See – Wildlahnerbach
29 Wolfsklamm – St. Georgenberg
30 Achensee
31 Dalfazer Wasserfall
32 Talbach
33 Riederklamm
34 Schraubenfall
35 Kaiserklamm – Weißache
36 Tiefenbachklamm
37 Kundler Klamm
38 Schmugglerweg
39 Griesbachklamm
40 Eifersbacher Wasserfall
41 Sintersbach-Wasserfall
42 Innergschlöss – Gletscherrundweg
43 Umbalfälle
44 Lesacher Almen
45 Galitzenklamm
46 Tristacher See
47 Burkhardklamm
48 Gilfenklamm
49 Passerschlucht – Stieber Wasserfall
50 Algunder Waalweg
51 Barbianer Wasserfälle
52 Bletterbachschlucht

1. Auflage

Erlerstraße 10, A-6020 Innsbruck
E-Mail: mail@uvw.at
www.michael-wagner-verlag.at

Umschlag, Layout, Satz und Aufbereitung der Karten: Michael Wagner Verlag/
Maria Strobl – www.gestro.at

Fotos und Kartenvorlagen: Christine Mühlöcker
Karten:

Bibliografische Information der Deutschen Nationalbibliothek
Die Deutsche Nationalbibliothek verzeichnet diese Publikation in der Deutschen Nationalbibliografie; detaillierte bibliografische Daten sind im Internet über <http://dnb.dnb.de> abrufbar.

ISBN 978-3-7107-6773-9

Gedruckt auf umweltfreundlichem, chlor- und säurefrei gebleichtem Papier.

Hinweis:
Die einzelnen Angaben wurden von der Autorin sorgfältig nach bestem Wissen und Gewissen zusammengestellt. Für die Richtigkeit der Angaben kann keinerlei Haftung übernommen werden. Wandern im alpinen Gelände erfolgt stets auf eigene Gefahr. Eine Haftung der Autorin oder des Verlages für selbst erlittene oder anderen zugefügte Schäden ist ausgeschlossen.

CHRISTINE MÜHLÖCKER

TIROLER WASSER-WANDERUNGEN

52 WEGE ZU WILDEN BÄCHEN, STILLEN SEEN UND RAUSCHENDEN WASSERFÄLLEN

Michael Wagner Verlag

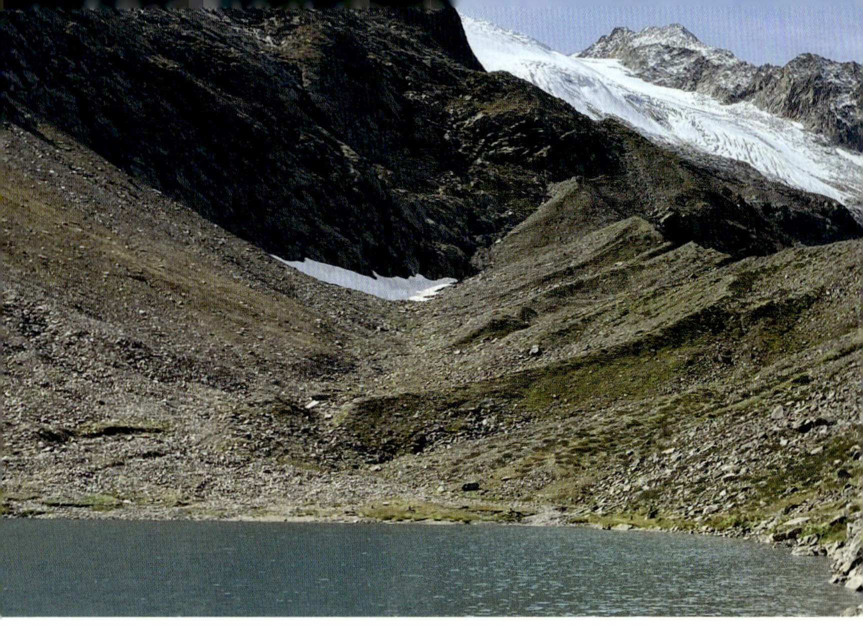

Blaue Lacke mit dem Sulzenauferner im Hintergrund

Vorwort

Als mich der Verlag fragte, ob ich einen weiteren Wanderführer herausbringen will, habe ich nicht lange überlegt und zugesagt. Ich wollte aber kein normales Wanderbuch schreiben, von denen es schon viele in Tirol gibt. Da hatte mein Partner – der eine Wasserratte ist – die Idee, ein Buch über Wasserwanderungen zu machen. Dieser Vorschlag hat mich schnell begeistert, da Tirol, was Wasservorkommen anlangt, ein gesegnetes Land ist.

Überall hört man von Wasserknappheit, in Tirol aber rauschen unzählige Gebirgsbäche ins Tal. Viele davon werden von Gletschern gespeist. Dabei werden immer wieder höhere Geländestufen überwunden, was zur Bildung eindrucksvoller Wasserfälle führt. Außerdem finden sich auf den Bergen unzählige Gebirgsseen und viele Täler bieten romantische Klammen und Schluchten.

Gerade im Sommer ist die Kombination von Wandern und Wasser ideal. Dabei führen die Wege zu faszinierenden Naturschauspielen, bei denen vom Wasser ein kühler Luftzug ausgeht und an so manchem heißen Sommertag schnell für Erfrischung sorgt. Auch kann man seine müden Füße im Bach abkühlen und in einigen Bergseen ist es sogar möglich zu schwimmen.
Ich hatte zwei Jahre Zeit, um zu recherchieren, welche Wasserwege in Nord-, Ost- und Südtirol für so einen Führer in Frage kommen, und konnte diese

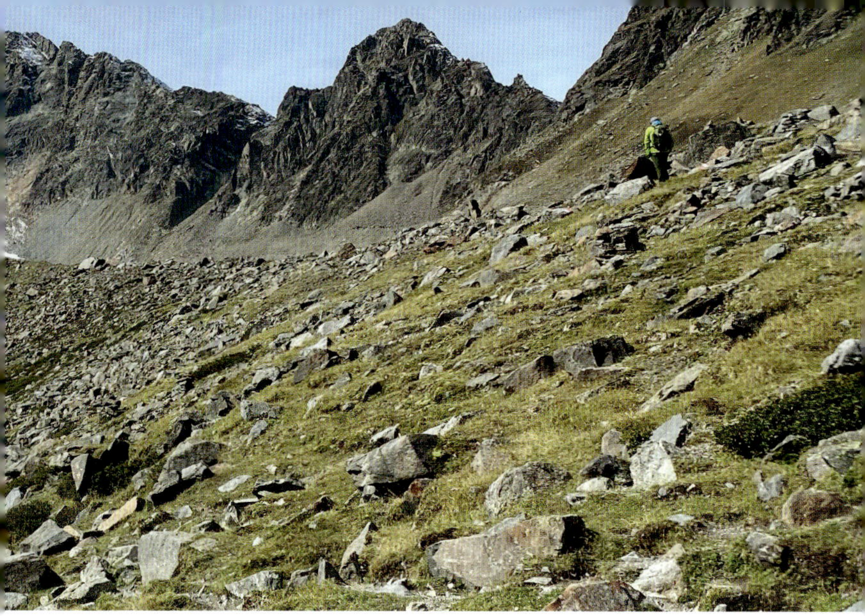

dann auch abgehen. Von den vielen Vorschlägen, die ich zusammengetragen hatte, die schönsten herauszusuchen, war dann gar nicht so einfach. So bin ich auch die ein oder andere Tour „umsonst" gegangen, weil mir dabei irgendetwas nicht gepasst hat.

Leider war mir das Wetter nicht immer gewogen, so dass es sein kann, dass das ein oder andere Foto der schönen Landschaft nicht ganz gerecht wird. Das Ergebnis dieser zwei Jahre ist nun das Buch, das Sie in Händen halten. Es beinhaltet 52 Touren, die im Detail ausgearbeitet sind. Es soll dazu anregen, Neues zu entdecken.

Auf diesem Wege möchte ich mich ganz herzlich bei meinem Partner für den Themenvorschlag bedanken. Ein Dankeschön gilt auch all meinen Freunden und Familienmitgliedern, die mich auf so mancher Tour begleitet haben. Meinem Vater gilt ein besonderes Dankeschön für die Überprüfung des Manuskriptes.

So bleibt mir nur, Ihnen schöne, unfallfreie Wanderungen mit kühlenden Wasserhighlights in der Tiroler Bergwelt zu wünschen,
Christine Mühlöcker

Einteilungen der Wasserwege

Ich habe die Touren in sechs Hauptkategorien eingeteilt, wobei sich bei vielen eine Kombination aus denselben ergeben hat. Bei den meisten vorgeschlagenen Wegen handelt es sich schlicht und einfach um Wanderungen. Es gibt aber auch einige spektakuläre Klettersteige in Wassernähe, von denen ich einige wenige in diesem Führer inkludiert habe.
Bei den sechs Hauptkategorien handelt es sich um folgende:

Wanderung Klamm

Im allgemeinen Sprachgebrauch werden Klamm und Schlucht oft synonym gebraucht. Was ist aber der Unterschied zwischen den beiden? Beide entstanden durch die Kraft des Wassers, das sich im Lauf der Jahrhunderte einen Weg durch das Gestein gebahnt hat. Sehr häufig bilden sie sich an geologischen Grenzlinien, wo es zur Bildung ausgesprochen enger Talformationen kommt. In einer Schlucht sind die den Bach umgebenden Felswände steil oder schräg abfallend, während sie in einer Klamm senkrecht in die Höhe ragen und fallweise überhängende Stellen aufweisen, sodass man vom Bach aus den Himmel teilweise kaum sehen kann. Eine Klamm ist in der Regel also enger als eine Schlucht.

Manche Klammen wurden schon recht früh mit Wegen ausgestattet, da sie für die Trift von Nutzholz verwendet wurden. Andere hat man erst später für Wanderer durch Errichtung von Stegen, Brücken und Stufen gut zugänglich gemacht.

Das Betreten des Geländes erfolgt immer auf eigene Gefahr. Trittsicherheit und Schwindelfreiheit ist auch bei fast allen Klammen und Schluchten notwendig. Auf Rutschgefahr ist bei Feuchtigkeit und Nässe zu achten. Bei Gewitter und stärkeren Regenfällen sind Klammen immer zu meiden, da dann Gefahr von Steinschlag und Schwallwasser besteht. Durch die Enge des Tales schwillt der Gebirgsbach innerhalb kürzester Zeit gewaltig an und kann zu einem reißenden, lebensgefährlichen Wildbach werden.

Selbst im Hochsommer herrscht in einer Klamm meist angenehme Kühle, da die hohen, eng beieinanderstehenden Felswände Schatten spenden und vom Gebirgsbach ein erfrischender Luftzug zum Weg heraufgetragen wird. In dem kühlen, feuchten Klima enger Täler gedeihen auch die Pflanzen prächtig. Auf den von Gischt besprühten Felswänden bilden sich wunderschöne Moospolster. Und in einigen Klammen findet man auch seltene Pflanzen, die sonst kaum noch verbreitet sind.

Wanderung Wasserfall

Wasserfälle spenden ebenfalls wunderbar Abkühlung an so manchem heißen Sommertag. Sie haben etwas besonders Anziehendes. Man bekommt die Naturgewalt des Wassers hautnah zu spüren, die fast alle Sinne anzuregen vermag.

So kann man beobachten, wie die Wassermassen in die Tiefe stürzen und über verschiedene Stufen aufschäumen, bis sie endgültig am Talboden ankommen. Wer sich einem Wasserfall nähert, hört auch bald das vom Wasser verursachte Geräusch, das je nach Wasserführung als leises Geplätscher bis hin zu ohrenbetäubendem Getöse empfunden wird. Aber auch für den Spürsinn bietet ein Wasserfall etwas: So kann man auf der Haut den feinen Sprühregen wahrnehmen, der entsteht, wenn Wasser aus großer Höhe am Fels auftrifft und in tausende Tröpfchen zerstiebt, die sich in alle Richtungen ausbreiten. Ein derartiger Sprühregen soll auch für die Atemwege sehr gesund sein!

Wasserfälle führen meist im Frühjahr – während der Schneeschmelze – viel Wasser. Da sind sie dann auch besonders beeindruckend.

Wanderung Bach

In Tirol gibt es jede Menge Gebirgsbäche. Viele derselben sind durch Forstwege oder Wanderwege erschlossen. Von Mountainbikern besonders frequentierte Forstwege habe ich in diesem Buch mit Absicht nicht aufgenommen, da es nicht sehr erholsam ist, wenn man immer auf Radfahrer achten muss.

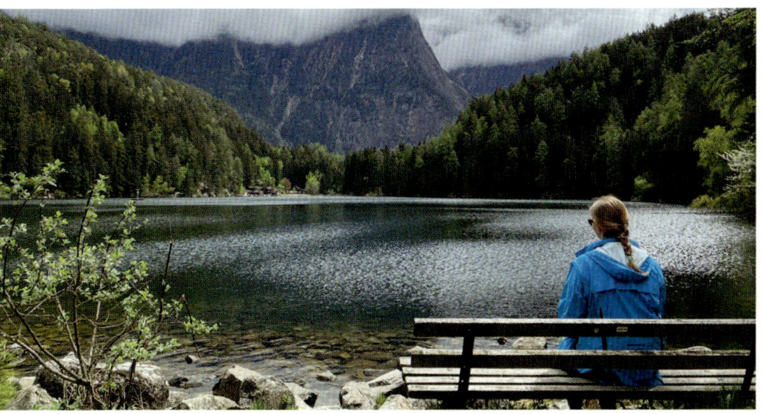

Am Westufer des Piburger Sees mit Blick auf das Ostufer mit der Badeanstalt

Wanderwege entlang von Gebirgsbächen sind ausgesprochen erholsam. Einerseits bieten sie an so manchem heißen Sommertag eine schöne Abkühlung und Erfrischung und andererseits ist es überaus entspannend, wenn man von deren Rauschen und Gurgeln oder Plätschern begleitet wird. Ferner bieten Bäche meist Möglichkeiten, die müden Beine zur Erholung ins Wasser baumeln zu lassen, und für Kinder ist ein Bach immer eine besondere Attraktion.

Wanderung See

Tirol ist zwar kein Seenland wie Salzburg oder Kärnten, die mit großen Badeseen aufwarten. Dafür gibt es zahlreiche wunderschöne Gebirgsseen. Je nach Untergrund und Wetter oder Tageszeit leuchten deren Wasser in den verschiedensten Farben. Wenn sich die Landschaft auf der klaren Wasseroberfläche eines Sees widerspiegelt, ergibt das einen faszinierenden Anblick. Seen bieten sowohl für das Auge als auch für die Seele Erholung. Stundenlang kann man am Ufer rasten und seine Gedanken schweifen lassen. Manchmal sieht man auch, wie sich ein Wagemutiger in einen der oft eiskalten Gebirgsseen hineinwagt, um sich abzukühlen.

Wanderung Waalweg

Auch künstlich angelegte Wasserwege dürfen in diesem Buch nicht fehlen. Dabei handelt es sich um Wasserwege, die errichtet wurden, um das Wasser aus Bächen auf Sonnenhänge umzuleiten, wo es dringend für die Landwirtschaft benötigt wird. In Südtirol sind das die bekannten Waalwege, von denen es besonders im Vinschgau viele gibt. Aber auch in Nordtirol hat man früher solche Wasserkanäle gebaut.

Klettersteig

In letzter Zeit erfreuen sich Klettersteige immer größerer Beliebtheit. Es gibt auch schon einige, die entlang von Wasserfällen oder in Klammen gebaut wurden. Die dürfen in diesem Buch natürlich nicht fehlen.

Wer keinen Klettersteig gehen will, kann aber meist den Rückweg von solchen als Wanderung benutzen und kommt so auch zu dem Wasser-Highlight, wo man den Klettersteiggehern zuschauen kann.

Wenn nur Einzelne aus einer Wandergruppe klettern wollen, ist es auch möglich, dass man die Wanderung gemeinsam startet und sich beim Einstieg des Klettersteiges trennt. Während die Klettersteiggeher sich in der Wand abmühen, kann der Wanderer gemütlich hinaufgehen und die Klettersteiggeher dabei vom Weg aus beobachten. Abgestiegen wird dann wieder gemeinsam.

Zum Gebrauch des Führers

Um alle Details im Überblick zusammenzufassen, gibt es zu jeder Tour einen Vorspann, in dem alle wichtigen Eckpunkte zur Tour schnell ersichtlich sind und sowohl mit Icons als auch in Kurzform beschrieben werden.

Es gibt folgende Icons im Vorspann.

Schwierigkeitsgrad: Dieser ist nach dem alpinen Wegesystem Tirols bewertet.

 Blaue Wanderwege sind leicht. Dabei handelt es sich um breite Wege, die nur eine geringe Steigung aufweisen.

 Rote Wanderwege sind mittelschwer. Oft sind es schmale und steile Pfade, die stellenweise auch ausgesetzt sein können oder kurze versicherte Gehpassagen enthalten.

 Schwarze Wanderwege sind schwierig. Sie sind großteils schmal und steil und weisen auch Passagen auf, die sehr ausgesetzt sind. Außerdem haben sie längere versicherte Abschnitte.

Einteilung der Wasserwege

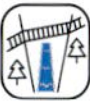 Klamm

 See

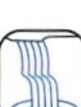 Wasserfall

 Waalweg

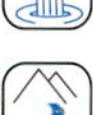 Bach

 Klettersteig

Im geschriebenen Vorspann werden dann folgende Details genauer beschrieben:

- Anfahrt
- Ausgangspunkt
- Route
- höchster Punkt
- Kilometer und Höhenmeter
- Dauer: Zeitangaben sind, da vom persönlichen Fitnesszustand und von der Tagesverfassung abhängig, immer etwas problematisch. Wenn man mit Kindern geht, dauert es dementsprechend länger, da sie während der Wanderung mit Begeisterung jeder Ablenkung nachgehen. Die Zeitangabe für die beschriebene Tour gilt jeweils ohne Pausen und für die gesamte Strecke.

- Beim Wandern wurden im Durchschnitt 300 Höhenmeter (Hm) pro Stunde für den Aufstieg und 500 Höhenmeter pro Stunde für den Abstieg veranschlagt.
- Bei Klettersteigen wurden die Angaben übernommen, die in der Führungsliteratur beschrieben sind.

- Ausrüstung
  - Funktionelle Kleidung sowie zusätzliches Gewand für Kälte oder Regen ist bei jeder Wanderung nötig und deshalb hier nicht extra erwähnt.
  - Bei Wanderungen mit Kindern ist es auch von Vorteil, ein zweites Paar Schuhe und Ersatzgewand mitzuhaben, da es die Kinder erfahrungsgemäß zum Wasser hinzieht.
  - Schuhe mit gutem Profil sind bei fast allen Touren nötig, da man bei Wasserwegen mit Feuchtigkeit oder Nässe rechnen muss und somit Rutschgefahr besteht.
  - Braucht man spezielle Ausrüstung, wie z. B. ein Klettersteigset oder Schwimmsachen, dann wird das ausdrücklich erwähnt.
- Voraussetzungen: Die meisten Touren erfordern Trittsicherheit. Da vor allem in Klammen die Wege oft hoch über dem Wasser angelegt sind, erfordern viele auch Schwindelfreiheit. Für Klettersteige ist Klettersteigerfahrung von Vorteil.
- Öffnungszeiten/Beste Jahreszeit:
  - Öffnungszeiten: Manche Klammwege haben einen offiziellen Eingang und sind nur zu bestimmten Zeiten zu begehen.
  - Beste Jahreszeit: Ab wann man eine Tour im Jahr gehen kann, hängt vom vorhergehenden Winter ab. Auch gibt es Jahre, wo der erste Schnee sehr früh fällt und so manche Tour dann nur mehr schwer zu gehen ist. Darum habe ich beschlossen, nur grobe Richtlinien zu geben.
- Gebühren: Hier wird erwähnt, wenn bei einer Tour Gebühren für den Parkplatz oder für den Eintritt in eine Klamm anfallen. Nicht angegeben sind die Tarife dafür, da sich diese oft kurzfristig ändern.
- Einkehrstationen: Es wird erwähnt, ob es entlang der Tour Einkehrstationen gibt und wenn ja, welche.
- Tipp: Hier ist beschrieben, ob sich in der Nähe etwas besonders Sehenswertes befindet. Ferner, ob es bei einer Tour weiter oben ein attraktives Einkehrziel gibt. Und schlussendlich auch, ob man die Tour gut abkürzen oder variieren kann.

Im Hauptteil folgt dann die detaillierte Beschreibung. Um die Wegfindung zu erleichtern, wurden im Text die Inhalte der Wegweiser graphisch hervorgehoben (kursiv).

Am Ende jeder Tourenbeschreibung findet man noch einen Kartenausschnitt, in dem der Weg eingezeichnet ist. In diesem Kartenausschnitt werden folgende Symbole verwendet.

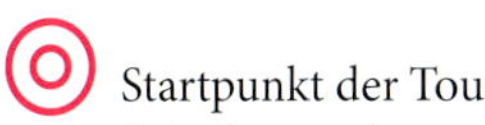
Startpunkt der Tour
—— Wanderstrecke
- - - Klettersteig
→ Richtung der beschriebenen Tour

Auswahl der Routenvorschläge

Wenn möglich, habe ich versucht, Runden auszuarbeiten, damit man nicht den gleichen Weg zurückgehen muss. Selbstverständlich kann man aber den gleichen Weg hin und retour gehen. Es gibt nur wenige Touren, die das nicht zulassen. Zum Beispiel einige Klammen, die man nur in eine Richtung begehen darf. Auch Klettersteige werden üblicherweise nur in eine Richtung begangen.

Die meisten der in diesem Buch beschriebenen Touren sind rote Touren, die nicht allzu schwierig sind und somit meist auch gut für Familien mit Kindern geeignet sind.

Lange Touren in diesem Buch können auch als Teiltouren gemacht werden. So z. B. der Aufstieg auf die Bremer Hütte. Welche Möglichkeiten es gibt, ist jeweils im Tipp beschrieben.
Am Anfang des Buches ist eine Kartenübersicht, die zeigt, wo sich welche Tour befindet.

Am Ende des Buches findet sich eine Übersicht aller Touren. In einer Tabelle sind die wichtigsten Angaben zu jeder Tour zusammengefasst. So sieht man auf einen Blick, was es für Wasser-Highlights gibt, den Schwierigkeitsgrad, die Länge und die Höhenmeter.

Sonstiges

Selbstverständlich sollte es bei jeder Wanderung sein, dass man auf andere Leute und Tiere Rücksicht nimmt. Kuhgatter, die man passiert, sind hinter einem zu schließen.

Abkürzungen

WW = Wegweiser
Hm = Höhenmeter
km = Kilometer
m = Meter
KS = Klettersteig

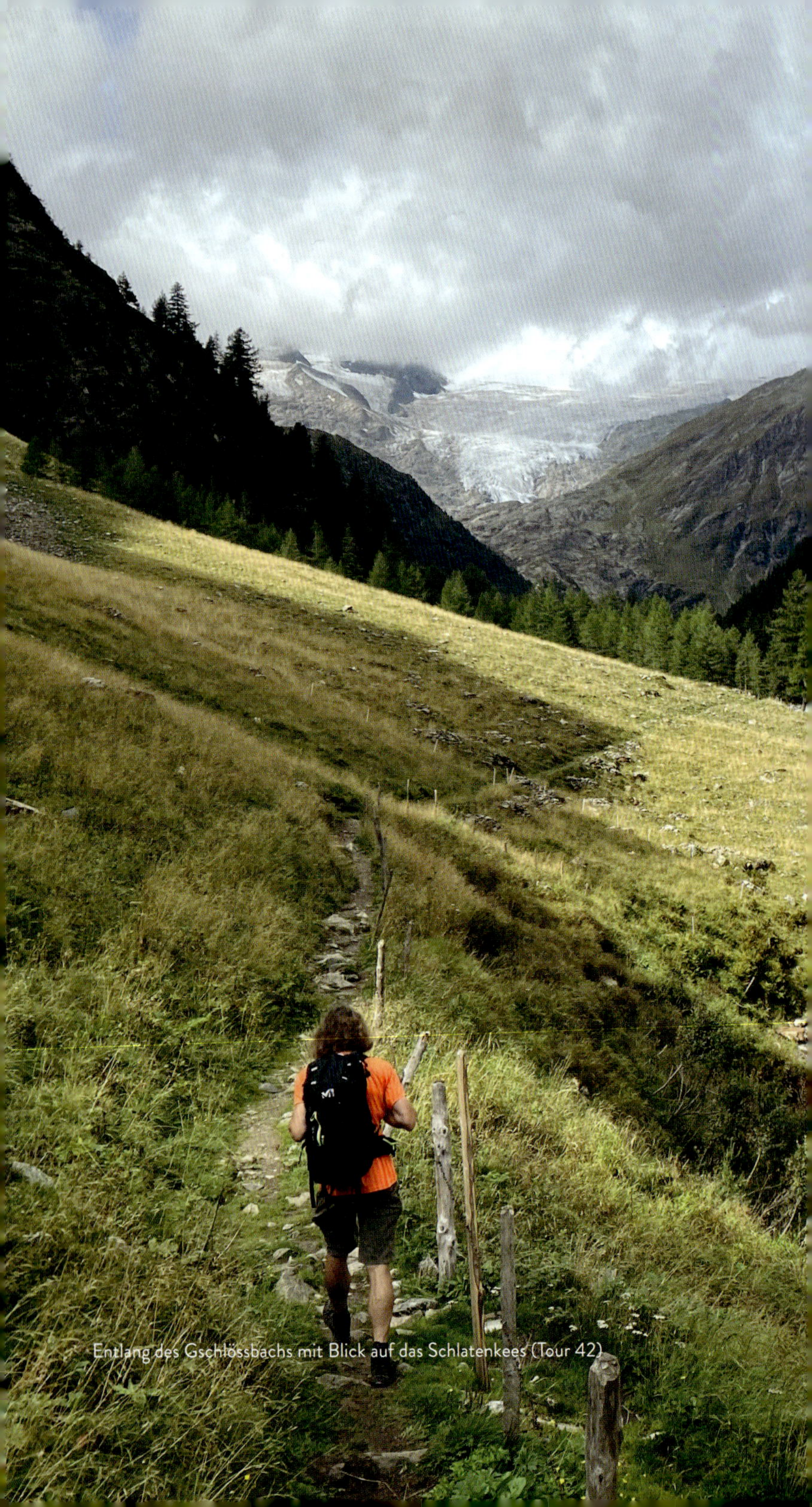

Entlang des Gschlössbachs mit Blick auf das Schlatenkees (Tour 42)

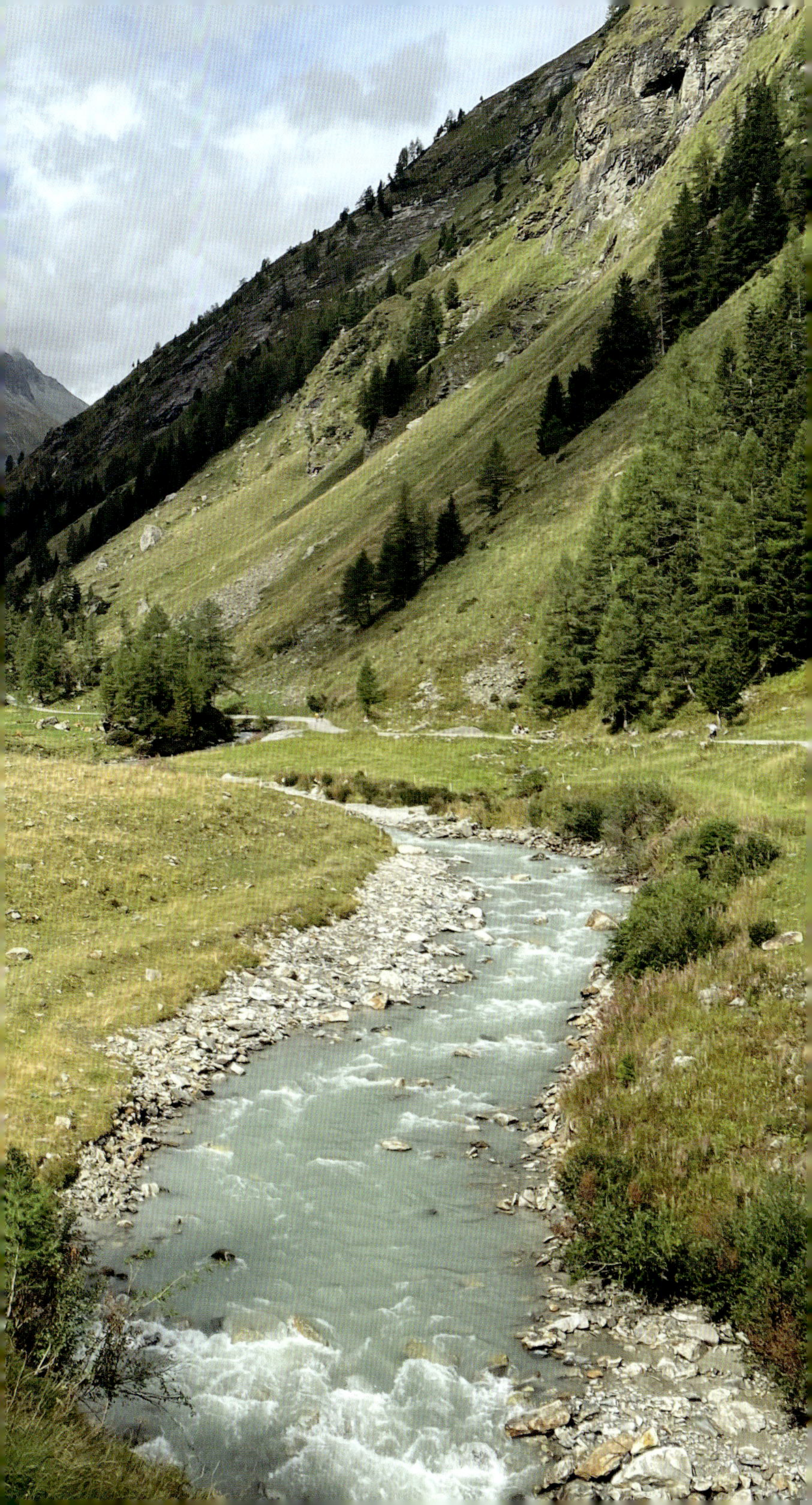

1 Simmswasserfall

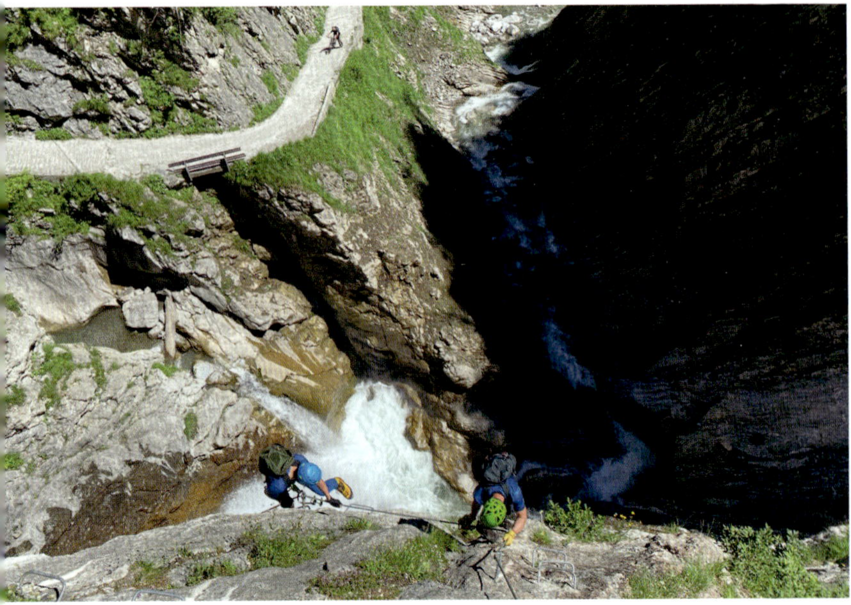

Die Querung im Klettersteig gleich nach der Seilbrücke. Im Hintergrund der Normalweg zurück.

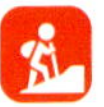

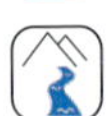
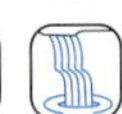

Diese Tour in Holzgau wartet mit zwei Höhepunkten auf. Der erste ist die Überquerung der Hängebrücke, die in schwindelerregender Höhe über den Höhenbach führt. Der zweite ist der gut angelegte Erlebnisklettersteig beim Simmswasserfall, bei dem man den Wasserfall über Seilbrücken quert.

Anfahrt: Innsbruck – Inntalautobahn Ausfahrt Imst – Hahntennjochstraße – Häselgehr – Elbigenalp – Bach – Holzgau

Ausgangspunkt: Parkplatz P2 in Holzgau (1114 m)

Route: Hängebrücke – Café Uta – Klettersteig – Höhenbach – Parkplatz

Höchster Punkt: 1310 m (am Weg zum Café Uta)

Km, Hm: 5,1 km, 270 Hm

Dauer: 2 – 2 ¼ Stunden

Schwierigkeitsgrad KS: B/C mit Variante D/E

Dauer: 2 – 2 ¼ Stunden

Ausrüstung: für den Klettersteig kom-

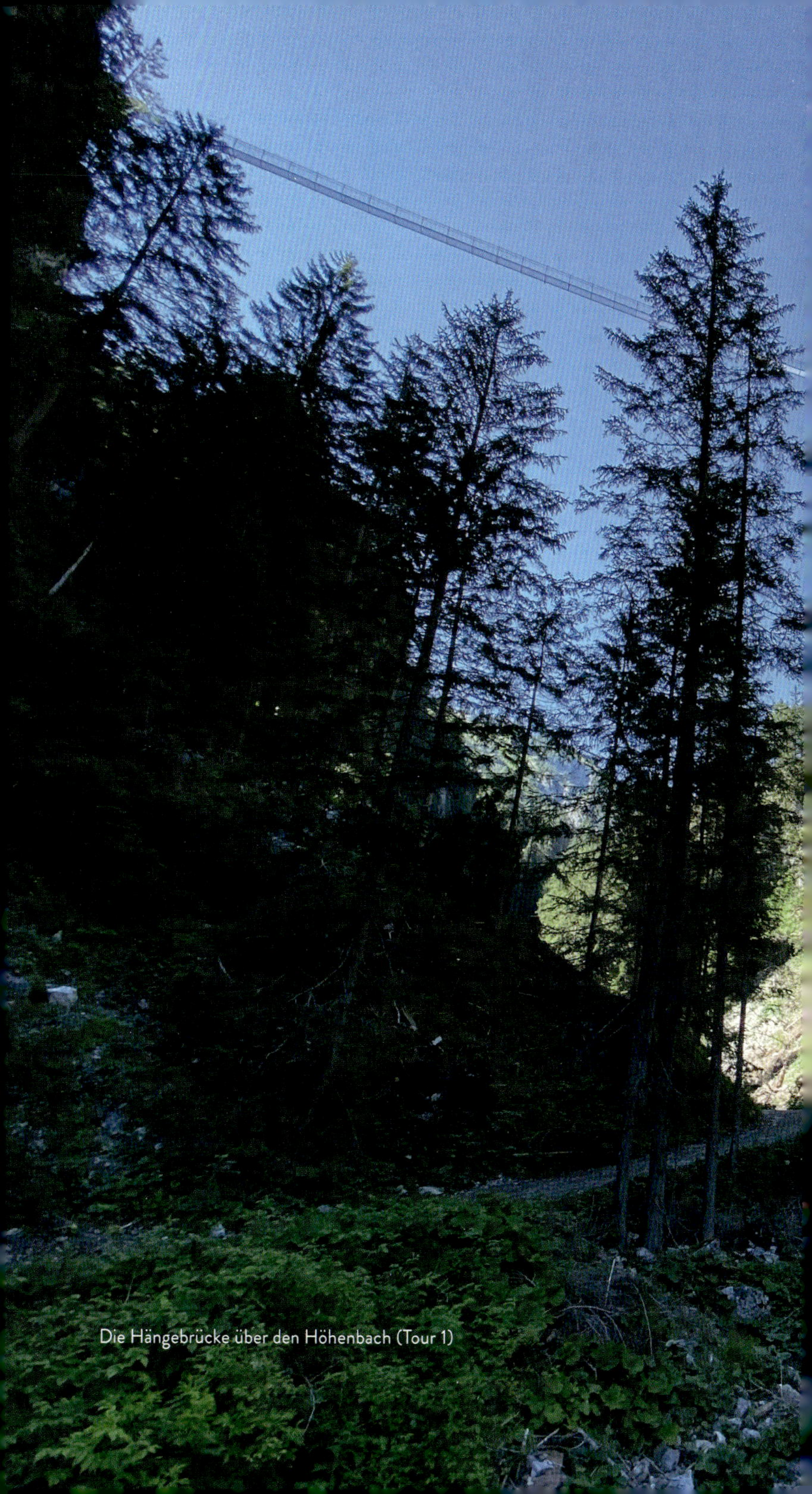
Die Hängebrücke über den Höhenbach (Tour 1)

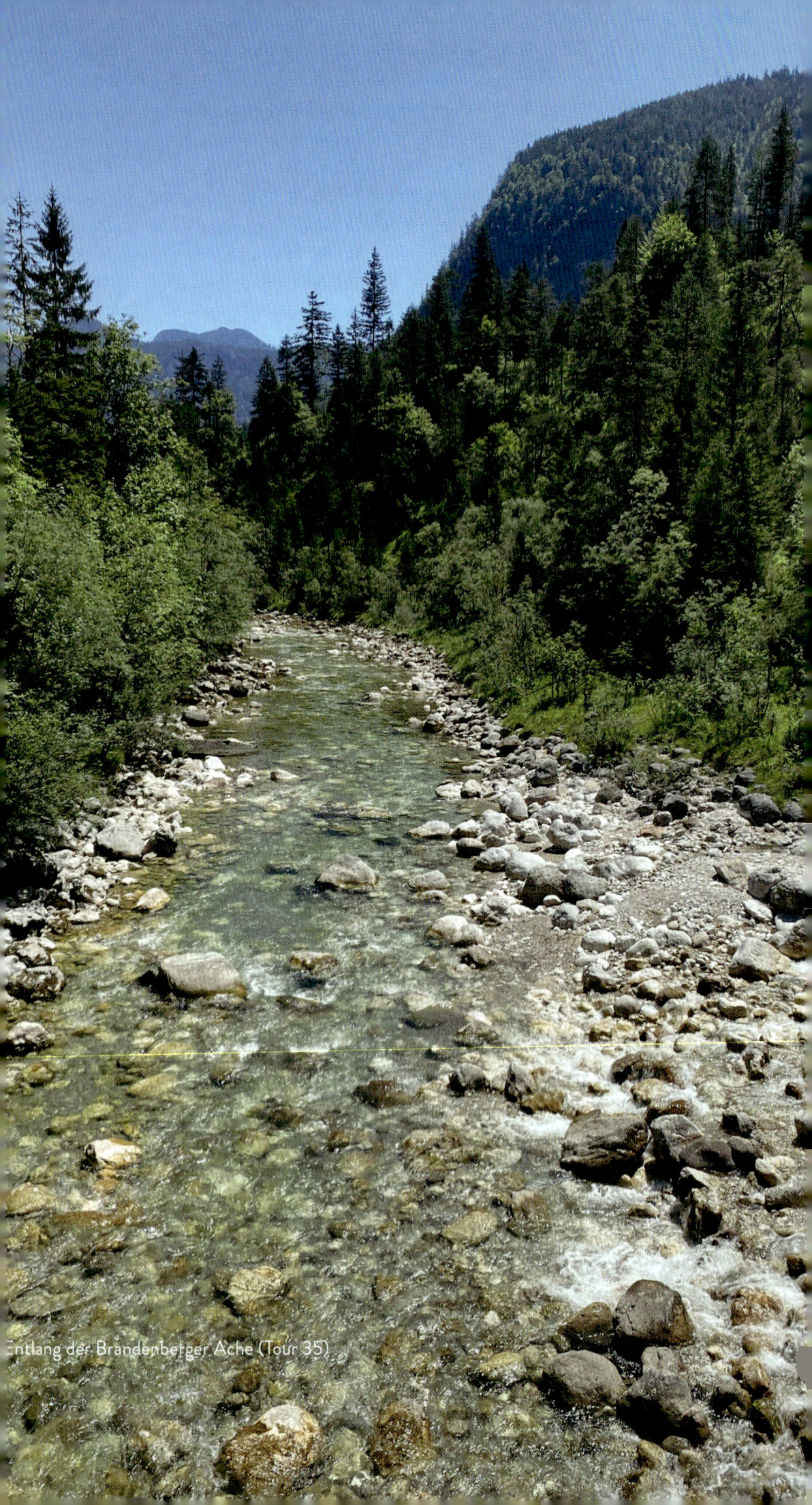
ntlang der Brandenberger Ache (Tour 35)

plette Klettersteigausrüstung (Gurt, Klettersteigset, Helm, ev. Handschuhe)
Voraussetzungen: Trittsicherheit, Schwindelfreiheit, Erfahrung mit Klettersteigen
Beste Jahreszeit: spätes Frühjahr – Herbst; Wintersperre des Klettersteiges wegen Lawinengefahr vom 11. Oktober bis 15. Mai
Gebühren: Parkgebühr
Einkehrstationen: Café Uta (1236 m)
Tipp: Wer die Hängebrücke nicht überqueren will, kann auf der anderen Seite der Brücke aufsteigen (Hängebrücke

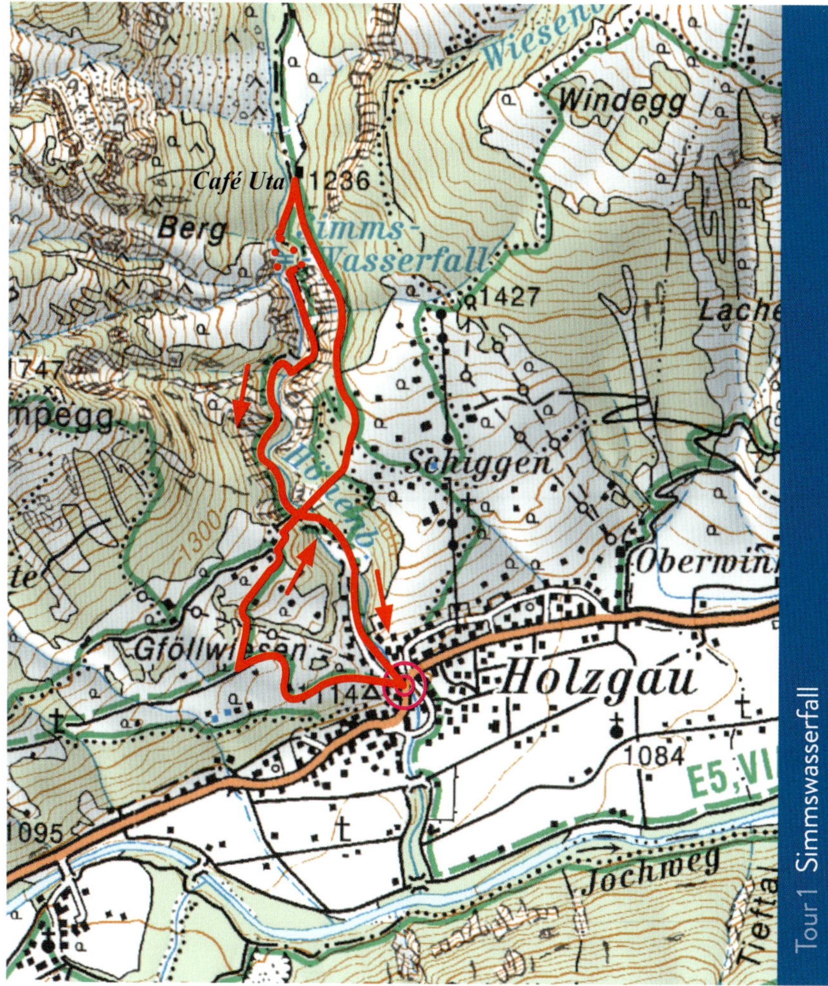

über Mühlwald) oder den Weg entlang des Höhenbaches direkt zum Klettersteig nehmen. Der Klettersteig kann abgekürzt werden.

Anfahrt: Auf der Inntalautobahn nimmt man die Ausfahrt Imst und fährt dann über das Hahntennjoch weiter ins Lechtal. Dort biegt man nach links Richtung Steeg ab und fährt bis Holzgau. Wenn man im Ortszentrum vor der Bachüberquerung rechts abbiegt, fährt man an ein paar Häusern vorbei und erreicht dann den gebührenpflichtigen Parkplatz P2.

Über die Hängebrücke zum Café Uta: Um eine der längsten Fußgängerhängebrücken Österreichs passieren zu können, geht es zuerst zurück zur Hauptstraße. Man überquert eine Brücke und folgt den Schildern *Hängebrücke über Gföll*. An der Kirche vorbei folgt man einem asphaltierten Steig über schöne Bergwiesen steil bergauf. Schließlich zweigt ein Kiesweg ab und schon sieht man die 200 Meter lange Hängebrücke. Von diesem Blickwinkel aus ist sie allerdings nicht so beeindruckend, da man nicht wahrnehmen kann, dass sie 100 Meter über dem Höhenbach hängt. Beim Betreten der Brücke beginnt sie leicht zu schwingen. Ein Blick in die Schlucht des Höhenbachs hinunter ist auf alle Fälle überaus beeindruckend.

Auf der anderen Seite angekommen, folgt man den Schildern *Café Uta*. Der Weg führt anfangs im Wald aufwärts, quert eine schöne Wiese und geht dann wieder im Wald recht flach taleinwärts. Dabei hört man schon das Rauschen des Wasserfalls. Wer genau schaut, kann auch bald den Klettersteig – unten beim Wasserfall – erkennen. Der Weg führt aber vorerst noch recht flach taleinwärts, bis man das Café Uta erreicht, wo der Gastgarten der Hütte zu einer Rast einlädt.

Klettersteig: Zum Klettersteig kommt man, indem man dem Schild *Wasserfall* folgt. Ein gemütlicher Weg führt den Bach entlang leicht abwärts. Bald kann man beim Bach einen Felsen sehen, der mit Versicherungen bestückt ist. Hier steigt man aber noch nicht ein, sondern geht ein kurzes Stück weiter, bis man zu einer Seilbrücke über den Bach gelangt. Gegenüber der Brücke ist die sogenannte Bärenhöhle mit einem kurzen Übungsklettersteig. Eine Bank erleichtert es, den Klettergurt anzulegen. Mit Gurt, Klettersteigset und Helm ausgestattet geht es dann auch schon los. Man überquert die kurze Seilbrücke über den Bach (A/B). Gleich danach folgt man dem Schild *Start*. Der Weg führt zuerst abwärts (B, B/C), quert dann oberhalb des rauschenden Baches (B) und führt schließlich wieder aufwärts (B/C), bis man zu einer Abzweigung kommt. Man sieht zwei Seilbrücken, die über den tosenden

Wasserfall führen. Wer sich nicht zutraut, diese zu überqueren, folgt dem Schild *Gamsrunde*, erspart sich die Seilbrücken und kürzt somit den Klettersteig um einiges ab. Wer aber den ganzen Klettersteig gehen will, folgt dem Schild *Steinbockrunde*. Nach einem kurzen Abstieg (C) gelangt man zur unteren Seilbrücke. Es ist schon beeindruckend, welche Kraft das Wasser hat, das darunter in die Tiefe stürzt. Auf der anderen Seite klettert man dann eine schöne Runde über eine steile Wand (C, B, B/C) und gelangt schließlich wieder zum Wasserfall, den man diesmal auf der oberen Seilbrücke überquert. Auf der anderen Seite kommt man nach einem kurzen Aufschwung (B/C) zu einer Abzweigung. Folgt man dem Schild *Zum Gamsblick*, so gelangt man auf den Gipfel des Felsens (B), der mit einer kleinen Plattform zu einer Rast einlädt. Man beendet die Gamsrunde, indem man zurück zur Abzweigung klettert und nun die Runde beendet (B). Wer noch einen Kraftakt ausprobieren will, folgt der Adlervariante (D/E), die aber nur für geübte Klettersteiggeher – mit viel Kraft in den Armen! – geeignet ist. Den Abschluss bildet dann die kurze Seilbrücke zurück zur Bärenhöhle.

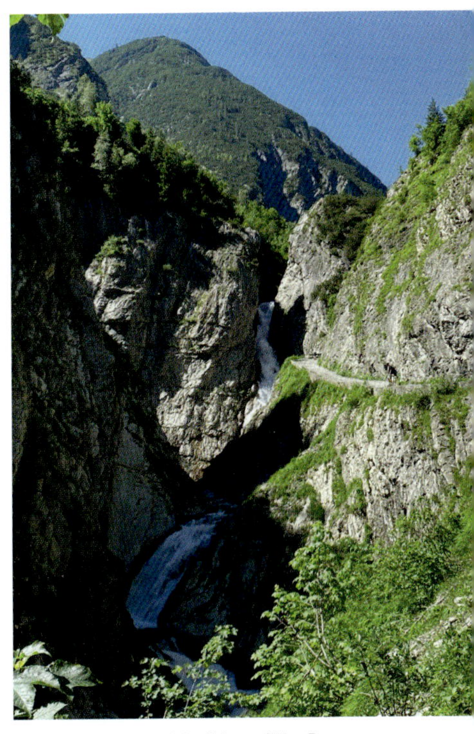

Ein Blick zurück auf die Wasserfälle. Der Klettersteig befindet sich beim oberen Wasserfall.

Rückweg entlang des Höhenbaches: Ins Tal zurück begibt man sich auf dem Weg direkt neben dem Bach. Dieser ist anfangs betoniert und führt recht steil abwärts. Schließlich geht er in einen Forstweg über, auf dem man gemütlich talauswärts wandert. Nachdem man über eine Holzbrücke die Bachseite gewechselt hat, geht man schließlich unter der hoch oben schwebenden Hängebrücke durch. Nach einer weiteren Bachüberquerung kommt man am Wasserkraftwerk Holzgau vorbei und folgt zum Schluss dem Schild *Alter Mühlenrundweg*. Dem Bach entlang gelangt man so auf einem Karrenweg zurück zum Parkplatz.

2 Hölltalschlucht – Weg der Sinne

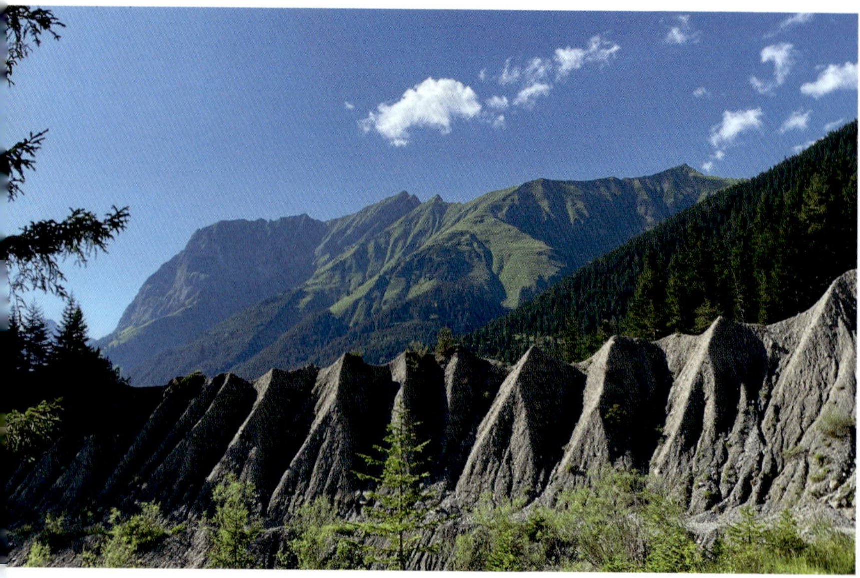

Im Vordergrund die Erdpyramiden, im Hintergrund die Hornbachkette

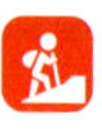 

Am Weg der Sinne, der mit Gedichten und Kunstwerken abwechslungsreich gestaltet ist, geht es zum Streimbach und weiter zum Ort der Stille, wo man vollkommene Ruhe genießen kann. Schließlich kann man einen Blick in die Hölltalschlucht werfen, ehe es über den Bschlabser Höhenweg durch eine wasserreiche Gegend zurückgeht.

Anfahrt: Innsbruck – Inntalautobahn Ausfahrt Imst – Hahntennjoch – Bschlabs

Ausgangspunkt: Parkplatz für Wanderer bei der Freiwilligen Feuerwehr (1316 m)

Route: Weg der Sinne – Hölltal – Bschlabser Höhenweg – Parkplatz

Höchster Punkt: 1428 m (auf dem Bschlabser Höhenweg)

Km, Hm: 7 km, 510 Hm

Dauer: 3 ¼ – 3 ½ Stunden

Voraussetzungen: Trittsicherheit und Schwindelfreiheit

Beste Jahreszeit: Sommer – Herbst

Gebühren: keine

Einkehrstationen: Gasthof zur Gemütlichkeit (1316 m)

Anfahrt: Auf der Inntalautobahn die Ausfahrt Imst nehmen und in Imst den grünen Schildern *Hahntennjoch* folgen. Diese kurvenreiche Bergstraße fährt man bis Bschlabs. Dort biegt man vis-à-vis vom Gasthof zur Gemütlichkeit links Richtung Kirche ab und lässt sein Auto am Parkplatz für Wanderer stehen, der sich gleich hinter dem Feuerwehrhaus befindet.

Weg der Sinne: Der *Weg der Sinne* ist ein Themenweg. Auf ihm sind Kunstwerke und Gedichte von Künstlern aufgestellt. Da diese aber weder angekündigt sind noch direkt am Weg stehen, kann man einzelne leicht übersehen. So steht beispielsweise eine Skulptur mit drei Figuren weit oben am Hang. Vom Rauschen des Streimbaches begleitet, geht es im Wald abwärts. Bald sieht man diesen auch im Talboden, muss aber noch einige kleinere Rinnsale überqueren, bis man näher kommt. Zum Schluss überquert man auf einer schmalen Eisenbrücke einen etwas größeren Zufluss und erreicht kurz darauf den Streimbach. Diesem folgt man ein Stück zu einer älteren Hängebrücke, auf der man den Bach überquert. Auf der anderen Seite gelangt man

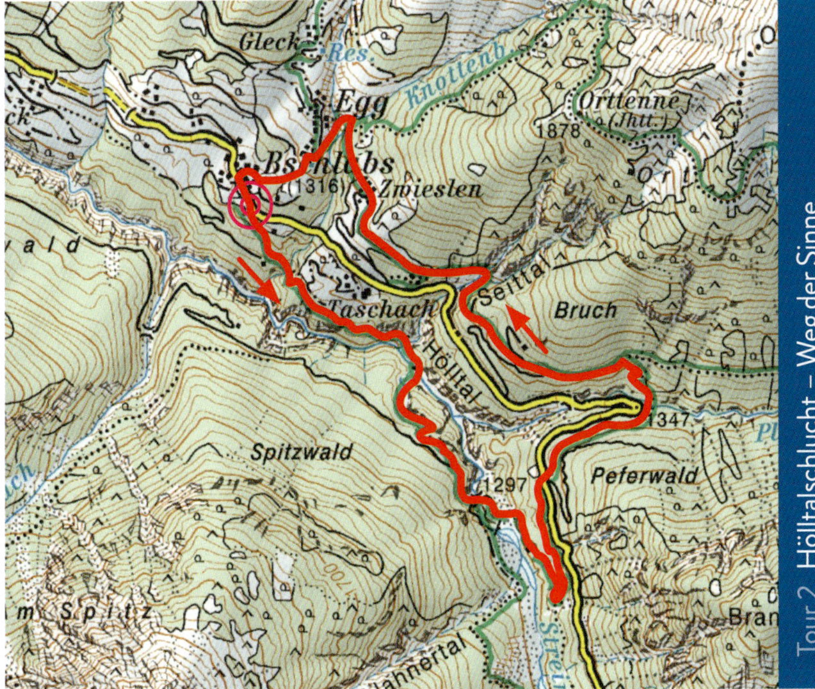

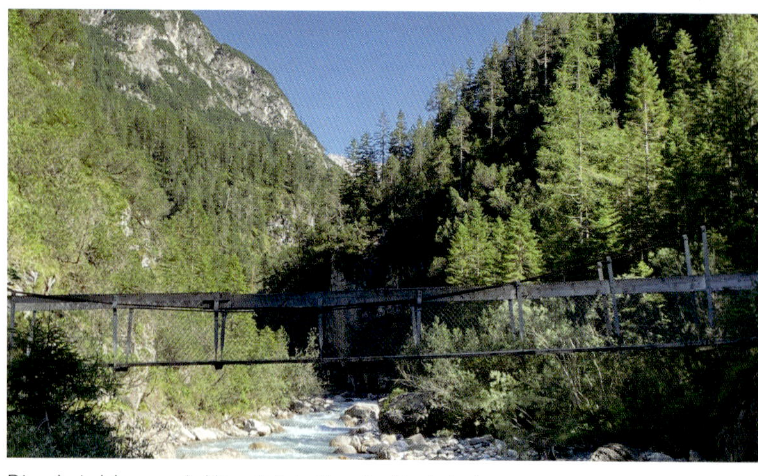

Die schwindelerregende Hängebrücke über den Streimbach

zu einem idyllischen Platz, wo neben einem kleinen Brunnen Wasser über Stein und Moos fließt. Im weiteren Verlauf findet man ein Kunstwerk direkt an einer Felswand und kurz darauf erreicht man den Ort der Stille. Der besteht aus einer einfachen Bank. Hier sollte man eine Zeit verweilen und die Ruhe, die dieser Ort bietet, genießen. Außer Vogelgezwitscher ist hier nichts zu hören.

Zur Hölltalschlucht: Weiter geht es ein Stück aufwärts, bis man zu einem Forstweg gelangt. Hier folgt man dem Wegweiser *Höhenweg Bschlabs*. Mit einem schönen Blick auf den Muttenkopf und seine Nachbargipfel geht es am Forstweg weiter. Man wundert sich, wo denn die Hölltalschlucht sein soll. Schließlich sieht man in der Ferne einen tiefen Spalt in der Landschaft und ahnt, wo sie sich versteckt. Beeindruckend ist der Blick von der zu passierenden Holzbrücke hinunter in die Tiefe. Der Spalt ist so schmal, dass man teilweise nicht einmal das Wasser am Grund fließen sieht. Hier hat sich der Bach über die Jahrtausende einen Weg durch das harte Gestein gegraben, das wie ein Kunstwerk wirkt. Nachdem man die Hölltalschlucht in der Tiefe ausreichend bewundert hat, geht es weiter.

Bschlabser Höhenweg: An Erdpyramiden vorbei folgt man einem Forstweg, kommt an dem großen Geschiebebecken der Hölltalschlucht vorbei und erreicht schließlich die Hahntennjochstraße. Diese quert man und folgt auf der anderen Seite dem *Bschlabser Höhenweg*. Das ist ein netter schmaler Steig, auf dem man ab und zu besinnliche Sprüche findet, die zum Denken anregen. Da das

Gebiet sehr wasserreich ist, muss man immer wieder kleinere Bäche oder Rinnsale überqueren. Man kommt nochmals in die Nähe der Straße, bleibt aber auf dem schmalen Steig und überquert bald darauf eine Holzbrücke über den Plötzigbach, einen Zufluss des Streimbaches. Schließlich endet der schmale Steig in einer Kehre eines Forstweges. Diesem folgt man ein paar Meter aufwärts und biegt bei einem Eisenstab mit roter Markierung links in einen schmalen Pfad ein. Der Wegweiser für diesen Weg befindet sich auf der rechten Seite, sodass man ihn leicht übersieht. Wieder führt der Weg einem Zufluss des Streimbaches entlang, den man schließlich überquert. Auf der anderen Seite geht es wunderschön einen steilen Hang entlang, der zum Zufluss steil abfällt. Man quert einen weiteren Forstweg, der mit einem roten Pfeil markiert ist (kein Wegweiser!). Nachdem man ein paar Häuser erreicht und eine Straße passiert, folgt man einem Karrenweg, der zu einem weiteren Zufluss des Streimbaches führt, dem Knottenbach. Diesen überquert man auf zwei Holzbrettern. Im Bachbett sind zwei Kunstwerke zu sehen, zu denen man per QR-Code mehr Information bekommen kann.

Rückweg: Auf der anderen Bachseite geht es eine Wiese aufwärts. Man erreicht eine schmale Straße, die abwärts nach Bschlabs führt. Bald sieht man auch schon den Kirchturm, der den Weg zum Auto weist, das ja in der Nähe der Kirche, beim Feuerwehrhaus, geparkt ist.

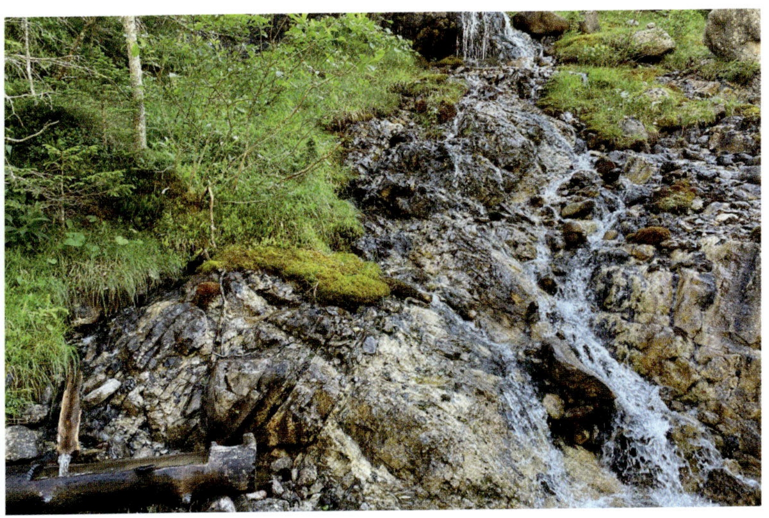

Im Hölltal – ein kleiner Brunnen neben einer Quelle

3 Rotlechschlucht

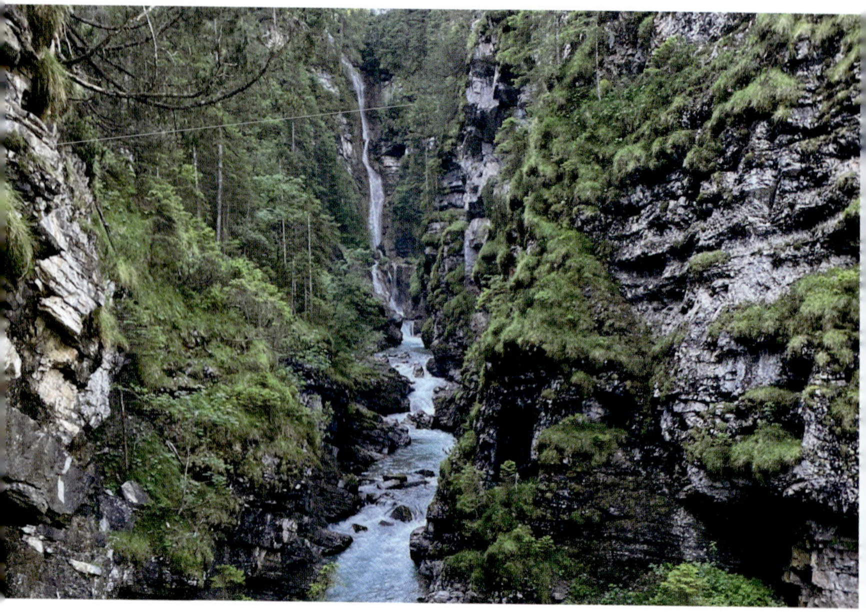

Der Wasserfall von der Rotlechschlucht aus gesehen

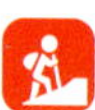 

Dieser Rundwanderweg ist zwar nur kurz, gibt aber einen guten Einblick in die Schönheit der Rotlechschlucht. Mit den netten Wasserspielen im Bach und dem imposanten Wasserfall ist sie ein schönes Ausflugsziel. Der Wasserfall wirkt dabei unterschiedlich groß, je nachdem, von welchem Blickwinkel man ihn betrachtet.

Anfahrt: Innsbruck – Inntalautobahn Ausfahrt Fernpass – Fernpass – Bichlbach – Berwang – Rinnen

Ausgangspunkt: Parkplatz am Anfang von Rinnen (1262 m)

Route: Rauth – Rundweg Rotlechschlucht – Parkplatz

Höchster Punkt: 1262 m (Parkplatz)

Km, Hm: 2,7 km, 175 Hm

Dauer: 1 ¼ – 1 ½ Stunden

Voraussetzungen: Trittsicherheit

Beste Jahreszeit: Frühjahr – Herbst

Gebühren: keine

Einkehrstationen: unterwegs keine

Tipp: Auf dem Schotterplatz im Talboden bei Rauth gibt es beschränkte Parkmöglichkeiten.

Anfahrt: Auf der Inntalautobahn Richtung Bregenz nimmt man die Ausfahrt Mötz/Reutte/Fernpass. Weiter fährt man über den Fernpass, durch den Lermooser Tunnel und auf der Bundesstraße weiter Richtung Reutte. In Bichlbach biegt man nach Berwang ab und gelangt dann auf der Landstraße durch Berwang bis Rinnen. Gleich am Ortseingang, bei der kleinen Kapelle, ist auf der linken Straßenseite ein Parkplatz.

Zur Rotlechschlucht: Zuerst überquert man die Landstraße und geht vor der kleinen Kapelle eine schmale Straße abwärts Richtung *Wasserfall/Rotlechschlucht*. Gleich danach teilt sich die Straße. Hier wählt man die linke, die dem Bach entlang nach unten führt. Bei der nächsten Abzweigung folgt man der linken Straße, die bald eine Kehre macht, immer weiter abwärts. Alternativ kann man einen schmalen Steig nehmen, der die Kehre abschneidet, indem man eine wunderschöne Wiese durchquert (kein WW). Unten trifft man wieder auf die Straße und folgt dieser nach links abwärts. Schließlich erreicht man einen Schotterplatz mit ein paar Häusern dahinter. Das sind die Häuser von Rauth. Gleich nach dem Platz biegt man rechts ab, überquert eine Brücke über den Rotlech und folgt dem Forstweg Richtung *Rotlechschlucht – Rundwanderung* leicht aufwärts zu einem Platz mit Holzstapeln. Dort nimmt man den gut präparierten Wanderweg, der uns nach einigen abwärts führenden Kehren zum Bach bringt. Dabei wird das Rauschen des Rotlechs immer lauter, je näher man dem Talboden kommt. Wo man

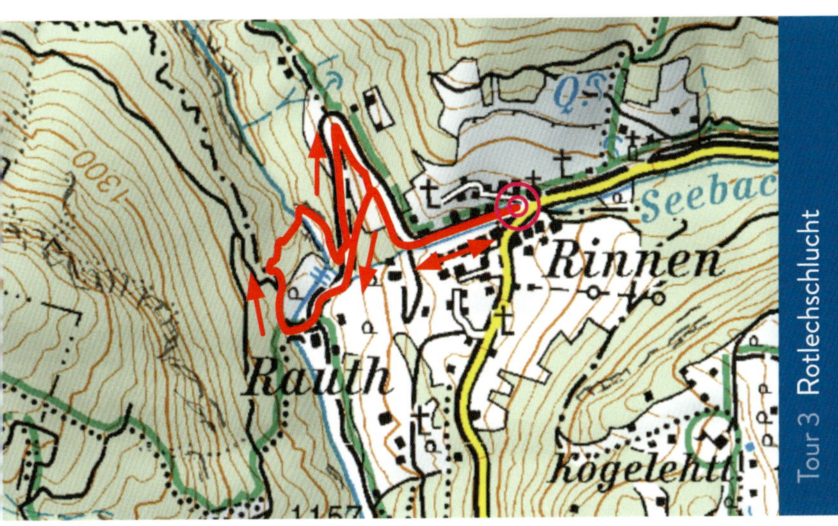

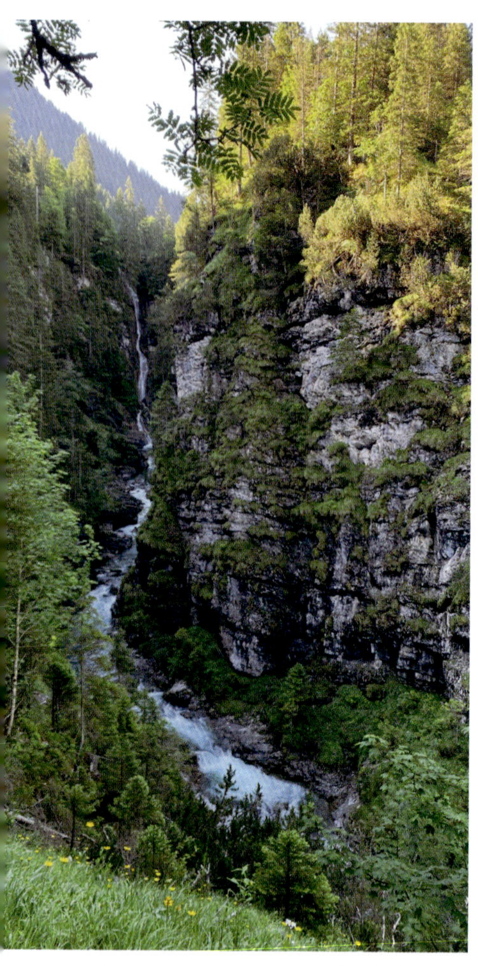

Von weiter oben hat man nochmals einen schönen Blick auf den Bach und den Wasserfall in der Rotlechschlucht

den Bach erreicht, ist der Weg zum Bach hin abgesichert und führt zu einer Brücke. Diese überquert man und kann dabei die Wasserspiele des Rotlechs gut beobachten. Auf der anderen Seite der Brücke erleichtert ein kurzes Stück Betonweg das Überqueren der zum Wasser hin abfallenden Felsen.

Zum Wasserfall: Anschließend tut sich ein wunderbarer Blick auf den Wasserfall des Rotlechs auf, dessen Wasser von recht weit oben in die Schlucht stürzen. Leider ist der Weg in der Schlucht nur sehr kurz, so dass man sie bald wieder verlassen muss. Dann geht's zunächst in einigem Zickzack aufwärts. Dabei hat man nochmals einen schönen Ausblick in die Schlucht, auf Bach und Wasserfall. Auch die Brücke, die man in der Schlucht überquert hat, ist nochmals zu sehen. Auf dieser Seite des Baches ist der Weg etwas anspruchsvoller zu gehen.

Schließlich erreicht man wieder die Straße, in die man links einbiegt und ihr leicht aufwärts folgt. Wenig später gelangt man zu einer Aussichtsplattform mit zwei Bänken. Von hier hat man nochmals einen wunderbaren Blick in die Rotlechschlucht mit dem Wasserfall, aber aus einem anderen Blickwinkel. Dabei bemerkt man, dass man von der Schlucht aus nicht den ganzen Wasserfall sehen konnte. Hier scheint er um einiges breiter zu sein.

Rückweg: Anschließend geht es der sehr wenig befahrenen Straße entlang gemütlich aufwärts, zurück zum Ausgangspunkt.

4 Stuibenfälle

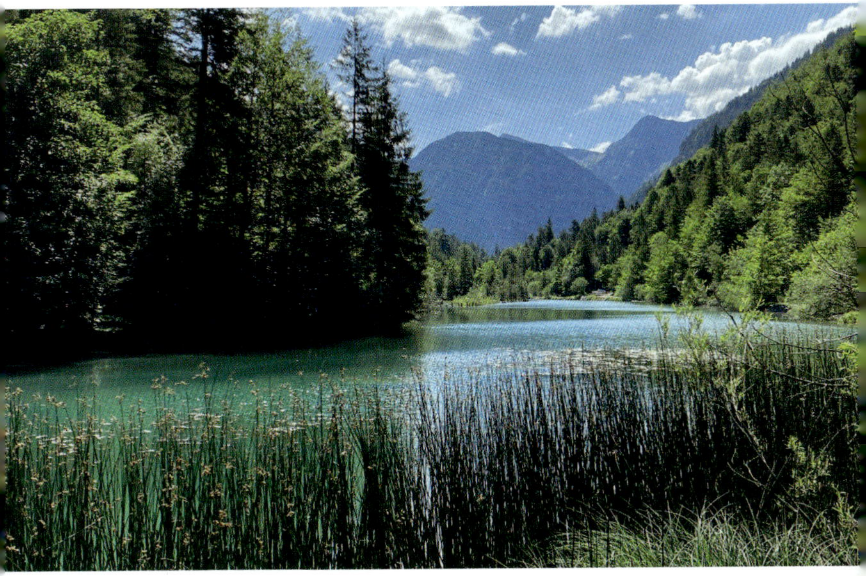

Am Wendepunkt der Tour mit schönem Blick auf den gestauten Bach

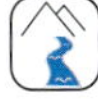
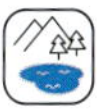

Diese schöne Runde in Reutte führt zu den Stuibenfällen. Den Archbach entlang geht es an schönen Gumpen und Wasserfällen vorbei, die zwar dem Namen Stuibenfälle nicht mehr gerecht werden, aber trotzdem das Auge erfreuen. Zurückgewandert wird über den Ministersteig, der mit mehreren Bänken zu einer Rast einlädt.

Anfahrt: Innsbruck – Inntalautobahn Ausfahrt Fernpass – Fernpass – Reutte Süd – Reutte – Alpentherme Ehrenberg – Mühl – Planseewerke

Ausgangspunkt: Parkplatz Stuibenfälle (865 m)

Route: Hermannsteig – Stuibenfälle – Ministersteig – Parkplatz

Höchster Punkt: 988 m (am Ministersteig)

Km, Hm: 4,5 km, 250 Hm

Dauer: 2 – 2 ¼ Stunden

Voraussetzungen: Trittsicherheit

Beste Jahreszeit: Frühjahr – Herbst

Gebühren: keine

Einkehrstationen: unterwegs keine

Tipp: Weiterwandern zum Plansee möglich

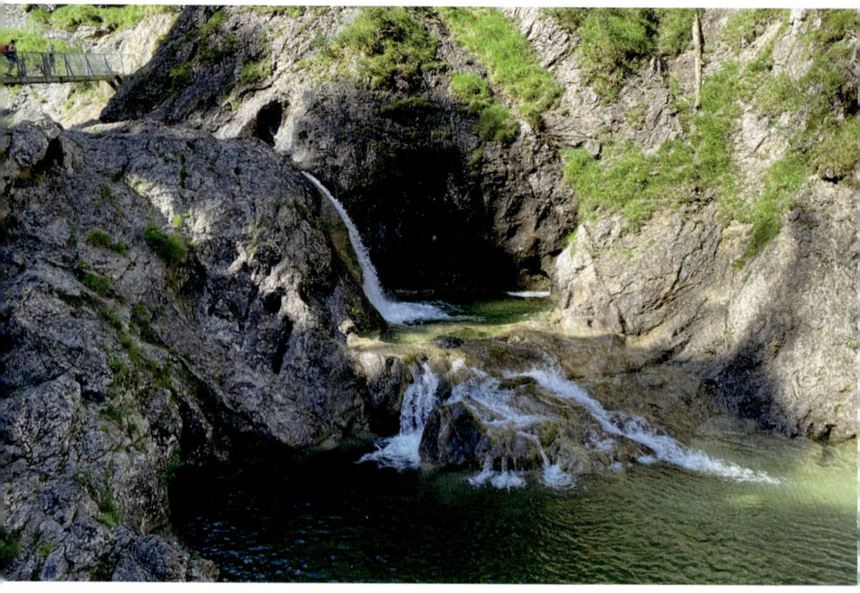

Das grünlich schimmernde Wasser der Gumpen mit kleineren Wasserfällen

Anfahrt: Man fährt auf der Inntalautobahn Richtung Bregenz und nimmt die Ausfahrt Mötz/Reutte/Fernpass. Weiter geht es über den Fernpass bis Reutte Süd. Dann folgt man dem Weg Richtung Alpentherme Ehrenberg, passiert diese und fährt durch Mühl. Zum Schluss folgt man den Schildern *Plansee Ceratizit* und gelangt zu diesem Werk. Man fährt bei der Sackgasse hinein, an dem Werk und seinen vielen Parkplätzen vorbei. Beim letzten derselben ist der *Parkplatz Stuibenfälle* angeschrieben. Diesen erreicht man, indem man durch den letzten Werksparkplatz durchfährt, eine Brücke überquert und dem Forstweg bis zum Umspannwerk folgt.

Zu den Stuibenfällen: Zuerst geht man den Forstweg am Umspannwerk entlang weiter, gelangt zu einem zweiten Parkplatz, bei dem man sich zum Canyoning trifft. Hier ist auch ein Schild, das den Rundwanderweg anzeigt und ein paar geschichtliche Informationen zu den Stuibenfällen gibt.

Dann folgt man dem Wegweiser *Stuibenfälle – Plansee*. Der *Hermannsteig*, wie dieser Weg heißt, führt direkt neben dem Archbach taleinwärts. Kurz hintereinander überquert man zwei Brücken mit schönem Blick auf den Bach, sein grünliches Wasser in den Gumpen und auf kleinere Wasserfälle. Der Steig schlängelt sich dann dem steilen Hang neben dem Bach entlang aufwärts. Schließlich führt er recht flach im Wald weiter. In diesem Abschnitt überwindet der Bach kaum Höhenmeter, sondern plätschert recht friedlich vor sich hin. Immer wieder gibt es Möglichkeiten, zum Ufer des Baches zu wandern, um sich dort abzukühlen oder einfach nur auszuruhen und die wunderbare Landschaft zu genießen.

Schließlich sieht man in der Ferne eine größere Gumpe mit einem kleineren Wasserfall und gleich dahinter einen hohen Wasserfall. Oft sind hier auch Canyoninggeher zu sehen, die sich entlang des Wasserfalls abseilen. Auch hier gibt es eine Möglichkeit, mit etwas Kraxelei zum Wasser zu gelangen. Schließlich führt ein breiterer Wanderweg in ein paar Serpentinen aufwärts zu einer Aussichtsplattform (*Zum Aussichtsplateau/Kanzl*), von der aus man nochmals den hohen Wasserfall erst richtig bestaunen kann. Der Blick auf die andere Seite zeigt den Archbach und die Berge der Tannheimer Gruppe im Hintergrund. Dem Namen Stuibenfälle werden die Wasserfälle heutzutage nicht mehr gerecht. Dafür sorgt die Staumauer, die den Wasserfluss des Baches regelt. Trotzdem ist die Wanderung entlang

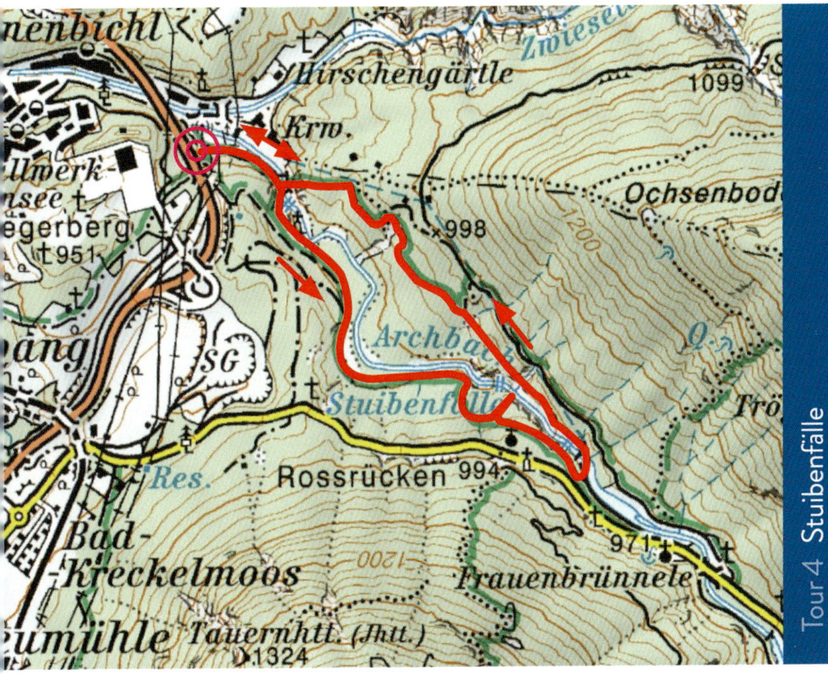

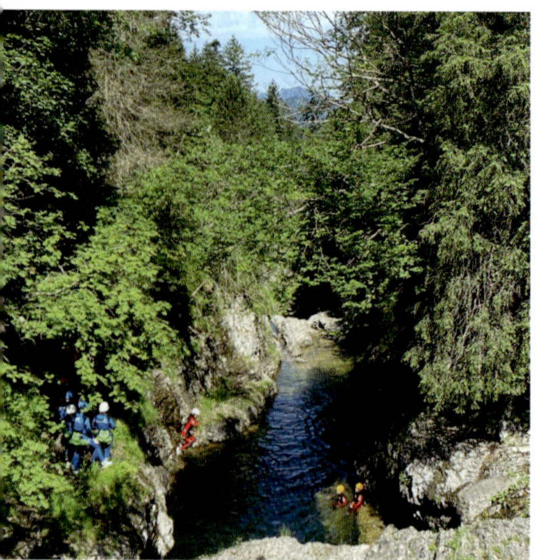

Canyoning kurz nach der Staumauer

des Wassers schön und beeindruckend.

Zum Plansee: Nach der Kanzl geht es zurück zum Wanderweg, der ein kurzes Stück recht steil aufwärts führt. Man folgt nun den Schildern *Plansee*. Von einem Zaun aus hat man dann nochmals einen wunderbaren Blick auf einen weiteren recht hohen Wasserfall. Auch hier kann man mit etwas Glück den Canyoninggehern zusehen. Schließlich erreicht man eine Staumauer, hinter der sich der Bach staut und einen schönen grünen See bildet.

Rückweg über den Ministersteig: Beim Überqueren der Brücke bei der Staumauer hat man einen schönen Blick flussabwärts. Ein kleinerer Absatz wird von Canyoninggehern zum Springen genutzt. Man folgt nun dem *Ministersteig*, der auf der anderen Seite des Baches wieder zum Ausgangspunkt zurückführt. Es geht nochmals etwas bergauf, bevor der Weg recht flach und mit wunderbarer Aussicht den Hang entlang weiterführt. Einmal quert eine 25 Meter lange Hängebrücke ein kleines Tal. Dieser Steig führt zwar nicht mehr dem Bach entlang, aber man hat immer wieder die Möglichkeit, von einer Bank aus das Tal zu bestaunen, in dem sich der Bach befindet.
Zum Schluss geht es noch recht steil über ein paar Stiegen abwärts, bis man zu den Gumpen gelangt, die man schon vom Hinweg kennt. Kurze Zeit darauf gelangt man auch wieder zum Ausgangspunkt.

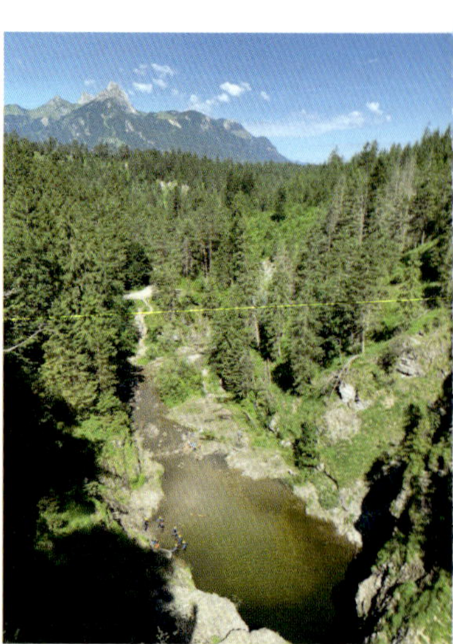

Blick von der Aussichtskanzel Richtung Tannheimer Berge

5 Schnanner Klamm – Fritzhütte

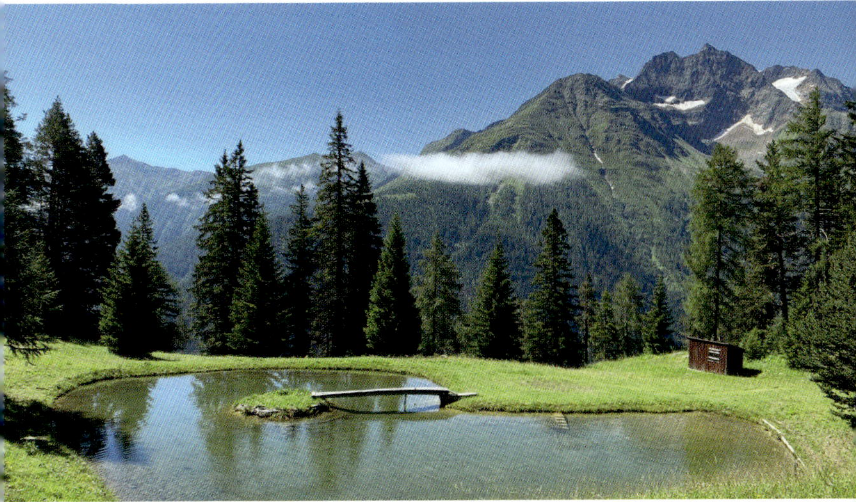

Der Teich gleich hinter der Fritzhütte mit Blick auf den Hohen Riffler

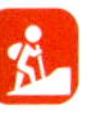 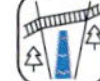 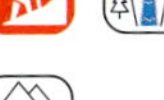

Die Schnanner Klamm ist ein wirklich beeindruckendes Naturdenkmal. Sie geht durch eine Felswand, die von oben bis unten einen schmalen Spalt freigibt. Der Baumeister dieses Spaltes ist der Schnanner Bach, der über Jahrtausende daran gearbeitet hat. Die Runde führt weiter über die schön gelegene Fritzhütte, bei der ein kleiner Teich liegt. Dann geht es über Flirsch wieder ins Tal hinab.

Anfahrt: Innsbruck – Inntalautobahn – Arlberg Schnellstraße Ausfahrt Schnann Raststation
Ausgangspunkt: Parkplatz bei der Schnanner Klamm (1167 m)
Route: Parkplatz – Schnanner Klamm – Fritzhütte – Flirsch – Schnann
Höchster Punkt: 1749 m (nach der Fritzhütte)
Km, Hm: 5,6 km, 600 Hm

Dauer: 3 – 3 ½ Stunden
Voraussetzungen: Trittsicherheit, Schwindelfreiheit
Beste Jahreszeit: Frühsommer – Herbst
Gebühren: keine
Einkehrstationen: Fritzhütte (1727 m)
Tipp: Wer sich nur die Klamm anschauen will, kann auch durch die Klamm wieder zurückgehen.

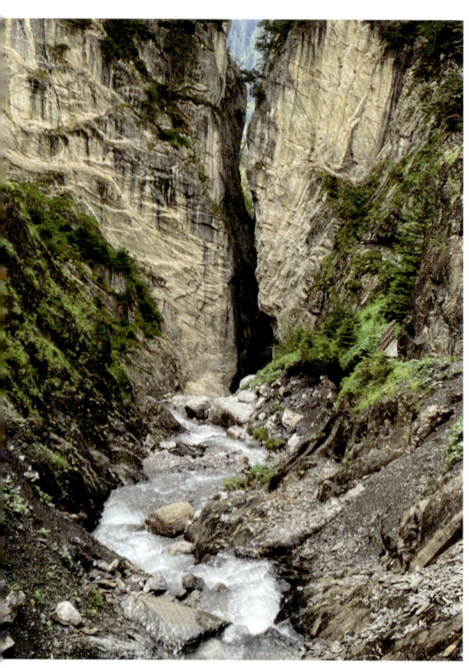

Blick von der Holzbrücke zurück zum schmalen Felsspalt der Schnanner Klamm

Anfahrt: Auf der Inntalautobahn Richtung Bregenz und die Ausfahrt *Schnann Raststation* nehmen. Weiter Richtung Schnann und nach der Überquerung der Rosanna geradeaus weiter, dann rechts in die Hauptstraße Richtung Flirsch einbiegen und bei der ersten Möglichkeit rechts aufwärts in den Ort Schnann. Im Ort links in die Hauptstraße einbiegen, über den Schnanner Bach fahren und gleich darauf rechts aufwärts dem grünen Wegweiser *Schnanner Klamm* folgend. Bevor man die Felswand erreicht, gibt es entlang der Straße Parkmöglichkeiten.

Durch die Schnanner Klamm: Zu Fuß geht es neben dem Bach weiter aufwärts, der Felswand entgegen. Man sieht, dass der Bach aus dieser herauskommt. Links vom Bach ist ein Durchgang in der Größe einer Türe in den Felsen geschnitten. Durch diese betritt man die Schnanner Klamm und ist überwältigt von den Felsformationen, die das Wasser im Lauf der Jahrtausende geformt hat. An die Wand geschmiegt, führt ein Steig aus Gittern über dem tosenden Wasser durch die Klamm. Ein Blick nach oben lohnt sich. Die Felswände ragen hoch auf und geben nur einen kleinen Spalt Himmel frei. Viel zu schnell hat man die Klamm durchwandert und das Tal wird weiter. Ein schmaler Steig führt neben dem Schnanner Bach zu einer kleinen Holzbrücke und auf der anderen Seite weiter aufwärts zu einer kleinen Aussichtsplattform. Da das Gelände sehr brüchig ist, führen hier Eisenstiegen nach oben und gleich anschließend geht eine Eisenbrücke über eine Schutthalde. Schließlich kann man eine hohe Geschiebesperrmauer erkennen, die den Ort vor großen Muren und Lawinen schützen soll. Gleich dahinter befindet sich noch ein weiterer Lawinenschutz. Man erreicht eine Forststraße, der man nach oben folgt. Ein Tunnel führt auf die Rückseite der Geschiebesperre. Oberhalb plätschert der Gebirgsbach im Geröll dahin. Kein Wunder, dass er bei heftigen Gewittern einiges an Geröll mit sich reißt.

Zur Fritzhütte: Schließlich verlässt man den Schnanner Bach in Richtung *Fritzhütte* und folgt einem schmäleren Zufluss des Schnanner Baches. Es geht teilweise recht steil aufwärts. Anfangs übertönt das Getöse des Schnanner Baches das Rauschen des kleineren. Aber das ändert sich, je weiter man raufkommt. Hat im ersten Teil der Tour das Grau der Steine und Felsen dominiert, so überwiegt hier das Grün der Wiesen und Bäume. Im Weiteren führt der Weg vom Bach weg. Trotzdem begleitet uns sein Rauschen noch lange und wird schließlich vom Gesang der Vögel abgelöst. Der schmale Steig fällt auf einer Seite gelegentlich sehr steil ab, sodass Trittsicherheit gefordert ist. Zum Schluss führt der Weg durch Wald. Das Erste, was man von der Fritzhütte sieht, ist ein Tisch mit Sesseln. Die nette Hütte lädt zu einer Rast ein.

Rückweg über Flirsch: Für den Rückweg geht es in Richtung *Ansbach* weiter aufwärts. Gleich hinter der Hütte kommt man zu einer schönen Wiese mit einem kleinen Teich. Oberhalb des Wassers führt der Weg Richtung *Flirsch*. Dabei hat man einen wunderbaren Ausblick auf den Hohen Riff-

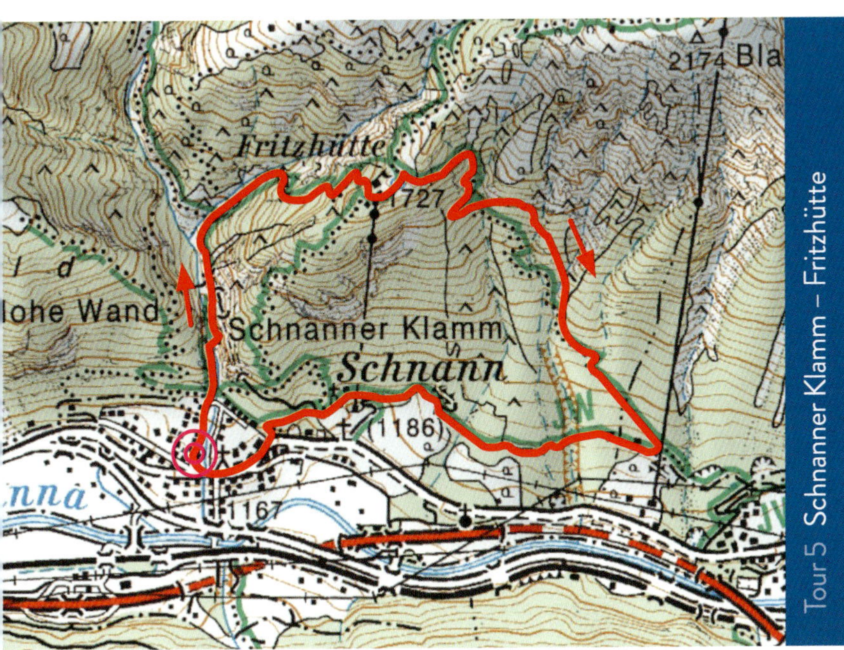

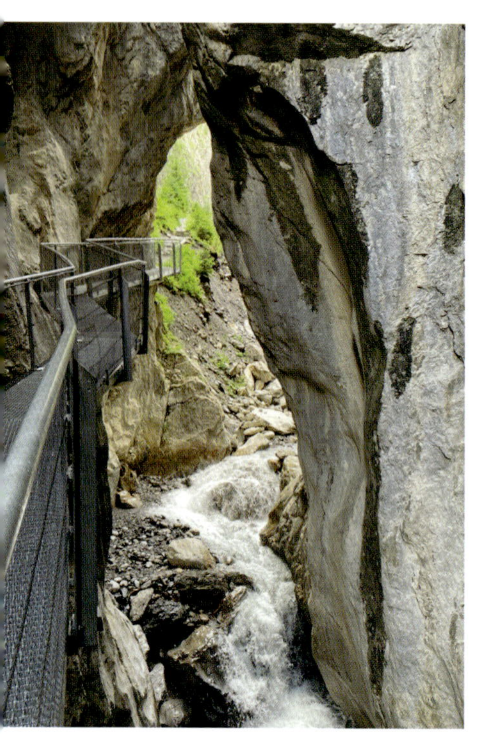

Der Weg führt über dem Wasser die Klamm entlang

ler. Nach einem kurzen Aufschwung geht es über ein paar Stufen steil bergab. Dabei öffnet sich oft ein wunderbarer Blick auf die Dörfer im Tal und die dahinter liegenden Bergketten. Auch dieser Steig ist sehr schmal und verlangt Trittsicherheit. Dreimal überquert man ausgetrocknete Bachbetten, die wohl nur während der Schneeschmelze und nach Gewittern Wasser führen.

Im unteren Teil folgt man einem hölzernen Wegweiser nach *Schnann*. Dieses Wegstück ist Teil des Jakobsweges. Der Weg führt als Karrenweg und schließlich als Forstweg Richtung Westen. Man kommt an Stationen des Themenweges Schnann vorbei, die Auskunft zur Geschichte des Ortes geben. Schließlich passiert man die dem Hl. Michael gewidmete Bergacker-Kapelle. Im Weiteren geht man an den Kreuzwegstationen vorbei ins Tal hinunter. Der Weg führt über einen schmalen Steig bergab. Schließlich gelangt man auf die Straße und folgt dieser Richtung Westen, an der Kirche vorbei, den Bach überquerend und gleich darauf etwas bergauf zum Auto.

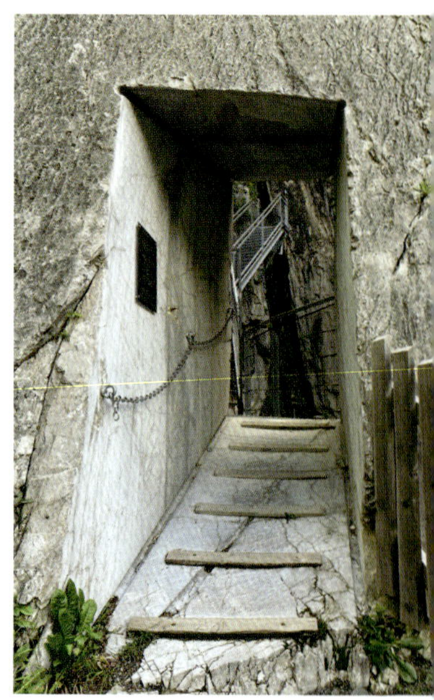

Durch diese Felstüre betritt man die Schnanner Klamm

6 Radurschlklamm

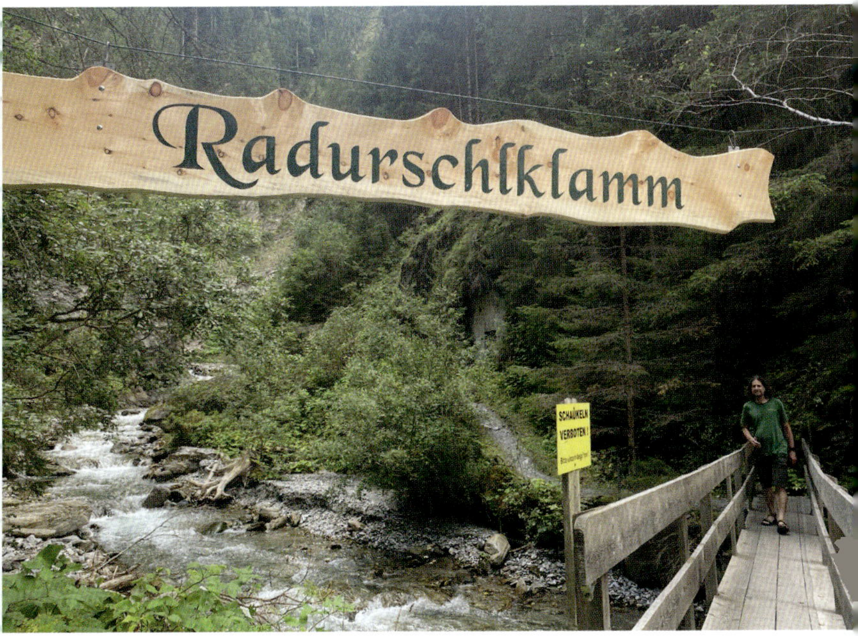

Anfang der Radurschlklamm

 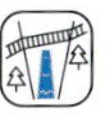

In der Radurschlklamm hat man das Gefühl, in einer naturbelassenen Urlandschaft unterwegs zu sein. Der Klammsteig führt ohne viel Aufwand ins Tal hinein und überquert auf einfachen Holzbrücken ein paarmal den Bach. Beim Rückweg kommt man an der Ulrichskapelle vorbei. Ein Kleinod, das man nicht übersehen sollte.

Anfahrt: Innsbruck – Landeck – Pfunds
Ausgangspunkt: Parkplatz in Pfunds in der Nähe der Kirche (970 m)
Route: Pfunds – Klammsteig – Ulrichskapelle – Parkplatz
Höchster Punkt: 1354 m
Km, Hm: 6,3 km, 400 Hm
Dauer: 2 ¾ – 3 Stunden
Voraussetzungen: Trittsicherheit, Schwindelfreiheit
Beste Jahreszeit: Frühjahr – Herbst
Gebühren: keine
Einkehrstationen: unterwegs keine; Einkehrmöglichkeiten in Pfunds
Tipp: Man kann den Radurschlbach noch weiter taleinwärts gehen.

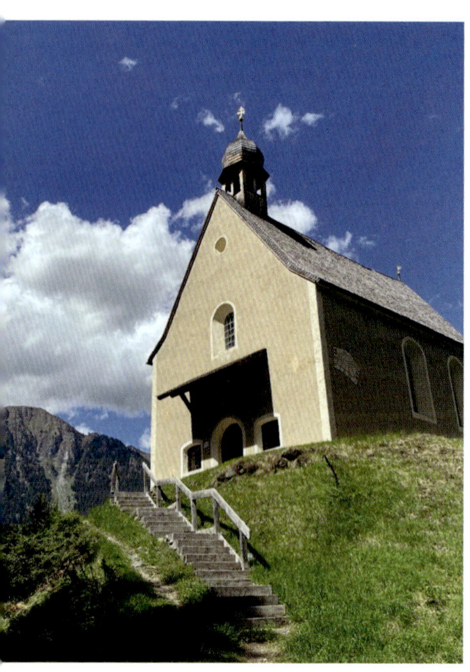

Die schön gelegene Ulrichskapelle

Anfahrt: Auf der Inntalautobahn bis zur Ausfahrt Reschenpass und auf der Bundesstraße weiter nach Pfunds. Bei der ersten Möglichkeit biegt man links nach Pfunds ab (*Pfunds – Dorf – Greit*), überquert den Inn und fährt im Dorf bis zu einem Kreisverkehr, wo sich gleich dahinter ein Parkplatz befindet. Dort ist auch schon der Klammsteig angeschrieben.

Durch die Radurschl Klamm: Nun folgt man zunächst den gelben Wegweisern *Klammsteig*, die durch den Ort leiten, wobei man vom Rauschen des Radurschlbaches begleitet wird. Kurz nachdem man diesen überquert hat, beginnt der Aufstieg zur Klamm entlang eines Forstweges. Man kommt an einem netten Marterl für den Hl. Nepomuk vorbei und quert nochmals den Bach. Dann folgt man dem Forstweg dem Bach entlang weiter, kommt am Kraftwerk Pfunds vorbei und dann an einem großen Rechen im Bach, der Pfunds vor Muren und Lawinen schützt. Schließlich endet der Forstweg und ein schmaler Bergweg führt in die Radurschlklamm hinein. Der schmale Steig geht direkt am Bach entlang, teils über Stiegen oder Wurzelwerk. Einige Stellen sind drahtseilversichert. Immer wieder kommt man über einfache Holzbrücken, die man einzeln betreten sollte und auf denen Schwingen zu unterlassen ist. Die Brücken sind zur Vermeidung von Ausrutschern mit einem Drahtnetz bedeckt. Die Nummerierung der Brücken zeigt an, wie weit man bereits gekommen ist. Die letzte auf dieser Runde hat die Nummer 8.

Manchmal geht der Weg auf der Höhe des Baches entlang, dann wieder oberhalb, am steil zum Wasser abfallenden Hang. Auch wenn der Bach nicht immer zu sehen ist, sein Rauschen kann man ständig vernehmen.

Schließlich weitet sich das Tal und man gelangt bei einer Brücke zu einem kleinen Rastplatz.

Zur Ulrichskapelle: Weg führt weiter den Radurschlbach entlang. Wir wählen den oberen Pfad. Ein wunderbar angelegter Weg windet sich in einigen Kehren durch den Wald aufwärts, bis er in einen Forstweg mündet. Diesen muss man ein Stück entlanggehen. Auf Autos, Mopedfahrer und Mountainbiker ist zu achten. Gott sei Dank zweigt aber bald ein Karrenweg nach Pfunds ab. Man folgt diesem, der leicht abwärts in den Wald führt. Dabei hat man immer wieder einen schönen Blick auf die Bergkette der Samnaungruppe. Noch einmal kommt man auf den Forstweg, den man aber kurz darauf wieder Richtung *Pfunds Ulrichkapelle* verlässt. Diese nette Kapelle thront auf einem kleinen Hügel. Dahinter befindet sich ein Rastplatz mit einem wunderbaren Blick auf Pfunds und die im Hintergund zu sehenden Samnauner Berge.

Rückweg: Der Weiterweg führt entweder eher steil über die Kreuzwegstationen oder etwas flacher über den Rodelweg abwärts. Schließlich kommt man an dem Trinkwasserkraftwerk von Pfunds vorbei und erreicht kurz darauf wieder den Forstweg. Diesem folgt man in den Ort. Man geht Richtung Kirche und erkennt am Rauschen, in welche Richtung man gehen muss. Bald ist man wieder auf dem schon bekannten Weg zurück zum Auto.

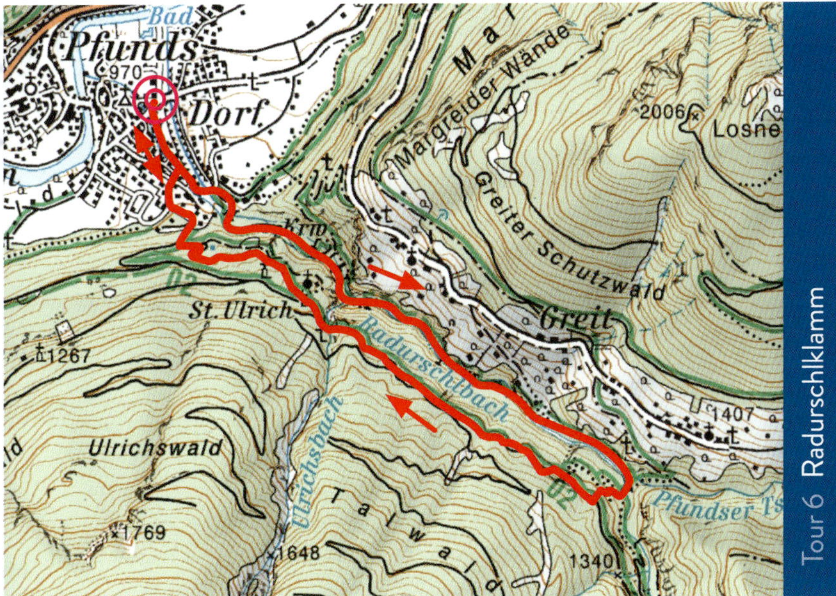

7 Kaunertaler Wasserweg

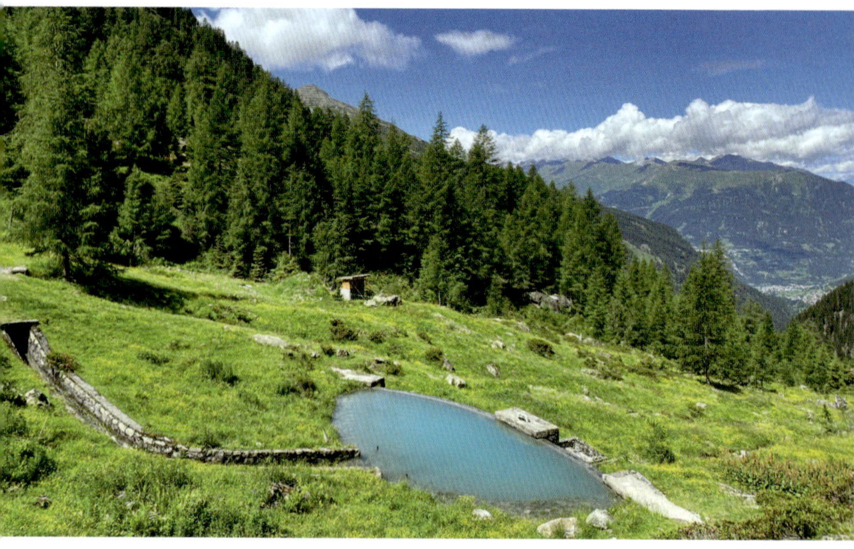

Die Wasserfassung des Kaunerberger Wasserweges

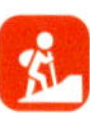 

Dieser Waalweg wurde einst mit Geldern des Marshallplans errichtet, um den sonnigen Kaunerberg mit Wasser zu versorgen. Heute dient er als schöner Wanderweg, der dem Wasserkanal entlangführt. Auf dieser Runde kommt man auch an zwei netten Almen vorbei, bei denen man einkehren kann: der Gallruthalm und der Falkaunsalm.

Anfahrt: Innsbruck – Inntalautobahn Ausfahrt Reschenpass – Prutz – Nufels – Wiesenhof

Ausgangspunkt: Parkplatz in der Kehre vor dem Wiesenhof (1584 m)

Route: Wasserweg – Hahntennen – Gallruthalm – Falkaunsalm – Parkplatz

Höchster Punkt: 2051 m (nach der Gallruthalm)

Km, Hm: 11 km, 520 Hm

Dauer: 4 – 4 ½ Stunden

Ausrüstung: Taschenlampe für den Tunnel

Voraussetzungen: Trittsicherheit

Beste Jahreszeit: Sommer – Herbst

Gebühren: keine

Einkehrstationen: Gallruthalm, Falkaunsalm

Tipp: Wer den ganzen Wasserweg gehen will, muss in Kaunerberg starten.

Anfahrt: Auf der Inntalautobahn fährt man bis zur Ausfahrt Reschenpass. Weiter geht es auf der Bundesstraße bis Prutz, wo man ins Kaunertal abbiegt. Dort geht's bis zur Abzweigung *Nufels* (grünes Schild), dann zunächst Richtung *Kaltenbrunn* und im Weiteren einige Kehren einer Bergstraße aufwärts Richtung *Wiesenhof*. Geparkt wird in der Kehre, bevor man den Wiesenhof erreicht.

Entlang des Wasserweges: Man startet die Runde, indem man die Straße bis zum Wiesenhof wandert, was etwa zehn Minuten in Anspruch nimmt. Auf einem Forstweg geht es dann weiter bis zu einem gelben Wegweiser, der den *Wasserweg* ankündigt. Hier biegt man rechts ab. Entlang des Wasserweges sind immer wieder Schautafeln angebracht, die die Funktionsweise und die Entstehung des Weges beschreiben.

Gleich nach der nächsten Kehre findet man wieder einen gelben Wegweiser zum *Wasserweg*. Hier zahlt es sich aus, den Wegweiser zu ignorieren und noch ein paar Meter weiterzugehen. Man hört schon das Wasser rauschen und erreicht kurz darauf einen schmalen Weg, der entlang eines offenen Wasserkanals aufwärts führt. Dieser ist zum Schluss recht steil angelegt, aber bald trifft man wieder auf den offiziellen Wanderweg, auf dem man den steilen

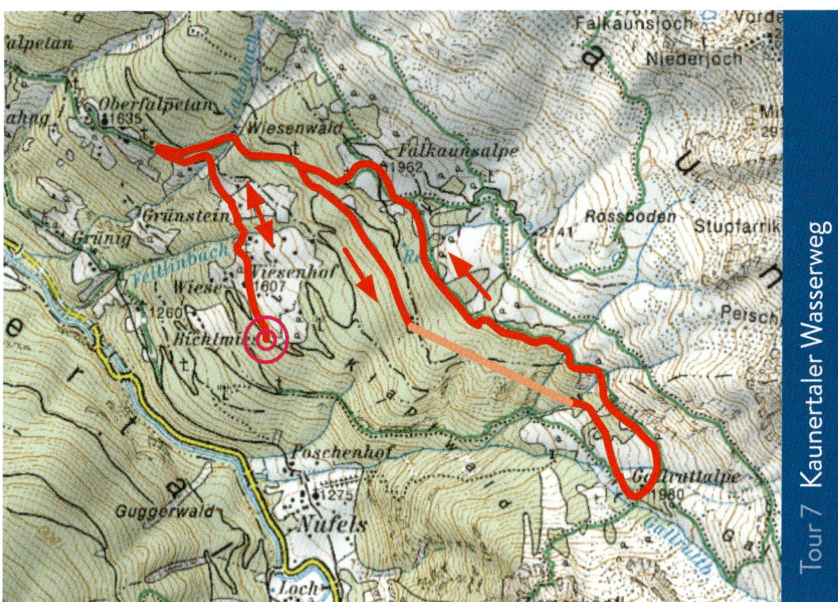

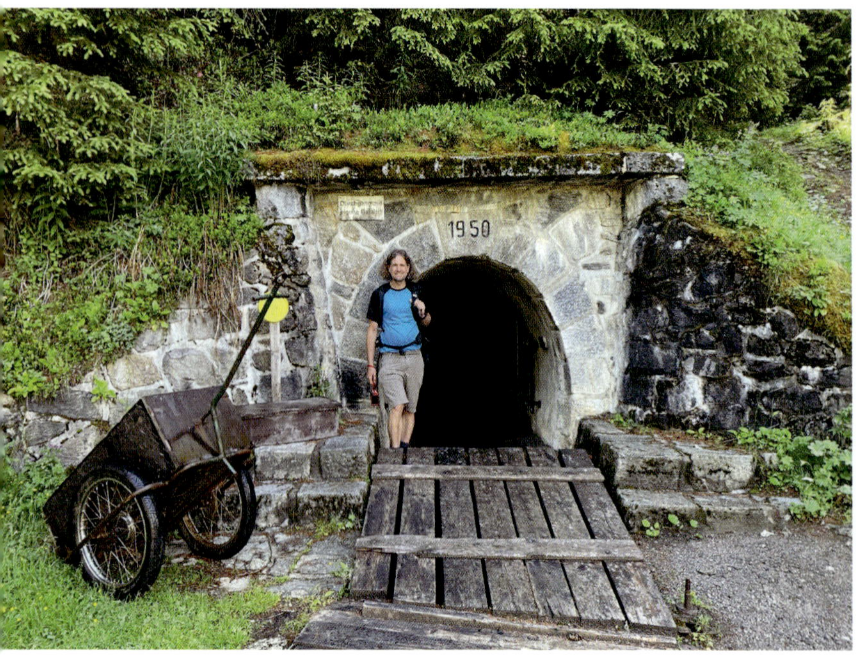

Der Eingang zum Gallruthstollen

Abschnitt gemütlich umgehen hätte können. Nun führt der Wasserweg im Wald weiter. Man ist zwar ständig vom Rauschen des Wassers begleitet, aber man kann es nicht sehen, da es in einem unter dem Weg angelegten Kanal fließt. Manchmal ist dieser mit Platten abgedeckt, meist aber komplett verwachsen.

Immer den gelben Wegweisern folgend kreuzt man den Forstweg, überquert eine schöne Wiese und geht dann im Wald weiter. Hier ist der Kanal wieder ein Stück offen, aber das Wasser wird bis zum Gallruthsstollen immer weniger. Nun heißt es, die Taschenlampe auszupacken, da man sonst ca. einen Kilometer weit im Stockdunkeln gehen müsste. Anfangs ist der Weg zwar betoniert, aber recht niedrig, sodass größere Leute gebückt gehen müssen. Außerdem fließt in der Mitte meist etwas Wasser, sodass man leicht nasse Füße bekommt. Etwa in der Hälfte wird der Tunnel zwar höher, der Boden allerdings sehr uneben. Irgendwann hört man ein gewaltiges Wasserrauschen, das immer näher zu kommen scheint. Das wirkt direkt unheimlich, weil man ja im Tunnel gefangen ist. Das Rätsel des Geräusches löst sich, wenn man bei einem Lichtloch bemerkt, dass ein Gebirgsbach außerhalb des Tunnels ins Tal rauscht. Nun geht es neben dem wasserführenden Kanal im Tunnel weiter und man kommt kurz darauf zum Ausgang. Eine wunderbare Sicht auf die Berge tut sich auf. Man folgt dem Wasserkanal, der wieder abgedeckt ist und zu einem Wehr führt: der Wasserfassung des Bewässerungskanals, die sich unterhalb der Gallruthalm befindet. Hier wird das Wasser gesammelt, das dann durch die Kanäle zum Kaunerberg geleitet wird.

Zu den Almen: Im Weiteren geht es zur *Gallruthalm*, die man nach etwa zehn Minuten erreicht. Diese wunderbar gelegene Alm lädt zu einer Rast ein. Gut erholt folgt man dann dem Dr.-Angerer-Höhenweg Richtung *Falkaunsalm*. Der schmale Steig führt dem Hang entlang über schöne Almwiesen, wobei man immer wieder Bäche überqueren muss. Kein Wunder, dass man bei diesem Wasserreichtum versucht hat, das kostbare Nass zum wasserarmen Kaunerberg umzuleiten. Einmal wird es noch anstrengend. Ein paar Stiegen führen steil aufwärts. Dann geht es – bei wunderbarer Aussicht – recht gemütlich auf dem schmalen Steig weiter. Ein Blick zurück zahlt sich immer wieder aus, da die Felskette mit dem mächtigen Gsallkopf, den Dristkogeln und dem Peischelkopf überaus beeindruckend ist. Schließlich wird der Weg breiter und kurz darauf sieht man auch schon die Falkaunsalm, die ebenfalls zu einer Einkehr verlockt.

Rückweg: Von der Alm folgt man den Schildern *Kaunerberg*. Der Weg führt anfangs in einer Wiese abwärts, wobei man nach den rot-weiß-roten Markierungen Ausschau halten muss. Bald geht's im Wald weiter, wo der Weg eindeutiger markiert ist. Schließlich erreicht man wieder den schon bekannten Steig am Wasserweg, dem man nun in umgekehrter Richtung folgt, bis man wieder beim Wiesenhof vorbeikommt und kurz drauf den Parkplatz erreicht.

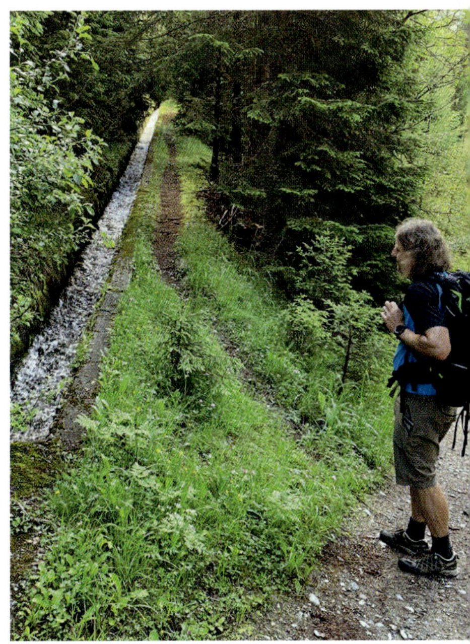

Ein kurzes Stück kann man auch direkt neben dem offenen Wasserkanal gehen

8 Verpeilbach

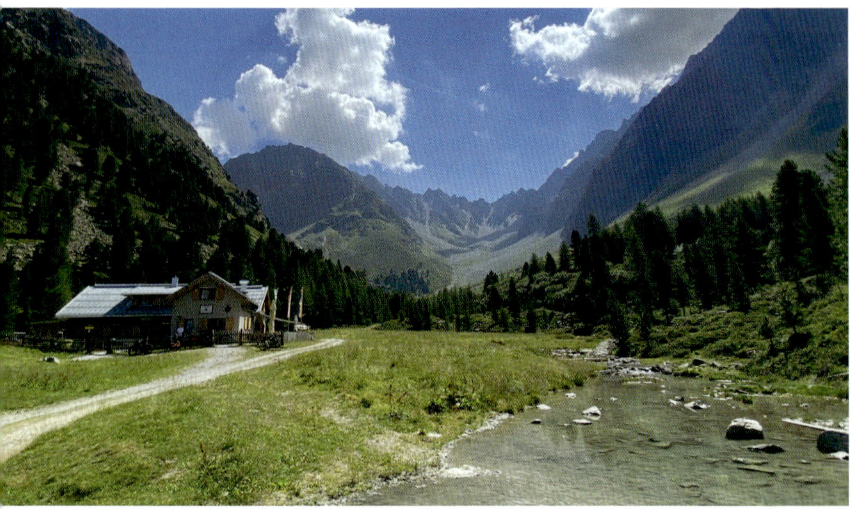

Die idyllisch gelegene Verpeilhütte

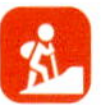
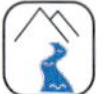
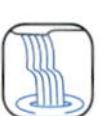

Der mit viel Aufwand errichtete Eisenweg zur Verpeilschlucht erlaubt es, den großen Wasserfall des Verpeilbaches auch von oben zu betrachten. Im Weiteren folgt man immer dem Verpeilbach, dessen Rauschen man zwar überall hört, den man aber oft nicht sehen kann. Der höchste Punkt der Tour ist die Verpeilhütte. Sie liegt idyllisch zwischen zwei Bächen und lädt zu einer Rast ein.

Anfahrt: Innsbruck – Inntalautobahn Ausfahrt Reschenpass – Prutz – Kaunertal – Feichten
Ausgangspunkt: Parkplatz in der Nähe des Tourismusverbandes (1287 m)
Route: Verpeilschlucht – Verpeilbach – Verpeilhütte – Verpeilalm – Unterhäuser – Feichten – Parkplatz
Höchster Punkt: 2016 m (Verpeilhütte)
Km, Hm: 8 km, 730 Hm

Dauer: 4 ½ – 4 ¾ Stunden
Voraussetzungen: Trittsicherheit, Schwindelfreiheit
Beste Jahreszeit: Sommer – Herbst
Gebühren: Eintritt Verpeilklamm
Einkehrstationen: Verpeilhütte
Tipp: Von der Verpeilalm aus kann man auch den viel beworbenen Knappensteig nach Feichten gehen, was einige Höhenmeter spart.

Anfahrt: Auf der Inntalautobahn fährt man bis zur Ausfahrt Reschenpass und dann auf der Bundesstraße weiter bis Prutz. Dort biegt man ins Kaunertal ab, wo man bis Feichten fährt. Die Tourismusinformation befindet sich im Ort an der linken Straßenseite. Wer die Tickets für die Verpeilschlucht noch nicht online gekauft hat, kann sie dort erwerben. In der Nähe gibt es auch Parkmöglichkeiten.

Die Verpeilschlucht: Man wandert die Straße entlang aufwärts, wobei man schon das Rauschen des Verpeilbaches hört, der im Ort gezähmt ist. Sobald man den Bach überquert, sieht man im Hintergrund schon eine riesige Stahltreppe. Deren Einstieg erreicht man entweder über den Forstweg, oder man folgt dem Schild *Meditationsplatz/Wasserfall.* Da man vom Meditationsplatz aus einen wunderschönen Blick auf den Wasserfall hat, ist diese Variante zu empfehlen. Dort gibt es auch Sitzmöglichkeiten und eine Anleitung zum Meditieren, damit man den Wasserfall auf sich wirken lassen kann. Den Eisenweg der Verpeilschlucht betritt man dann durch ein Drehkreuz, bei dem man sein Ticket einscannen muss. Dann geht es die vielen Eisenstiegen der Felswand entlang aufwärts, bis man zu einer Plattform gelangt. Diese erlaubt es, den Wasserfall von oben zu betrachten. Dabei bringt eine kühle Brise willkommene Erfrischung. Auf der anderen Seite kann man in die Schlucht hinein und auf die vielen kleineren Wasserfälle blicken. Den

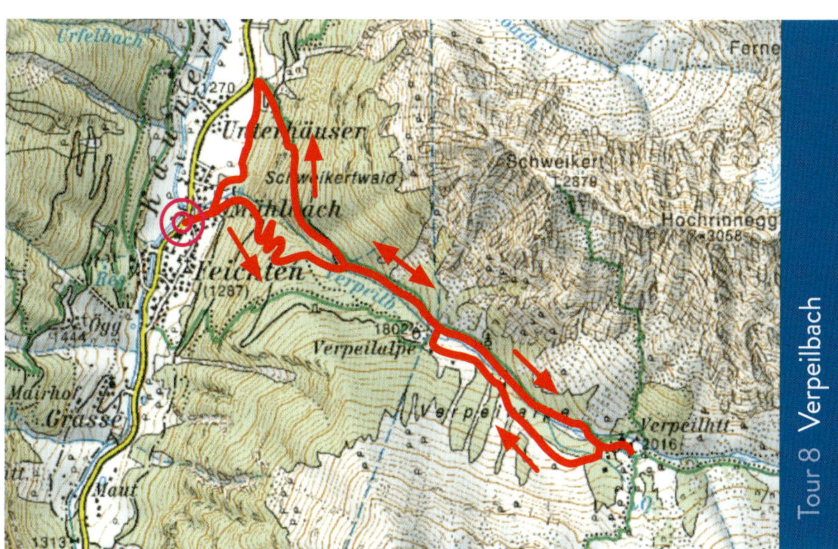

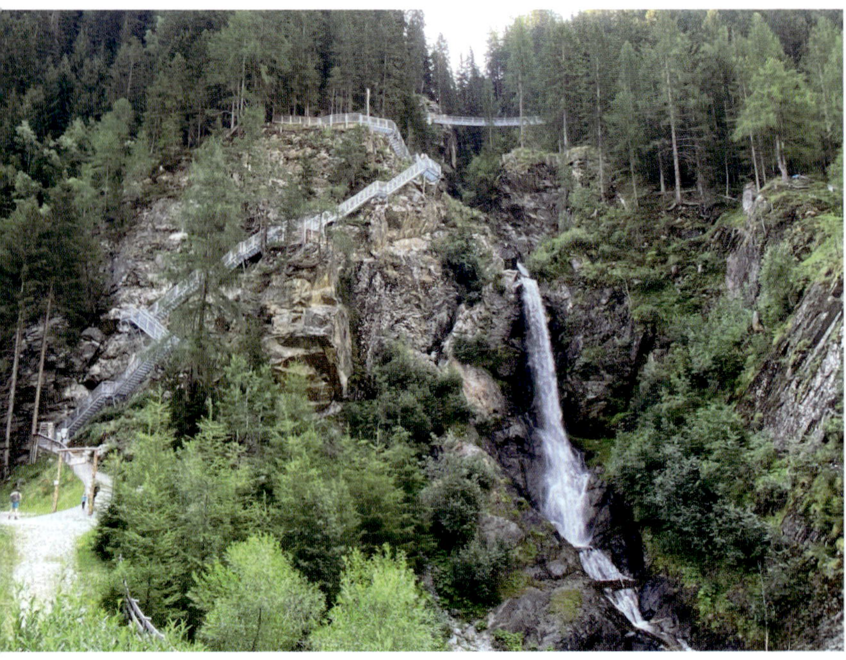

Der aufwändige Eisenweg ermöglicht es, den Wasserfall auch von oben zu sehen

Bachverlauf sieht man besonders gut von der langen Eisenbrücke aus, die man später überquert. Da kann man den Bach mit seinen Wasserfällen sowohl nach oben als auch nach unten einsehen. Anschließend führt der Weg vom Bach weg, dessen Rauschen aber weiterhin zu hören ist. Allzu schnell passiert man das obere Drehkreuz und verlässt den offiziellen Weg durch die Verpeilschlucht.

Entlang des Verpeilbaches zur Verpeilhütte: Anschließend muss man den Forstweg entlang aufwärtsgehen. Da hier auch Autos fahren dürfen, nimmt man lieber eine Abkürzung, die bei einer Bank in einer Kehre des Forstweges nach oben führt (kein Wegweiser). Begleitet vom Rauschen des Baches geht es im Wald aufwärts. Dann trifft man wieder bei einer weiteren Kehre auf den Forstweg. Hier gibt es erneut eine Abzweigung. Ein Forstweg ohne Wegweiser führt in Richtung Bach. Diesem folgt man und überquert schließlich den Verpeilbach, der über den Forstweg fließt. Der Bach ist zwar sehr zahm, man muss allerdings damit rechnen, dass man nasse Füße bekommt.

Kurz darauf geht ein Steig nach rechts aufwärts zur Verpeilhütte. Der Weg quert einen Hang und führt parallel zum Verpeilbach, der unten im Graben fließt. Auch wenn man den Bach immer hört, sieht man ihn nur ab und zu durch die Bäume oder Büsche. Sobald man die Verpeilalm erreicht, geht man ein kurzes Stück mit dem Bach auf gleicher Höhe. Auch der Weiterweg verläuft parallel zum Bach. Ein weiteres Mal überquert man den Verpeilbach, diesmal auf einer Holzbrücke. Dann ist es auch nicht mehr weit, bis man die *Verpeilhütte* sieht. Diese steht idyllisch auf einem ebenen Platz. Ganz in der Nähe befindet sich eine kleine Kapelle. Rechts und links von der Hütte fließen Gebirgsbäche und im Hintergrund ragen felsige Bergspitzen auf. Diese Idylle lädt natürlich zu einer Rast auf der Terrasse ein.

Rückweg: Zur Verpeilalm zurück kann man entweder den gleichen Weg nehmen, oder man geht den bequemeren Forstweg. So wandert man mit schöner Aussicht abwärts. Bald sieht man das Staubecken der Verpeilalm. Dort quert man die Brücke und kommt auf den schon bekannten Weg. Nun geht's in umgekehrter Richtung talwärts. Sobald man den Forstweg erreicht, folgt man diesem kurz bergauf und gelangt so zum Fußweg nach *Unterhäuser – Vergötschen – Platz.* Kurz sieht man nochmals den Verpeilbach, wie er über eine Stufe in die Tiefe stürzt. Dann folgt man dem Weg im Wald nach Unterhäuser. Dort trifft man auf einen Forstweg, der leicht aufwärts wieder zurück nach Feichten geht. Bald hört man auch schon das Tosen des Wasserfalls, den man kurz darauf nochmals passiert. Dann ist es auch nicht mehr weit zum Auto.

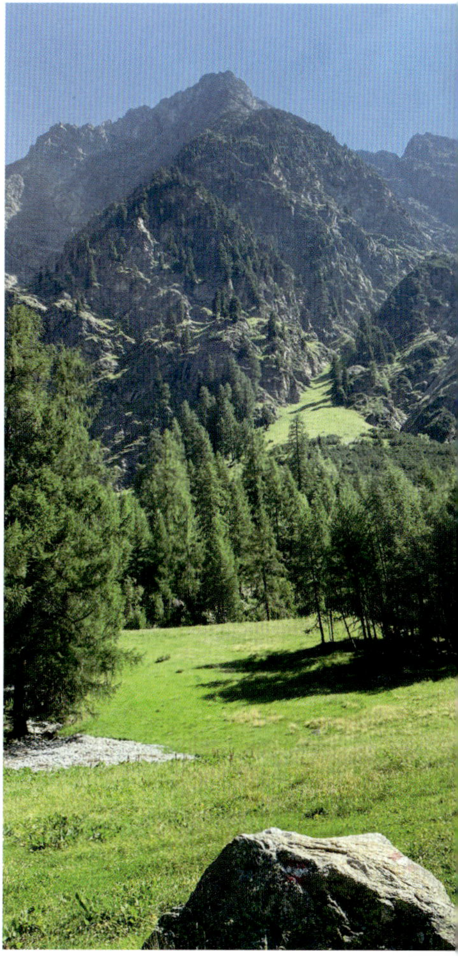

Schöne Wiese bei der Verpeilalpe

9 Salvesenklamm – Hoher Übergang

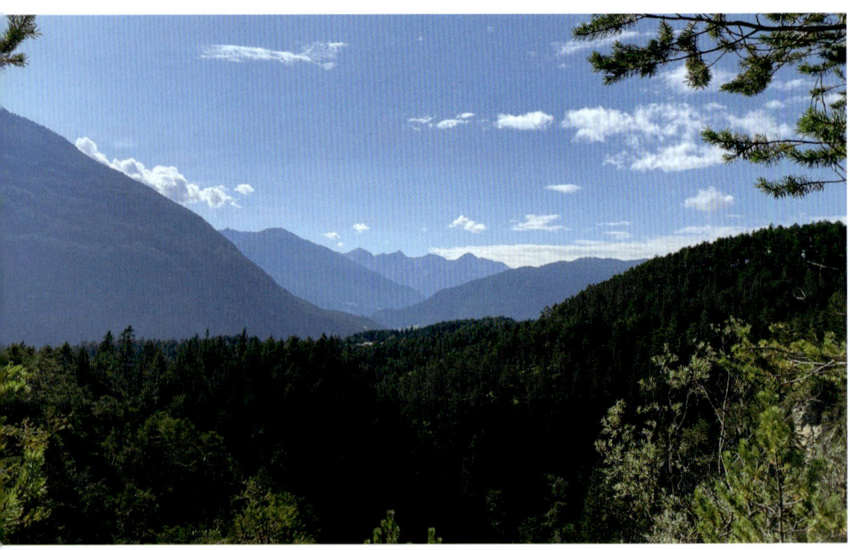

Blick auf die Ötztaler Alpen

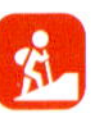 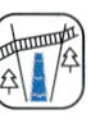

Tarrenz ist reich an mystischen Plätzen und wird deshalb auch das Hexendorf genannt. Darum gibt es hier wohl auch den verhexten Kinderlehrpfad. Auch ein Skulpturenweg begleitet uns zeitweise und führt zum Hohen Übergang. Dieser ist der Höhepunkt der Tour: eine Brücke, die hoch über der Salvesenklamm die zwei Talseiten verbindet und einen eindrucksvollen Blick in die tief eingeschnittene Schlucht ermöglicht.

Anfahrt: Inntalautobahn Ausfahrt Imst – Tarrenz – Obtarrenz
Ausgangspunkt: Parkmöglichkeit beim Heimatmuseum (840 m)
Route: Skulpturenweg Salvesen – Hoher Übergang – Parkplatz
Höchster Punkt: 958 m (kurz nach dem Hohen Übergang)
Km, Hm: 3,8 km, 210 Hm
Dauer: 1 ½ – 1 ¾ Stunden
Voraussetzungen: Schwindelfreiheit für die Brücke beim Hohen Übergang
Beste Jahreszeit: Frühjahr – Herbst
Gebühren: keine
Einkehrstationen: im Dorf
Tipp: Wer will, der kann den Skulpturenweg oder den Hexenweg für Kinder anhängen.

So kommt man hin: Auf der Inntalautobahn bis Imst und weiter Richtung Hahntennjoch. In Tarrenz nach Obtarrenz abbiegen und bis zum Anfang des Skulpturenwegs fahren, der vis-à-vis vom Heimatmuseum beginnt und gut gekennzeichnet ist. Parken kann man entlang der Straße.

Entlang der Skulpturen und Stationen des Hexenweges: Zuerst geht's einen schmalen Weg leicht aufwärts, an einem Schießstand vorbei und später im Wald – einem breiteren Weg folgend – Richtung *Salvesenklamm*. Ab und zu kommt man an Stationen des verhexten Kinderlehrpfades vorbei. Auch sieht man immer wieder Skulpturen, bis man schließlich eine überdimensional große Türe durchschreitet und vom Wald ins offene Gelände einer Skipiste gelangt. Hat man diese überquert, geht es wieder im Wald weiter, dann ein paar Stufen abwärts bis zu einer Brücke über den Alpeilbach. Blickt man nach Norden, sieht man, wie eng die Klamm ist, aus der der Bach hervortritt. In der anderen Richtung ist ein großes Geschiebebecken auszumachen, das den Ort vor Gefahren schützt. Damit das Becken nicht überfüllt wird, wird der vom Bach angeschwemmte Schotter immer wieder abtransportiert.

Weiter geht es dem Weg entlang an Skulpturen und Stationen des Hexenweges vorbei. Auf der einen Seite

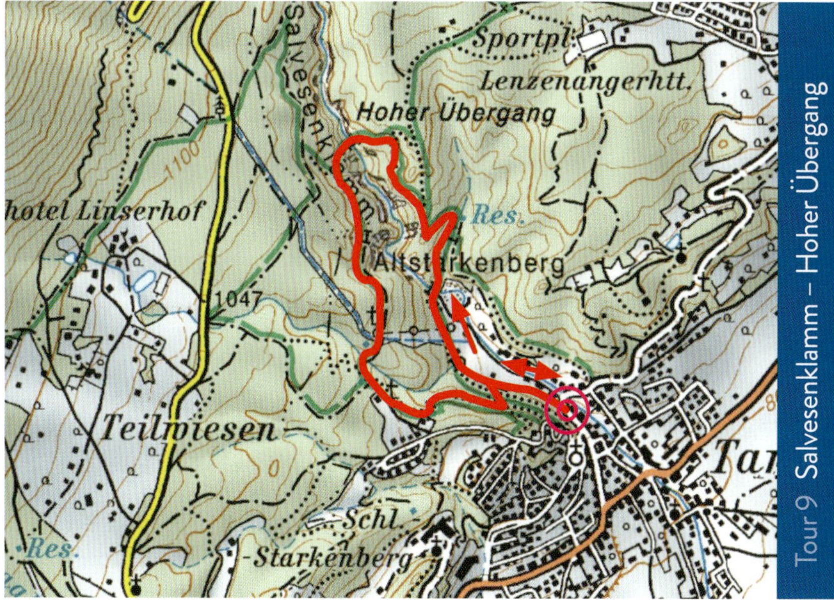

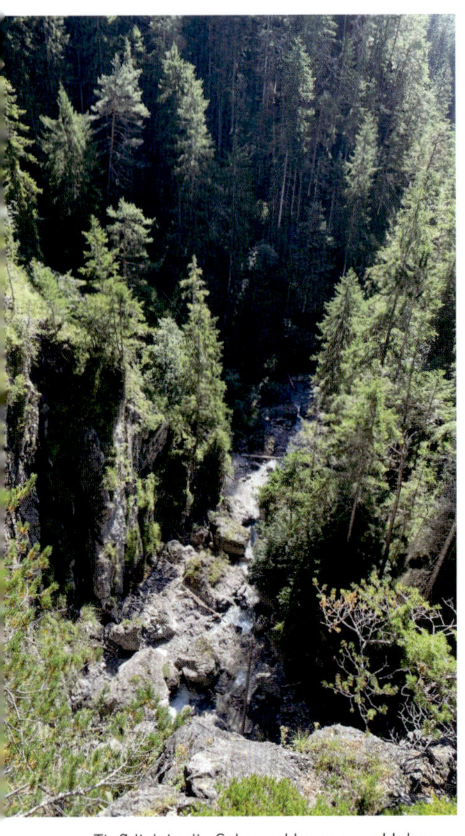

Tiefblick in die Salvesenklamm vom Hohen Übergang

plätschert ein Bächlein, das man zwar gut hört, aber kaum sieht.

Zum Hohen Übergang: Schließlich verlässt man den Skulpturen- und Hexenweg. Kurz darauf kommt man an einer Wasserfassung vorbei. Durch schönen Kiefernwald geht es weiter aufwärts. Immer wieder hat man einen beeindruckenden Blick auf die Ötztaler Alpen. Der Weg führt schließlich ein paar Stiegen abwärts, bis man den Hohen Übergang erreicht. Das ist eine Brücke, die in ca. 40 Metern Höhe über die Salvesenklamm führt und einen wunderbaren Tiefblick erlaubt. Diese Stahlbrücke ist so gebaut, dass man direkt neben seinen Füßen in die Tiefe blicken kann. Vom Hohen Übergang aus wird einem auch klar, warum es in dieser Klamm nicht möglich ist, einen Weg direkt neben dem Bach zu errichten.

Auf der anderen Seite des Hohen Übergangs befindet sich eine Plattform, die mit ihrer Bank zum Verweilen einlädt. Es geht immer weiter aufwärts, zuerst über ein paar Stiegen und dann entlang eines Wanderweges, bis man den höchsten Punkt der Tour erreicht.

Retourweg: Beim Rückweg ins Tal wird man immer wieder vom Plätschern kleinerer Bäche begleitet und Bänke laden zum Verweilen ein. Sobald man zu einer Wasserfassung kommt, zweigt man auf einen schmalen Weg ab, der anfangs neben dem Forstweg entlangführt (kein WW). Dieser Steig geht zuerst recht flach hinter den Häusern weiter und führt schließlich abwärts. Bei einer unmarkierten Kreuzung im Wald wählen wir den linken Pfad hinunter, der uns zu dem Weg bringt, der am Schießstand vorbei und zurück zum Parkplatz führt.

10 Rosengartenschlucht – Blaue Grotte

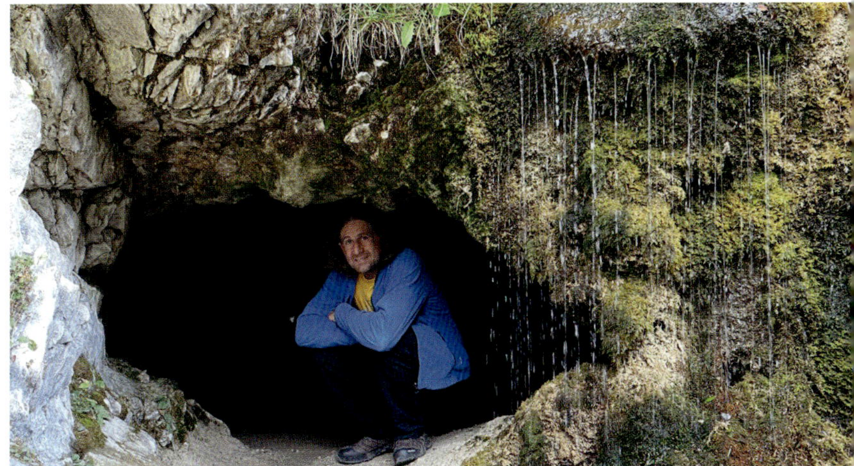

Beim Ausgang der blauen Grotte

 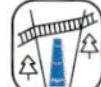 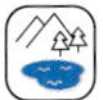

Direkt vom Ortszentrum Imst weg beginnt diese Wanderung durch die wildromantische Rosengartenschlucht. Während man den gut gesicherten Weg entlangwandert, wird man vom tosenden Wasser des Schinderbaches begleitet. Der Steig führt direkt am Fels entlang. Wenn man die Wanderung bis Hochimst weitergeht, kommt man auch an der Blauen Grotte vorbei, einer Höhle, die schon in der Römerzeit für Erzabbau angelegt wurde.

Anfahrt: Inntalautobahn Ausfahrt Imst – Imst

Ausgangspunkt: Sonneparkplatz/Parkplatz P9 (795 m)

Route: Rosengartenschlucht – Blaue Grotte – Hochimst – Parkplatz

Höchster Punkt: 1042 m (nahe dem See)

Km, Hm: 4,3 km, 250 Hm

Dauer: 1 ¾ – 2 Stunden

Ausrüstung: für den See Badesachen im Sommer

Voraussetzungen: Trittsicherheit

Öffungszeiten: Mai – Oktober

Kosten: Parkgebühr (MO – DO 7:00 – 17:00: max. 120 Minuten)

Einkehrstationen: in Hochimst: Sonneck und Waldcafé; in Imst: einige Lokale

Tipp: Wer nur die Schlucht durchwandern will, lässt die Blaue Grotte und den Badesee aus.

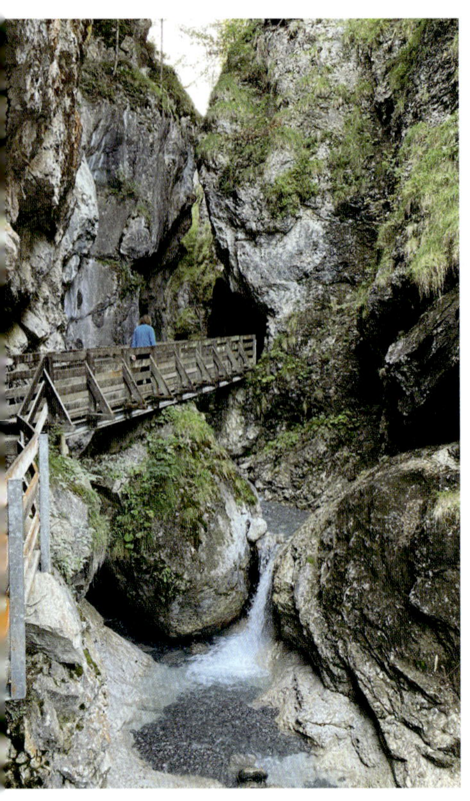

Die Schlucht ist zu schmal für einen Weg, sodass man durch einen Tunnel muss

Anfahrt: Auf der Inntalautobahn bis Imst und weiter auf der Hahntennjochstraße bis zur Ankündigung der *Rosengartenschlucht* (brauner WW), dann den Schildern zum gebührenpflichtigen Parkplatz P9 folgen.

Rosengarteschlucht: Der Eingang zur Schlucht ist gut gekennzeichnet. Man braucht nur den Schildern oder den roten Rosen am Asphalt zu folgen. Zuerst geht es am Weg neben dem gezähmten Schinderbach entlang, ehe man – bei einer Brücke – zum offiziellen Eingang der Schlucht kommt. Falls die Wasserführung in der Schlucht zu stark ist, bleibt das Gatter geschlossen.

In der Rosengartenschlucht durchwandert man mehrere erdgeschichtliche Zeitalter. Das sieht man vor allem bei einer Ausweichstelle, wo es nicht möglich war, den Wanderweg direkt neben dem Bach anzulegen. Man muss dort großräumig ausweichen. Dabei führt der Weg über ein über die Jahrtausende auserodiertes Band. Die darüber liegenden Felsen zwingen allerdings teilweise dazu, den Kopf einzuziehen, um durchzukommen.

Schließlich führt der Weg wieder zum Bach zurück. Da die Klamm sehr eng ist, schmiegt sich der Steig eng an die Felswand. Ein paar Mal wird der Bach überquert. Zweimal wurde sogar ein Tunnel in die Wand gesprengt, damit der Weg in der Nähe des Baches bleiben kann. Sobald man oberhalb die Straße sieht, hat man das Ende des durch die Schlucht führenden Wanderweges erreicht.

Blaue Grotte und Badesee bei Hochimst: Über Stufen geht es weiter. Man folgt den Schildern *Rosengartenschlucht Hochimst.* Der schmale Weg führt nun an einem Hang weiter aufwärts, wobei man den Bach nach wie vor in der Tiefe rauschen hört. Ein Ausflug zur *Blauen Grotte* lohnt sich. Es ist keine natürliche Höhle. Sie entstand durch den Erzabbau, der wahrscheinlich schon in der Römerzeit begonnen hat. Zwei Eingänge zur Grotte ermöglichen, dass man sie durchwandern kann.

Weiter geht es nach Hochimst, an der Geschiebesperre vorbei. Diese wurde errichtet, damit sich der Schotter dort ansammelt und nicht durch die Klamm bis Imst gelangt. Kurz nach der Geschiebesperre kommt man zu einem kleinen natürlichen Badesee, der allerdings nur im Sommer zu einer Erfrischung einlädt und selbst dann noch recht kühl ist.

Zurück nach Imst: Den Umweg über die Blaue Grotte erspart man sich beim Rückweg, indem man dem direkten Weg Richtung Imst folgt. Ein angenehmer Steig führt durch Nadelwald ins Tal. Bald trifft man wieder auf den Weg, den man schon vor der Blauen Grotte gegangen ist und der schließlich ans Ende der offiziellen Rosengartenschlucht führt.

In der Ferne hört man das Wasser des Schinderbaches, den man auch ab und zu in der Tiefe erkennen kann. Bei der Brücke geht man die Stufen aufwärts Richtung *Scheibenbichl* und gelangt dann auf einen Weg Richtung *Imst – Zentrum*.

Einmal muss man die Straße nach Hochimst überqueren, aber der schöne Weg geht auf der anderen Seite gleich weiter. Nach der Überquerung einer Brücke gelangt man wieder auf den Weg zur Rosengartenschlucht und ist ein paar Meter später wieder beim Parkplatz.

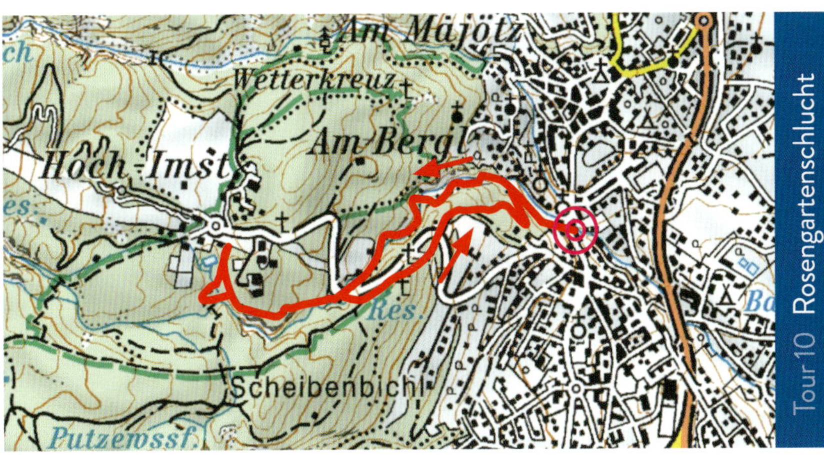

11 Pitzeklamm

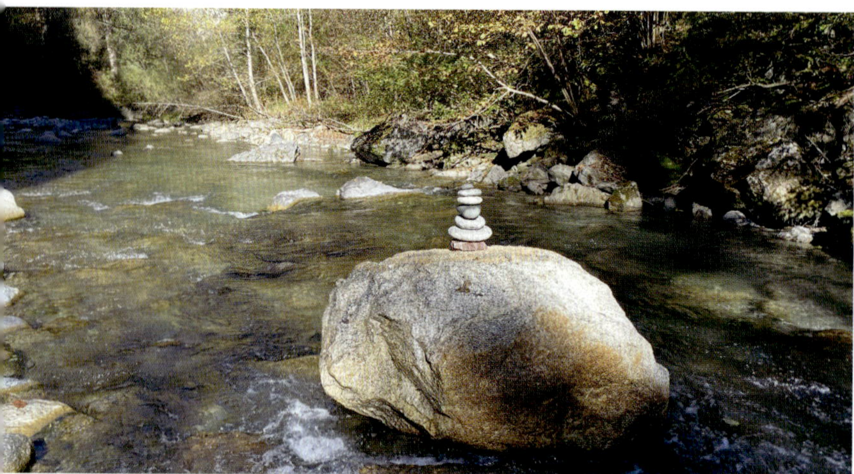

Steinmandl mitten in der Pitzeklamm

In diesem Naturjuwel beeindruckt nicht nur das Wasser, sondern auch der überaus abwechslungsreiche Wald. Außerdem wartet diese Runde mit zwei Namen bekannter Tiroler Persönlichkeiten auf. Der Steig selbst ist nach dem Südtiroler Bergsteiger Luis Trenker benannt, die Benni-Raich-Brücke nach dem aus Arzl im Pitztal stammenden Tiroler Skifahrer. Es ist dies die höchste Hängebrücke Österreichs und sie verbindet Arzl im Pitztal mit dem Weiler Wald.

Anfahrt: Inntalautobahn Ausfahrt Imst – Pitztal – Arzl
Ausgangspunkt: Parkplatz Luis-Trenker-Steig (767 m)
Route: Pitzeklamm – Niederwaldried – Benni-Raich-Brücke – Pitzeklamm – Parkplatz
Höchster Punkt: 880 m
Km, Hm: 5,2 km, 260 Hm

Dauer: 2 ¼ – 2 ½ Stunden
Voraussetzungen: Trittsicherheit
Beste Jahreszeit: Frühjahr – Herbst
Kosten: keine
Einkehrstationen: Bungystüberl
Tipp: Bei der Benni-Raich-Brücke besteht die Möglichkeit zum Bungee-Jumpen.

Anfahrt: Anfahrt über die Inntalautobahn bis zur Ausfahrt Imst und im Pitztal weiter bis Arzl. Dort links nach Wald abbiegen und die Straße runterfahren. Kurz vor der Brücke über die Pitze befindet sich auf der rechten Seite der Parkplatz für den Luis-Trenker-Steig.

Pitzeklamm: Schon vom Parkplatz aus sieht man ein Denkmal, das dem bekannten Bergsteiger Luis Trenker gewidmet ist. Auch die Benni-Raich-Brücke ist in schwindelerregender Höhe bereits von hier aus zu sehen.

Zuerst folgt man dem Wegweiser *Luis-Trenker-Steig* zum Bach. Dort angekommen, geht's durch einen kurzen Tunnel und anschließend an einem ehemaligen Kraftwerk vorbei. Im Weiteren kommt man unter der sehr hoch oben schwebenden Benni-Raich-Brücke durch. Der abwechslungsreiche Steig führt manchmal direkt am Bach entlang und gelegentlich sogar über Steige aus Stahl, die an der Wand der Schlucht verlaufen. Dann führt er wieder etwas weiter vom Bach weg durch wunderbare Schlucht- und Hangmischwälder sowie Auwälder. Diese werden hier nicht vom Menschen genutzt, so dass sie sich natürlich entwickeln können. Dieses Naturjuwel ist seit 1999 als Naturwaldreservat gewidmet. Es gibt auch immer wieder Stellen, wo man gut zum Bach hinuntergehen kann, um direkt neben dem Wasser auszuruhen.

Das Ende der Klamm befindet sich bei der Brücke über die Pitze, von der

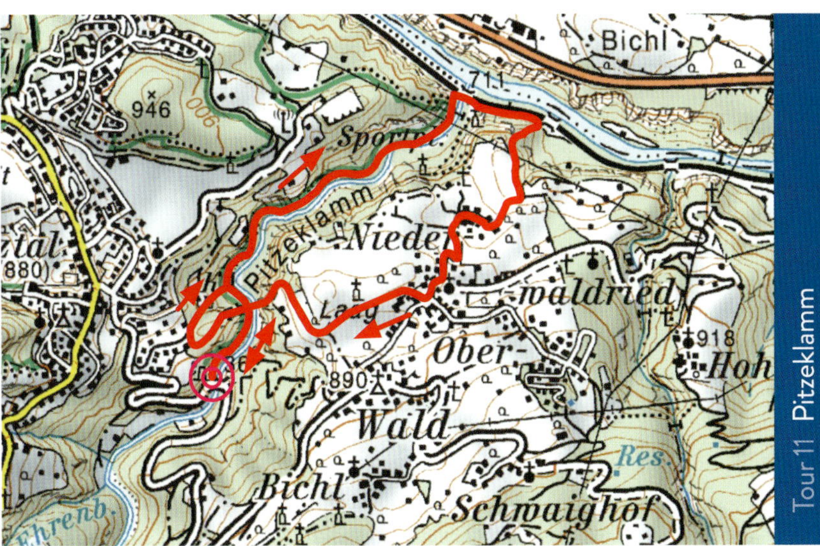

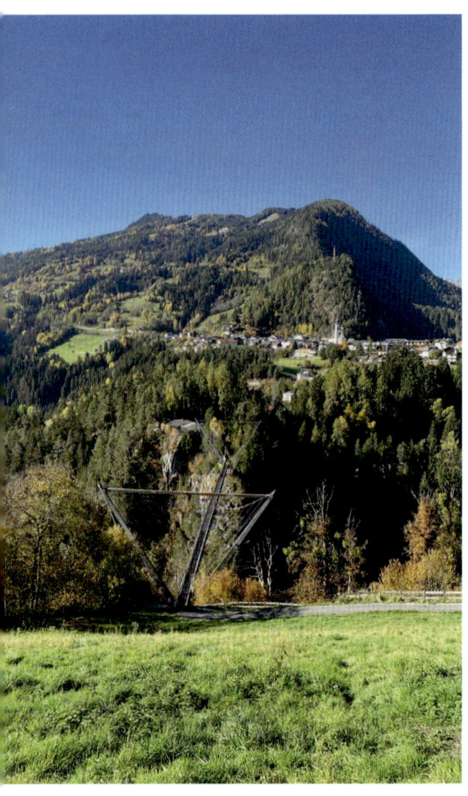

Die 137,7 m lange Benni-Raich-Brücke

aus der Tschirgant im Hintergrund gut zu sehen ist. Bevor man diese erreicht, geht es allerdings noch über einige Stufen aufwärts.

Benni-Raich-Brücke: Nun verlassen wir die Klamm und überqueren die Pitze. Anschließend folgen wir dem asphaltierten Radweg bis zum nächsten Wegweiser *Luis-Trenker-Trail*. Dann geht man im Wald teils recht steil bergauf. Oben mündet der Weg in einen Forstweg, der bald in eine Straße übergeht, die allerdings kaum befahren ist. Man kommt an schönen Wiesen vorbei und kann den Blick auf verschiedene Bergketten im Hintergrund genießen. Der Weg ist gut ausgeschildert. Man folgt immer den Wegweisern *Luis-Trenker-Trail* und gelangt so durch Niederwaldried. Schließlich wird die *Benni-Raich-Brücke* angekündigt, allerdings auch in die Richtung, aus der man gerade gekommen ist. Logischerweise folgt man dem Wegweiser in die andere Richtung.

Am Dorfbrunnen vorbei, immer weiter dem Wegweiser *Benni-Raich-Brücke* folgend, gelangt man schließlich auf einen Forstweg, von dem aus man einen wunderbaren Ausblick hat. Bald sieht man auch schon die besagte, 137,7 Meter lange Brücke in der Ferne. Von dieser hat man einen atemberaubenden Blick in die Tiefe, auf die 94 Meter darunter dahinfließende Pitze.

Rückweg: Gleich nach der Brücke befindet sich das Bungystüberl, das zum Rasten einlädt. Weiter geht es auf einem Forstweg, der später in eine Straße übergeht. Kurz nachdem man die Pumpstation Arzl passiert hat, führt rechts ein schmaler Waldsteig wieder zur Klamm hinunter (WW *Einstieg Luis-Trenker-Steig*). Dort angekommen, geht man nach rechts und erreicht bald darauf den Parkplatz.

12 Söllbergwasserfall

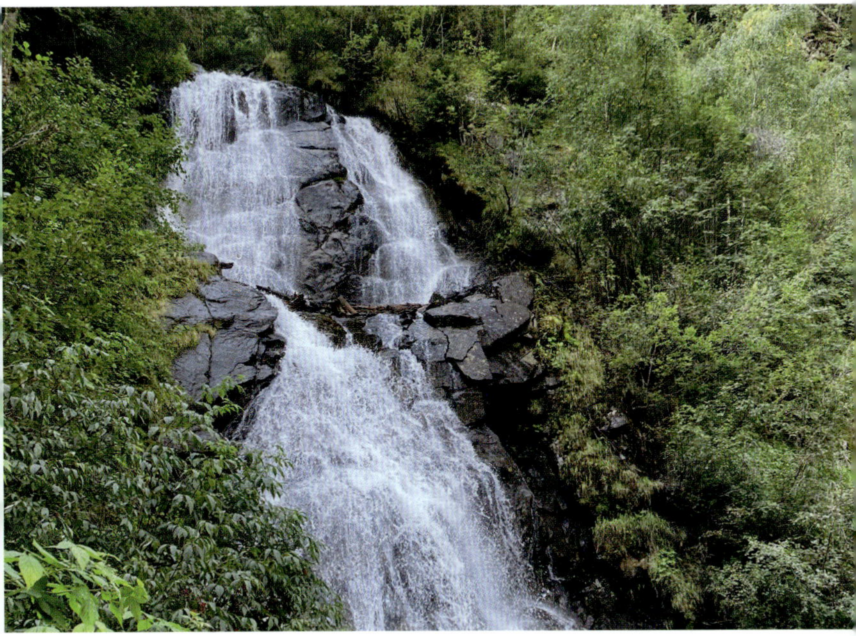

Der tosende Söllbergwasserfall ist einen Ausflug wert

 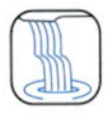

In einer eher einsamen Gegend des Pitztals führt uns diese kurze Runde zu einem schönen Wasserfall mit einer wunderbaren Aussichtsplattform. Zuerst kann man den Wasserfall von unten bewundern, später ist es von der Plattform aus möglich, den in die Tiefe stürzenden Wassermassen zuzuschauen.

Anfahrt: Inntalautobahn Ausfahrt Imst/Pitztal – Wiese
Ausgangspunkt: Parkplatz Wiese 1 (1184 m)
Route: Söllbergwasserfall – Plattform Wasserfall – Parkplatz
Höchster Punkt: 1344 m (Plattform)
Km, Hm: 1,4 km, 160 Hm
Dauer: 50 Minuten – 1 Stunde
Voraussetzungen: Schwindelfreiheit (für die Plattform)
Beste Jahreszeit: Frühjahr – Herbst
Kosten: Parkgebühr
Einkehrstationen: unterwegs keine; mehrere Möglichkeiten in Wiese

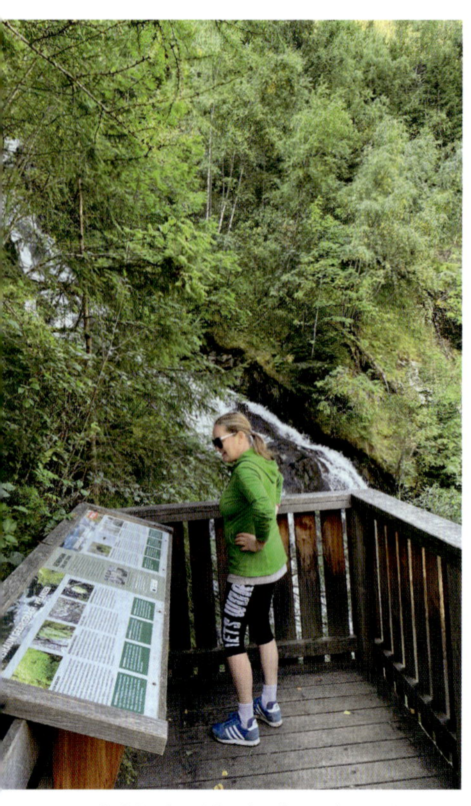

Auf der Aussichtsplattform gibt es einige Informationen zum Wasserfall

Anfahrt: Anfahrt über die Inntalautobahn bis zur Ausfahrt Imst/Pitztal. Dann den Schildern ins Pitztal bis Wiese folgen. Kurz vor dem Ortsschild zweigt rechts eine asphaltierte Forststraße ab, die mit einem Wegweiser zur *Söllbergalm* markiert ist. Auf dieser fährt man ca. 300 Meter aufwärts, bis man links das Parkplatzschild von dem kleinen *Parkplatz Wiese 1* sieht. Die Einfahrt zum Parkplatz ist recht holprig.

Zum Wasserfall: Man startet beim Parkplatz, indem man zum Wegweiser *Söllbergwasserfall* geht. Der anfangs noch eher breite Weg führt durch dichten Wald leicht aufwärts, wobei man schon sehr bald das Rauschen eines Baches hört. In einigen Kehren schraubt sich der teils von Moos wunderschön bewachsene Weg immer weiter aufwärts. Sobald man die kleine Brücke über den Söllbach quert, kann man auch schon im Hintergrund den eindrucksvollen Wasserfall mit der links davon befindlichen Aussichtsplattform sehen.

Zur Aussichtsplattform: Auf einem netten Steig geht es nun teils über Stiegen, teils direkt neben dem Bach weiter aufwärts. Der Blick auf den Wasserfall ist beeindruckend. Ebenso das Getöse, das dieser erzeugt. In einigen Kehren geht es recht steil weiter bergauf zur Aussichtsplattform.

Zum Schluss führt der Weg über eine spektakuläre Holzkonstruktion, die direkt an den Fels angebaut ist. Sie bringt uns direkt zur Aussichtsplattform. Von dieser aus hat man einen wunderbaren Blick in die Tiefe und kann zuschauen, wie die Wassermassen in die Tiefe stürzen. Auf der Aussichtsplattform befindet sich auch eine Schautafel mit Informationen zum Lebensraum Gebirgsbach.

Runde: Das erste Stück geht man den gleichen Weg zurück. Bei der Abzweigung folgt man dem Weg Richtung *Wiese* und nimmt den Steig, der anfangs rechts des Baches weiter abwärts führt. Es gibt auch öfters Möglichkeiten, etwas flachere Wege zu gehen, die aber immer wieder zum Hauptweg zurückführen.

Schließlich verlässt man den Bach und geht weiter Richtung *Wiese*, bis man einen großen eingezäunten Platz erreicht. Auf der anderen Seite dieser Einzäunung führt ein schwach ausgepräger breiterer Weg recht flach Richtung Norden. Diesem Weg folgt man. Kurz nachdem man einen Bach über Steine überquert hat, erreicht man wieder die Forststraße, die direkt zum Parkplatz zurückführt.

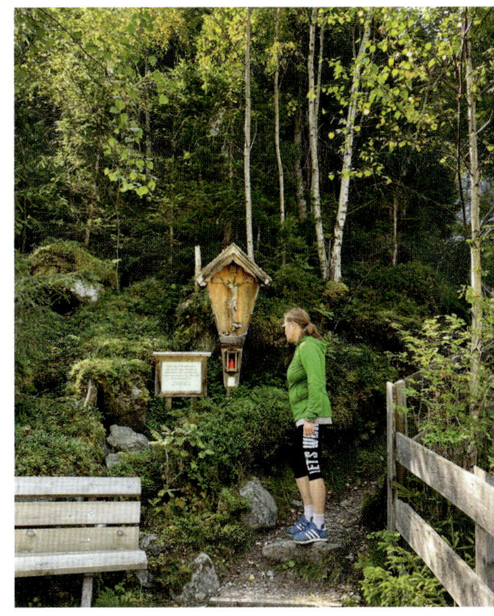

Beim Abstieg kommt man an einem netten Marterl vorbei

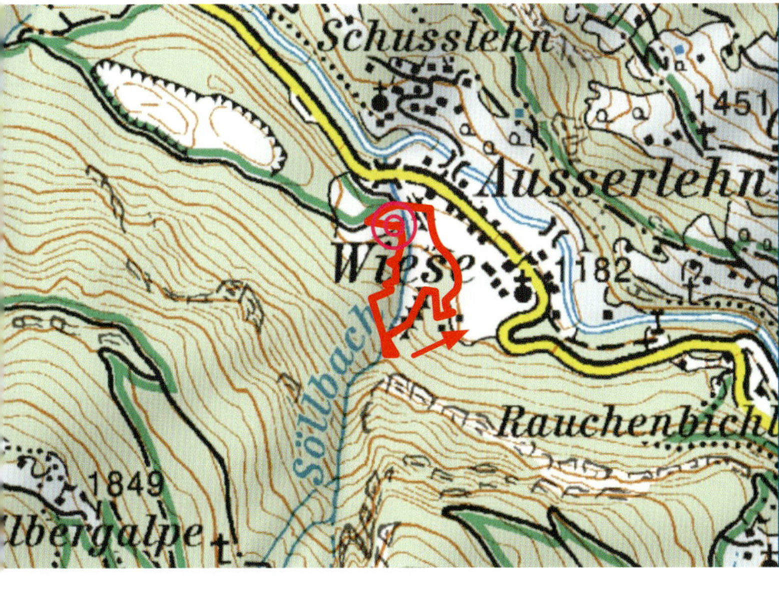

13 Ötztaler Ache – Piburger See

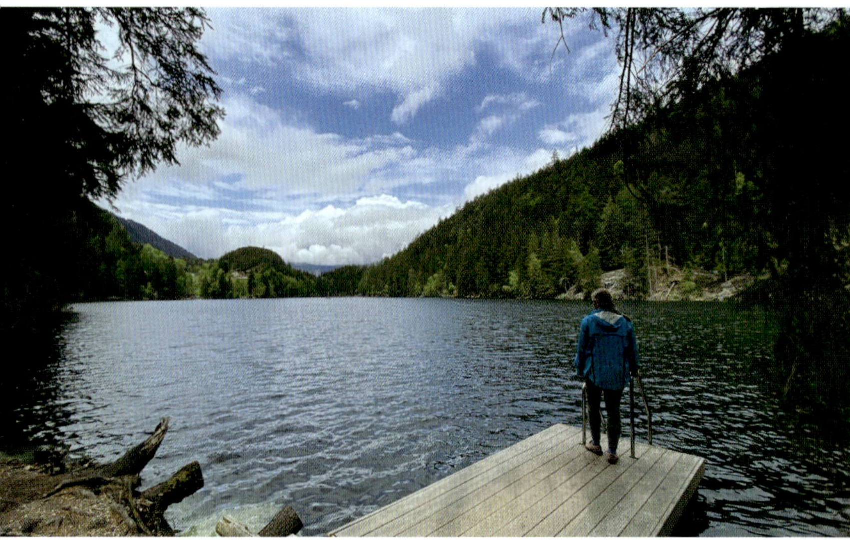

Piburger See

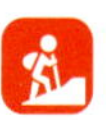 

Unterwegs in einem der ältesten Landschaftsschutzgebiete Tirols: um den Piburger See. Ein idyllisch gelegener Gebirgssee, der nach der letzten Eiszeit durch einen Felssturz entstanden ist. Heutzutage lädt er im Sommer zum Baden, Fischen und Bootfahren ein. Der Weg zu ihm führt zuerst an der Ötztaler Ache entlang und schließlich über die Achstürze. So wird das wilde Wasser genannt, das sich seinen Weg zwischen riesigen Felsblöcken sucht.

Anfahrt: Inntalautobahn Ausfahrt Ötztal – Ötz
Ausgangspunkt: Parkplatz Ötz Zentrum (812 m)
Route: Wellerbrücke – Piburger See – Parkplatz
Höchster Punkt: 955 m (Piburger See)
Km, Hm: 6,1 km, 220 Hm
Dauer: 2 ¼ – 2 ½ Stunden

Ausrüstung: Badesachen nicht vergessen!
Voraussetzungen: Trittsicherheit
Beste Jahreszeit: Frühjahr – Herbst
Gebühren: Parkgebühr
Einkehrstationen: Gasthaus Seehäusl; Restaurant am Piburger See
Tipp: Am Piburger See Bootsverleih möglich

Anfahrt: Auf der Inntalautobahn bis zur Ausfahrt Ötztal und weiter nach Ötz. Im Ortszentrum gleich nach der Bushaltestelle rechts in den gebührenpflichtigen Parkplatz abbiegen.

Die wilde Ötztaler Ache: Vom Parkplatz aus geht man ein kurzes Stück den Achrainweg entlang und kommt so direkt zur Ötztaler Ache. Entlang des Baches führt ein netter Schotterweg Richtung *Wellerbrücke*. Er ist auch als *Wasserläuferweg* (gelber WW) ausgeschildert. Der Weg ist durchgehend gut beschildert: Kleine quadratische Schilder zeigen blau einen Berg mit zwei Wellen. Bald darauf erreicht man einen netten Platz mit allerlei Schautafeln, die Informationen zur Ötztaler Ache, zum Piburger See sowie über deren Entstehung geben. So erfährt man, dass der See bereits 1929 zum Landschaftsschutzgebiet erklärt wurde, die Achstürze hingegen erst in den 80er Jahren.

Weiter geht es Richtung Wellerbrücke. Diese verdankt ihren Namen einem reichen Industriellen, der den Brückenbau finanzierte, um die Uferpromenade in Ötz mit dem Piburger See zu verbinden. Von einer Plattform aus kann man bald darauf das wilde Getöse der Achstürze aus der Nähe betrachten. Im Hintergrund sieht man auch schon die Wellerbrü-

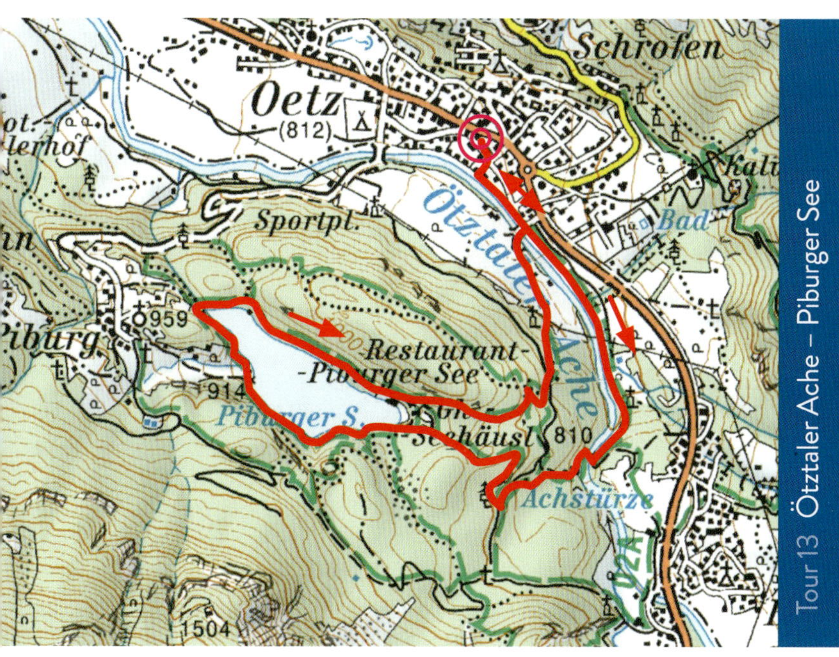

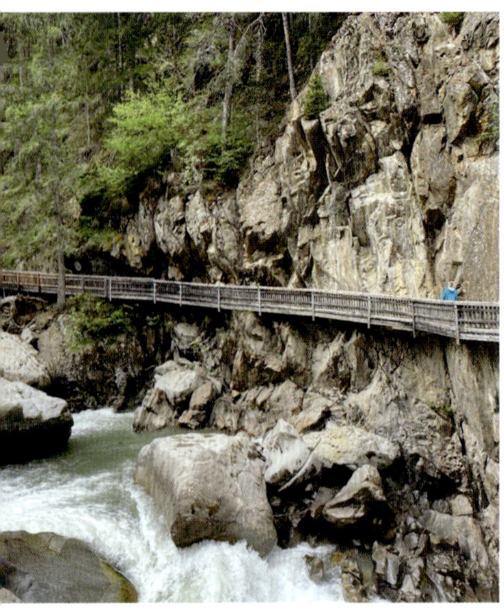

Steig nach der Wellerbrücke bei den Achstürzen

cke, die über die Ache führt. Das vom Wasser am Weg durch die großen Felsblöcke verursachte Getöse ist beeindruckend.

Zum Piburger See: Nach der Brücke geht es über einen sich an die Felswände schmiegenden Holzsteg weiter und dann im Wald aufwärts. Der Weg führt zwar von der Ache weg, aber das Getöse des Wassers ist noch recht lang zu hören. Man folgt immer den Markierungen des Wasserläuferweges, die schließlich zu einem recht steilen Forstweg leiten, in den man nach links einbiegt. Weiter geht es Richtung Piburger See. Man erreicht diesen – nach ein paar Höhenmetern abwärts – in der Nähe der Badeanlage. Die Runde um den See kann man in beide Richtungen machen. Am Südufer führt der Weg recht einfach etwas oberhalb des Wassers dem Ufer entlang und bietet immer wieder die Möglichkeit, zum Wasser abzusteigen. Einmal teilt er sich ein kurzes Stück. Man kann entweder ein paar Höhenmeter zu einem netten Bankerl hinaufsteigen oder man wählt den Weg über einen Steg direkt oberhalb des Wassers.

Am Nordufer ist es nicht möglich, direkt am See entlangzugehen, da das Gebiet Privatbesitz ist. So schlängelt sich der Weg in einigem Auf und Ab etwas oberhalb des Sees durch den Wald, bis man wieder die Badeanlage erreicht.

Rückweg: Zurück geht man zuerst ein paar Stiegen aufwärts Richtung *Ötz*. Auch hier findet man immer wieder die quadratischen Schilder des Wasserläuferweges. Der führt einmal kurz steil bergauf und dann nur mehr bergab. Zuerst geht man auf netten schmalen Bergpfaden, bis der Weg breiter wird und teils recht steil abwärts führt. Man kommt an einer netten Kapelle vorbei und erreicht schließlich eine Wiese, von der aus man im Hintergrund bereits die Kirche von Ötz sieht. Nach dem Überqueren einer überdachten Holzbrücke kommt man wieder auf den Weg entlang der Ötztaler Ache, der zum Parkplatz zurückführt.

14 Stuibenfall

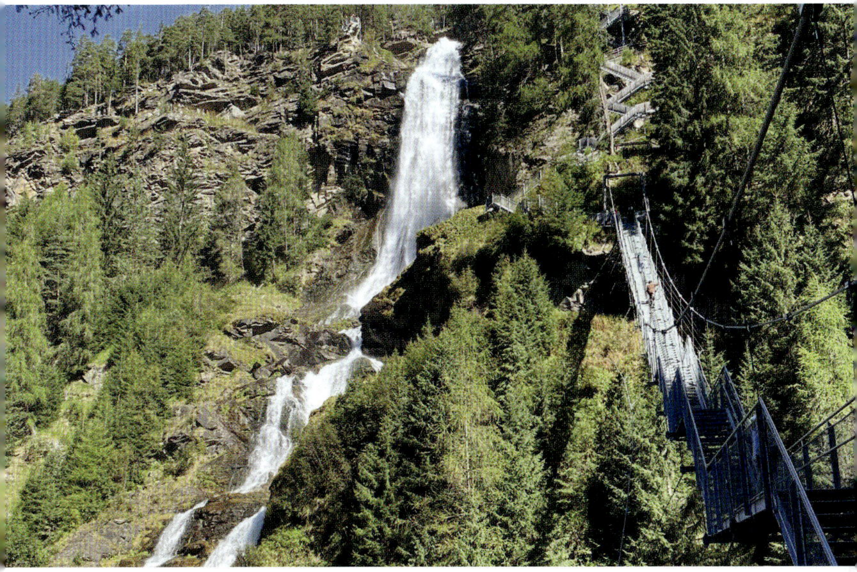

Naturschauspiel Stuibenfall und technisches Meisterwerk

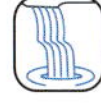
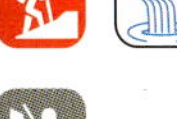

Der Stuibenfall ist mit seiner Höhe von 159 Metern der größte Wasserfall Tirols. Seine herabstürzenden Wasser sind wirklich eindrucksvoll. Das kann man vor allem von der Seilbrücke aus gut erleben, die direkt am Abbruch einer der Steilstufen errichtet wurde. Aber auch ohne Begehung des Klettersteiges kann man den Stuibenfall von den verschiedenen Plattformen aus hautnah erleben.

Anfahrt: Inntalautobahn Ausfahrt Ötztal – Umhausen
Ausgangspunkt: Parkplatz Ötzi-Dorf (1080 m)
Route: Stuibenfall-Klettersteig – Gasthaus Stuibenfall – Wanderweg über Stahltreppen und Hängebrücke – Parkplatz

Höchster Punkt: 1489 m
Km, Hm: 5,2 km, 430 Hm
Dauer: 2 ½ Stunden
Schwierigkeitsgrad KS: C
Ausrüstung: für den Klettersteig komplette Klettersteigausrüstung (Gurt, Klettersteigset, Helm, evtl. Handschuhe)

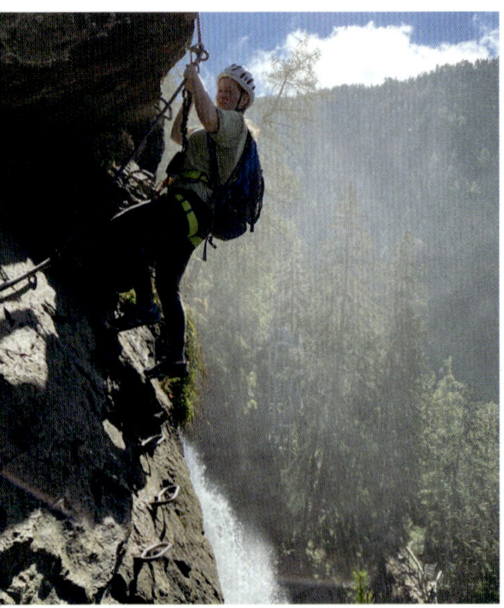

Kurze Steilstufe mit dem Wasserfall im Hintergrund

Voraussetzungen: Trittsicherheit, Schwindelfreiheit, Erfahrung mit Klettersteigen
Beste Jahreszeit: Frühjahr – Herbst
Kosten: Parkgebühr
Einkehrstationen: Gasthof Stuibenfall (1489 m), Waldcafé Stuböbele (1190 m)
Tipp: Der Klettersteig ist auch für mutige jüngere Kinder gut machbar. Im Waldcafé kann man ein Klettersteigset ausleihen. Am Beginn der Wanderung kann man das Ötzi-Dorf besichtigen.

Anfahrt: Auf der Inntalautobahn bis zur Ausfahrt Ötztal und dann weiter bis nach Umhausen. Dort folgt man den Schildern zum Stuibenfall. Geparkt wird am Parkplatz beim Ötzi-Dorf.

Stuibenfall-Klettersteig: Man folgt zunächst einem Forstweg entlang in Richtung *Stuibenfall.* Zuerst kommt man am Ötzi-Dorf und am *Waldcafé Stuböbele* vorbei. Weiter geht es dem Horlachbach entlang zum Einstieg des Klettersteiges, der unschwer an der über den Bach gehenden Seilbrücke (A/B) zu erkennen ist. Hat man diese passiert, folgt man den Steigspuren weiter aufwärts, bis man die Felswand erreicht. Dann kommt eine schöne Einkletterpassage (A-, A/B- und B-Stellen). Anschließend führt ein Steig ein paar Meter über eine Schotterhalde aufwärts, wobei man sich eher links halten muss. Dann beginnt der zweite Abschnitt des Klettersteiges, der zuerst auch recht einfach beginnt (A, A/B). Es wird dann aber etwas schwieriger (B/C) und schließlich kommt man zur Schlüsselstelle, einem kurzen Überhang (C). Kurz darauf kann man sich auf einer Bank erholen. Von dort sieht man schon, wie die Wassermassen des Stuibenfalls in die Tiefe stürzen. Aber bis man den Wasserfall erreicht, ist noch eine Wand zu queren. Dabei geht es – mit Blick in die Tiefe – eine kurze Steilstufe aufwärts. Bei dieser Kletterei wird man von den Leuten auf der Aussichtsplattform beobachtet. Von dieser Plattform aus kann man auch das Highlight des Klettersteigs gut einsehen: die Seilbrücke über den Wasserfall. Sie ist zwar nur mit B bewertet, aber da man direkt über der

Abbruchkante quert, von welcher der Wasserfall in die Tiefe stürzt, bekommen es manche mit etwas Angst zu tun. Deshalb gibt es auch schon vor der Seilbrücke einen leichten Ausstieg (A) aus dem Klettersteig, der direkt zum Wanderweg führt. Wer mutig genug ist, überquert den Wasserfall auf der Seilbrücke. Dabei sollte man beide Karabiner in das oberste, durchgehende Seil einhängen, sodass man nicht umhängen muss. Anschließend geht es recht leicht (A/B) zum Ausstieg des Klettersteigs. Wer will, kann sich noch den spektakulären Blick von der Hängebrücke aus gönnen und auf die Aussichtsplattform gehen, um anderen Kletterern bei der Wasserfallüberquerung zuzusehen.

Dann geht es über die Brücke zurück und auf der anderen Seite den Weg aufwärts. Dieser mündet bald in einen Forstweg, in den man nach rechts einbiegt. An ein paar neuen Häusern vorbei erreicht man schließlich das *Gasthaus Stuibenfall,* das mit seiner schönen Terrasse zu einer Rast einlädt.

Rückweg über Stahltreppen und Hängebrücke: Bis zur Hängebrücke über den Wasserfall geht es den gleichen Weg zurück. Dort folgt man dem Wanderweg abwärts ins Tal. Schließlich erreicht man die mächtige Stahltreppe, die mit ca. 700 Stufen in einigen Kehren abwärts führt. Dabei kommt man an zwei Aussichtsplattformen vorbei, von denen aus man einen fantastischen Ausblick auf das Wasserspektakel hat. Es bleibt einem allerdings nicht erspart, von der Gischt angespritzt zu werden. Im Weiteren ist eine 80 Meter lange Hängebrücke zu überqueren, die zu einem Wanderweg führt. Diesem folgt man abwärts und gelangt schließlich am Einstieg des Klettersteiges vorbei auf den schon bekannten Weg, auf dem man zum Parkplatz zurückkommt.

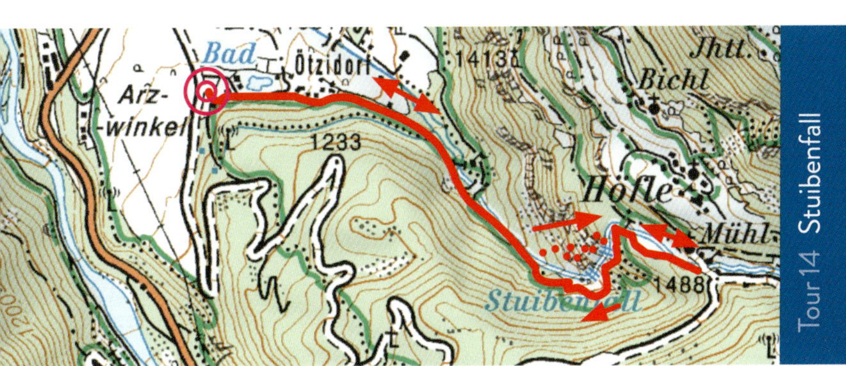

15 Winnebachseehütte

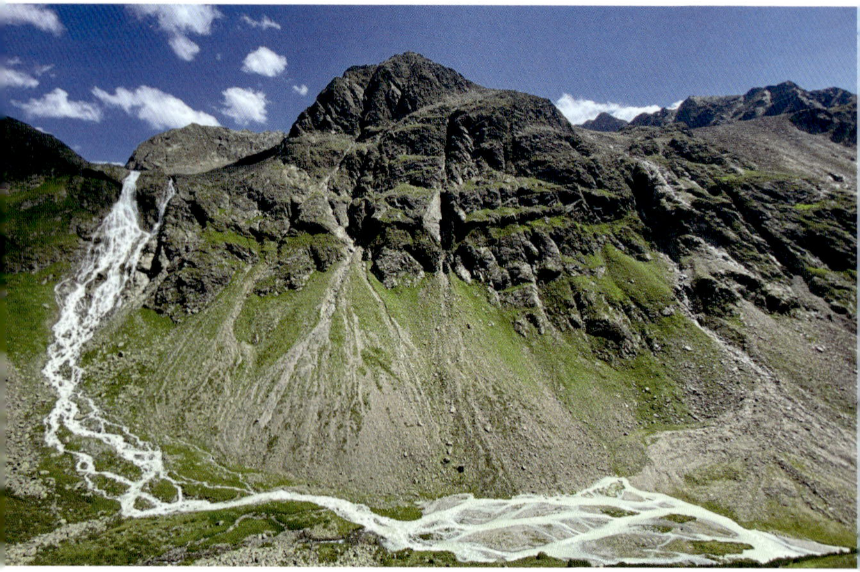

Der Bachfälle Wasserfall und der mäandernde Winnebach

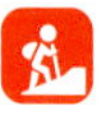
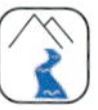
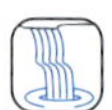

Auch wenn man auf dieser Wanderung nie direkt am Bach geht, so wird man doch die ganze Tour vom Rauschen des Winnebachs begleitet. Gespeist wird dieser vom Bachfälle-Wasserfall, den man beim Aufstieg aus verschiedenen Perspektiven betrachten kann. Die idyllisch gelegene Hütte beim Winnebachsee lädt zu einer Rast mit wunderbarer Aussicht ein.

Anfahrt: Inntalautobahn Ausfahrt Ötztal – Längenfeld – Gries im Sulztal – Winnebach – Parkplatz
Ausgangspunkt: Parkplatz Winnebachseehütte (1641)
Route: Winnebach – Winnebachalp – Winnebachseehütte – gleich zurück
Höchster Punkt: 2362 m (Winnebachseehütte)
Km, Hm: 8,1 km, 730 Hm
Dauer: 4 ½ – 4 ¾ Stunden
Voraussetzungen: Trittsicherheit
Beste Jahreszeit: Sommer – Herbst
Gebühren: keine
Einkehrstationen: Winnebachseehütte
Tipp: Die Winnebachseehütte ist auch ein guter Ausgangspunkt für viele Wanderungen und Hochtouren.

Anfahrt: Auf der Inntalautobahn fährt man bis zur Ausfahrt Ötztal und dann weiter auf der Bundesstraße bis Längenfeld, wo man nach Gries abbiegt. Man durchquert den Ort und fährt am Ende von Gries links aufwärts Richtung Winnebach. Dabei kann man schon den Winnebach sehen, der sich seinen Weg in die Tiefe sucht. Parken ist auf dem Parkplatz in der letzten Kehre vor dem kleinen Ort möglich.

Entlang des Winnebachs: Zu Fuß geht's dann ca. 600 Meter die Bergstraße hinauf zum Ort Winnebach. Man kommt an ein paar Häusern vorbei und folgt den Schildern *Winnebachseehütte*. Gleich nach den letzten Häusern beginnt ein Forstweg, der zuerst noch eher flach, aber bald ziemlich steil bergauf führt. Man hört ständig das Rauschen des Baches, obwohl man ihn wegen des Waldes meist nicht sehen kann. Bei einem großen Wegweiser *Winnebachseehütte* verlässt man den Forstweg und zweigt links ab. Man folgt nun einem schmalen, ziemlich steilen Steig. Anfangs hat man einen schönen Ausblick ins Tal, später führt der Weg durch Wald und schließlich durch Latschen, die dann von Almrausch abgelöst werden, so dass der Blick auf die wunderbare Landschaft frei wird. Entlang des Aufstiegs laden immer wieder Bänke zu einer Rast ein. Manche haben auch Wanderinformationen parat, wie z. B. das *2000-Meter-Bankerl*. Ab diesem wird der Weg

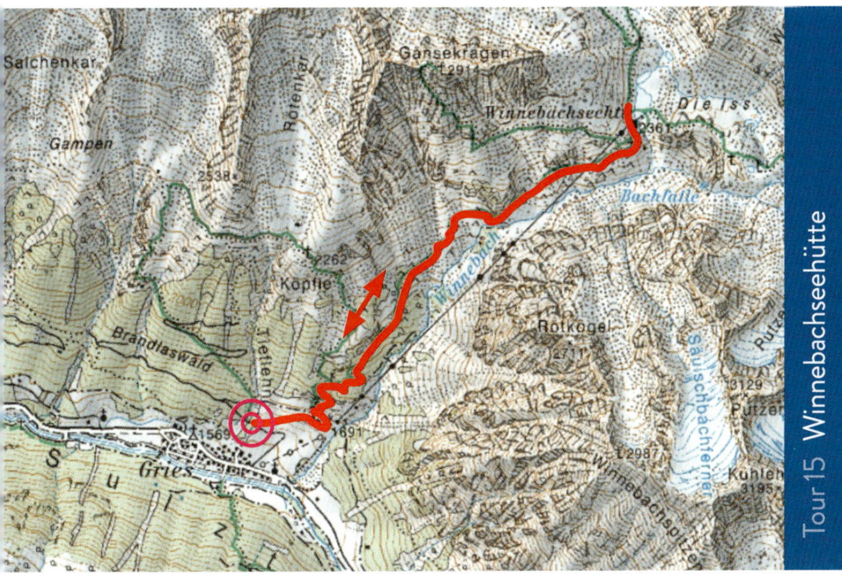

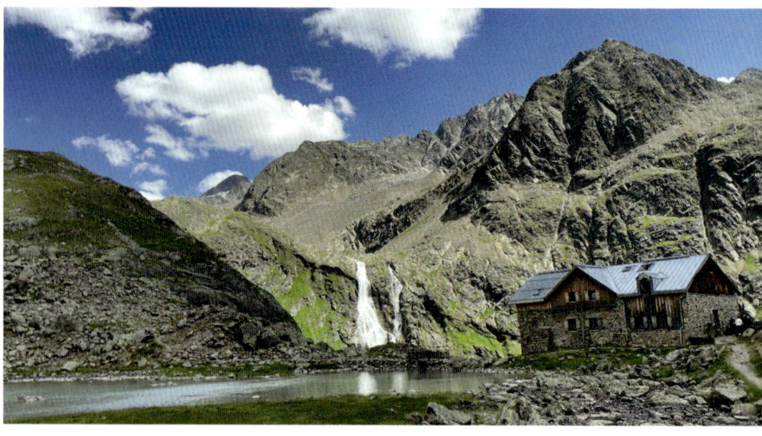

Winnebachsee mit Hütte und dem Bachfälle Wasserfall im Hintergrund

flacher und zieht durch Geröll und über Felsen auf eine Einsattelung zu. Auch der Winnebach sucht sich seinen Weg ins Tal durch das Geröll. Vom Tosen des Baches begleitet erreicht man die Einsattelung und findet dort eine winzig kleine Hütte mit Brunnen, die Winnebachalp.

Mit Blick auf den Bachfälle-Wasserfall: Nun ändert sich das Panorama. Im Talboden mäandert der Winnebach durch saftige Wiesen. Im Hintergrund sieht und hört man einen gewaltigen Wasserfall, die Bachfälle, die vom Bachfallenferner gespeist werden. Der Weg schlängelt sich immer weiter dem linken Hang entlang aufwärts. An den Pfosten der Materialseilbahn kann man erahnen, wo sich die Hütte befindet. Zu sehen bekommt man sie allerdings erst sehr spät. Der Blickfang während des ganzen Aufstiegs ist der Wasserfall. Dabei ändert sich immer wieder die Perspektive, je näher man der Hütte kommt, bis man schließlich den ganzen Wasserfall einsehen kann.

Die Winnebachseehütte und der Rückweg: Kurz darauf kommt man zur Hütte, die man erst sehr spät sieht. Neben der alten Hütte wurde eine neue errichtet, die sich schön in die Landschaft fügt. Der Winnebachsee befindet sich gleich hinter der alten Hütte. Wenn man noch ein Stück dem See entlanggeht, springt besonders ins Auge, wie schön die Hütte liegt: direkt am See, mit dem gewaltigen Wasserfall im Hintergrund. Nach einer Rast mit herrlicher Aussicht geht es am gleichen Weg wieder ins Tal zurück. Am ganzen Rückweg wird man vom Getöse des Baches begleitet und kann ihn nun – wenn er nicht gerade versteckt ist – von der anderen Richtung aus betrachten.

16 Rotmoos-Wasserfall – Zirbenwegrunde

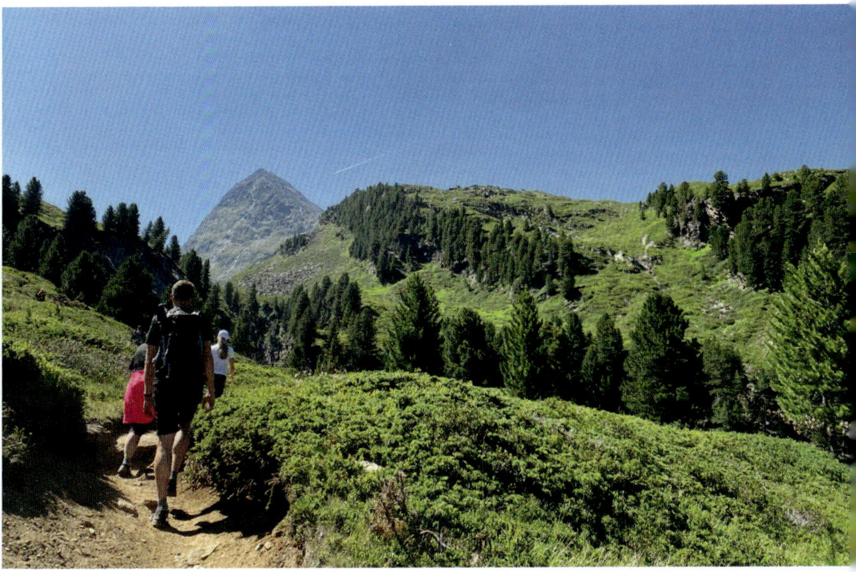

Blick auf den Hangerer

  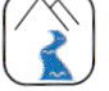

Die faszinierende Bergwelt von Obergurgl wartet nicht nur mit einem Wasserfall auf. Es gibt auf dieser Runde gleich mehrere zu sehen. Der beeindruckendste ist allerdings der Rotmoos-Wasserfall. Diesen erreicht man über den Zirbenweg, der mit Stationen auf Besonderheiten der Bergwelt hinweist. Über den wasserreichen Hang, den man Am Beil nennt, geht es dann wieder zurück nach Obergurgl.

Anfahrt: Innsbruck – Inntalautobahn Ausfahrt Ötztal – Sölden – Obergurgl
Ausgangspunkt: Parkplatz bei der Kirche (1907 m)
Route: Zirbenweg – Rotmoos-Wasserfall – Zirbenweg – Am Beil – Obergurgl
Höchster Punkt: 2141 m
Km, Hm: 5,2 km, 370 Hm

Dauer: 2 ½ – 2 ¾ Stunden
Voraussetzungen: Trittsicherheit, Schwindelfreiheit
Beste Jahreszeit: Sommer – Herbst
Gebühren: Parkgebühr (für Parkplatz bzw. Tiefgarage)
Einkehrstationen: Zirbenalm (1191 m); in Obergurgl einige Möglichkeiten

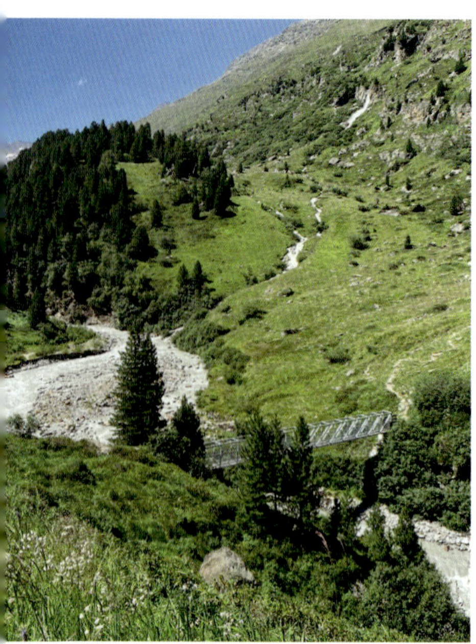

Brücke über die Gurgler Ache mit den vielen Wasserfällen im Grashang

Tipp: Vom Rotmoos-Wasserfall sind es nur mehr 100 Höhenmeter zur bewirtschafteten Schönwieshütte, die sich im wasserreichen Rotmoostal befindet. Der Obergurgler Klettersteig (B/C) liegt direkt am Weg und kann als Variante gemacht werden.

Anfahrt: Auf der Inntalautobahn nimmt man die Ausfahrt Ötztal und fährt in diesem Tal anfangs Richtung Sölden und dann weiter nach Obergurgl und dort bis zur Kirche, wo ein paar gebührenpflichtige Parkplätze sind. Sollte dort kein Platz frei sein, ist gleich rechts hinter der Kirche eine Tiefgarage.

Am Zirbenweg: Im Ort geht es weiter Richtung Talschluss, wobei man sich tendenziell eher rechts hält. So kommt man an ein paar Hotels vorbei und erreicht schließlich einen größeren Parkplatz (nur für Hotelgäste). Gleich danach führt ein Forstweg weiter Richtung Talschluss. Ein wunderbarer Blick auf die Gletscher tut sich auf. Vom Rauschen der Gurgler Ache begleitet, folgt man diesem Weg aufwärts Richtung *Rotmoos-Wasserfall*. Über eine Brücke quert man einen Zufluss der Gurgler Ache und passiert gleich dahinter die Zirbenalm. Ein wenig weiter erreicht man eine Schautafel mit Informationen zum *Zirbenweg*. An diesem gibt es 15 Stationen mit Hinweisen auf ungewöhnliche Blickwinkel in die Umgebung.

Anschließend kommt man am Einstieg zum Obergurgler Klettersteig vorbei, von dem aus man die *Nepalbrücke* sehen kann, auf der die Klettersteiggeher die Gurgler Ache überqueren.

Der Weg führt weiter durch schönen Zirbenwald und bietet mit verschiedensten Bänken auch angenehme Rastmöglichkeiten.

Zum Rotmoos-Wasserfall: Eine dieser Bänke steht bei einem Marterl, wo sich die Abzweigung zum *Rotmoos-Wasserfall* befindet. Dann geht es im Zirbenwald weiter, wobei man vom Rauschen der Gebirgsbäche begleitet wird. Rechts sieht man, wie der Berghang von einem Graben durchschnitten wird. Sobald man die Waldgrenze erreicht, verlässt man den Zirbenweg. Auf Holzplanken quert man zuerst eine schöne Wiese und folgt dem Weg ganz rechts weiter aufwärts, der in die Nähe des Grabens führt. Bald stellt sich heraus, dass es sich dabei um eine richtige Schlucht handelt. Es gibt mehrere Steige, die direkt an den Rand derselben führen. Von dort aus kann man in der Tiefe den Bach und im Hintergrund den Wasserfall sehen, dessen gewaltiges Tosen schon länger zu hören war. Jeder dieser Steige erlaubt einen anderen Blickwinkel auf den Wasserfall. Bei der letzten Möglichkeit mit Blick auf den Wasserfall lädt eine Bank zum Verweilen ein. Auch wenn man an den Wasserfall nicht näher herankommen kann, ist es doch beeindruckend, ihn von oben zu beobachten und zu sehen, mit welcher Gewalt das Wasser in die Tiefe stürzt.

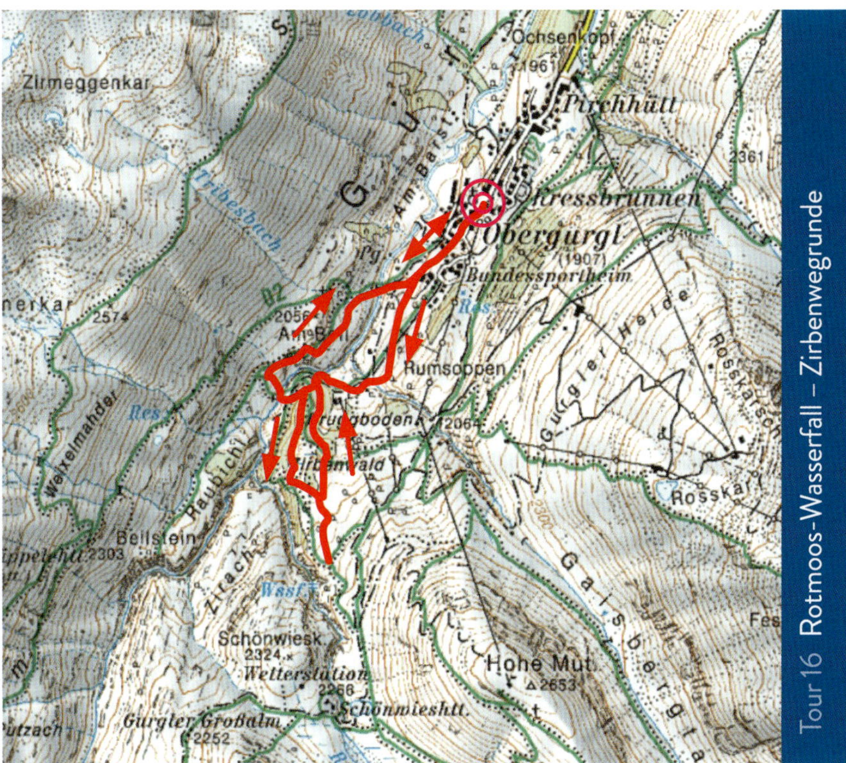

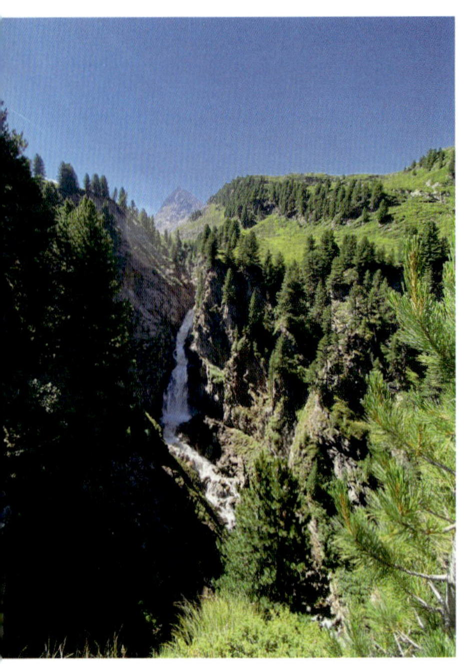

Der Rotmoos Wasserfall mit dem Hangerer im Hintergrund

Wer für eine Einkehr weiter zur Schönwieshütte gehen will, folgt dem Weg weiter aufwärts und erreicht diese nach ca. 100 Höhenmetern.

Über die Gurgler Ache: Für die weitere Runde kehrt man um und geht zur Wiese zurück, wo man den Zirbenweg verlassen hat. Dann folgt man dem rechten Zirbenweg abwärts. Wieder geht es durch wunderschönen Zirbenwald. Bei einem Gewirr von Wegweisern folgt man dem in Richtung *Zirbenweg zum Denkplatz Hayek* und erreicht eine nette Station, die dem Gedenken an Nobelpreisträger Hayek gewidmet ist. Zum Schluss folgt man dem Wegweiser *Zirbenalm – Obergurgl* und gelangt so wieder zur Abzweigung bei der Bank beim Marterl. Hier folgt man nun dem Wegweiser *Beilstein-Wasserfall/ Rundwanderweg Obergurgl.* Es geht abwärts und man kommt zu einer Eisenbrücke über die Gurgler Ache. Von der Brücke aus sieht man rechts auch den Klettersteig, der über der Ache verläuft. Auf der anderen Seite geht es über saftige Wiesen aufwärts. Dabei wird man vom Gurgeln und Sprudeln der verschiedenen Bäche begleitet, die den ganzen Wiesenhang durchziehen. Diese faszinierende Gegend wird auch *Am Beil* genannt. Hier wurden archäologische Funde gemacht, die beweisen, dass das Gebiet schon vor 9000 Jahren besiedelt war.

Man kommt am Ausstieg des Klettersteigs vorbei und wandert weiter Richtung Obergurgl. Ein Blick zurück zahlt sich immer aus. Die Gurgler Ache mit den Gletschern im Hintergrund gibt wunderschöne Motive ab.

Rückweg: Man folgt dem Schild *Obergurgl* und sieht bald eine weitere Brücke über die Gurgler Ache. Diese peilt man an und überquert sie. Auf der anderen Seite gelangt man kurz darauf auf den schon bekannten Forstweg, der zurück zum Ausgangspunkt führt.

17 Zimmerbergklamm – Strassberghaus

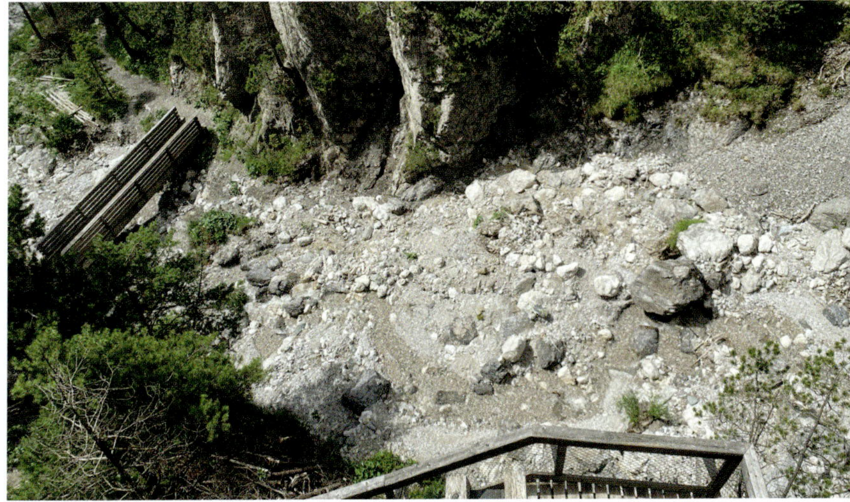

Die Holzstiegen führen entlang der Felswand aufwärts

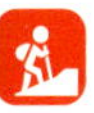 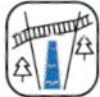

Auch Telfs hat seine eigene Klamm – die Zimmerbergklamm. Sie wurde durch den Griesbach gebildet und kann über eine schöne Runde erwandert werden. Der schmale Steig durch die Klamm ist abwechslungsreich und wartet auch mit einer spektakulären Holzstiege sowie einer längeren Hängebrücke auf. Wendepunkt dieser Runde ist beim Strassberghaus, das leider nicht mehr geöffnet hat.

Anfahrt: Innsbruck – Inntalautobahn Ausfahrt Telfs West – Aluwelten Thöni/Südtiroler Siedlung
Ausgangspunkt: Parken entlang der Straße bei der Südtiroler Siedlung (706 m)
Route: Klammsteig – Strassberghaus – Wanderweg westlich des Griesbaches
Höchster Punkt: 1201 m

Km, Hm: 6,8 km, 520 Hm
Dauer: 3 ½ – 3 ¾ Stunden
Voraussetzungen:- Trittsicherheit, Schwindelfreiheit
Beste Jahreszeit: Frühjahr – Herbst
Gebühren: keine
Einkehrstationen: unterwegs keine
Tipp: Weiterwanderung entlang des Baches zur Neuen Alplhütte (ca. 300 Hm)

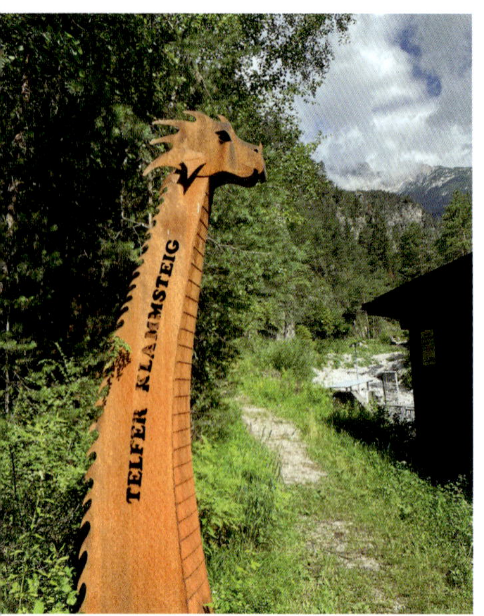

Der Beginn der Telfer Klamm, auch Zimmerbergklamm genannt

Anfahrt: Auf der Inntalautobahn nimmt man die Ausfahrt Telfs West und fährt auf der Bundesstraße weiter Richtung *Mieming/Reutte/Fernpass.* Nach dem zweiten Kreisverkehr folgt man einem braunen Schild *Aluwelten-Thöni.* Noch bevor man das Werksgelände erreicht, kann man beim Kinderspielplatz entlang der Straße parken.

Durch die Telfer Klamm: Man startet die Tour durch die Südtiroler Siedlung und geht auf einen gelben Wegweiser zu, der den Klammsteig ankündigt. Im Weiteren geht es rechts vom Aluwerk die Straße entlang aufwärts und am Ende derselben auf einer Holzbrücke über den Griesbach. Hier ist der offizielle Beginn der Klamm, der mit einem Drachen markiert ist. Anfangs führt ein netter Steig auf der Höhe des Baches – diesem entlang – leicht aufwärts. Später gibt es ein paar Kehren, die im Wald bergauf gehen, sodass man sich vom Bach etwas entfernt. Auf der rechten Seite geht's steil in die Schlucht hinunter, auf der anderen Seite des Steiges ragen die Felsen empor. Der Weg ist nun ein Stück recht flach, bis man wieder auf der Höhe des Baches ist, den man dann auf einer Holzbrücke überquert. Auf der anderen Seite führt der Steig, der mit viel Aufwand in das schwierige Gelände gelegt wurde, in ein paar Kehren zu Holzstufen. Auf diesen geht man eine Felswand entlang aufwärts. Dabei hat man einen wunderbaren Blick auf den schmalen Bach hinunter, der sich zwischen Geröll und Steinen seinen Weg ins Tal sucht. Anschließend geht es leicht abwärts und im Weiteren dem Bach entlang, der hier im Sommer kaum Wasser führt, in dessen Bachbett es aber viel Schotter gibt. Nachdem man dieses über eine Holzbrücke quert, folgt man noch ein Stück dem Bach auf der anderen Seite. In der Ferne sieht man einen imposanten Abbruch und wundert sich, dass sich in dessen Nähe ein Wanderweg befindet. Kurz darauf überquert man das ganze Geröll über eine längere Hängebrücke. Von dieser aus kann man auch weiter oben beim Bach das Kraftwerk Strassberg ausnehmen, in dessen Nähe man kurz darauf zu einem breiteren Weg gelangt.

Zum Strassberghaus: Dann folgt man dem schmalen Steig Richtung *Strassberghaus*. Hier weitet sich das Tal und man hat immer wieder schöne Blicke auf die gegenüberliegende Bergkette entlang des Inntales. In einigen Kehren geht es bergauf, wobei man der Abbruchkante immer näher kommt, bis der Weg schließlich direkt daran vorbeiführt. Am Weiterweg hört man das leise Rauschen eines Baches, der sich links des Weges befindet. Schließlich überquert man diesen im Geröll. Im schönen Wald geht es immer weiter aufwärts, bis man wieder ein leises Rauschen hört. Der Weg führt ein Stück oberhalb dieses kleinen Baches weiter aufwärts. Mit einem wunderbaren Blick auf den Karberg erreicht man eine Forststraße, in die man links einbiegt. Zuerst noch an ein paar Hütten und einer schönen Kapelle (Kreuzkapelle) vorbei gelangt man zum Strassberghaus, das im Sommer 2022 leider nicht geöffnet hatte. Es bleibt zu hoffen, dass es bald wieder bewirtschaftet wird. Gleich nach dem Strassberghaus ist ein Brunnen, an dem man sich erfri-

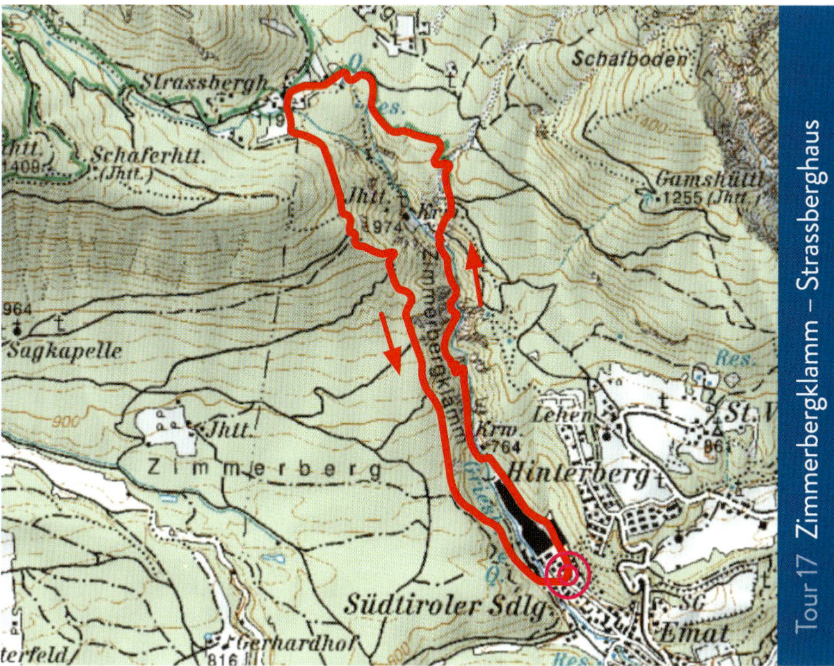

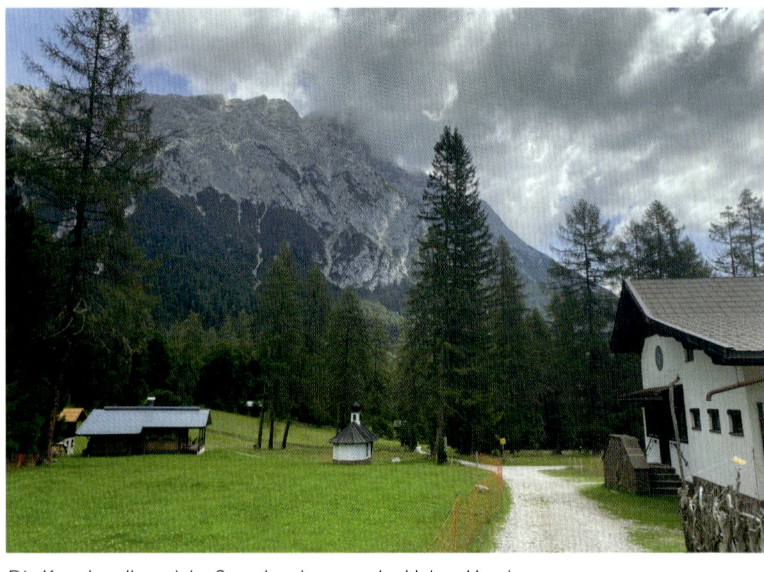

Die Kreuzkapelle und das Strassberghaus vor der Hohen Munde

schen kann. Dahinter befindet sich ein kleiner Fischteich.

Rückweg: Vom Strassberghaus geht man den Forstweg zurück und nimmt bei der ersten Abzweigung den Forstweg rechts Richtung *Wildermieming*. Dieser führt anfangs leicht bergauf zum höchsten Punkt der Tour. Anschließend geht es nur mehr bergab. Bald zweigt links ein *Wanderweg* Richtung *Wildermieming/Telfs* ab, der sich gleich wieder teilt. Hier folgt man dem Weg nach *Telfs*. Ein schmaler Steig führt nun teils auch etwas steiler abwärts. Einmal kommt man auf einen hier endenden Forstweg. Man bleibt aber am schmalen Steig. Immer wieder kann man einen wunderbaren Blick ins Inntal werfen. Auch wenn man nicht mehr am Griesbach entlanggeht, so erkennt man doch das Tal, in dem er fließt, und teilweise hört man auch sein Rauschen. Bald sieht man durch die Bäume die Dächer des Aluwerks durchschimmern. Immer dem schmalen Pfad abwärts Richtung Süden folgend erreicht man schließlich eine unbeschilderte Kreuzung, wo mehrere schmale und breitere Wege zusammenkommen. Man wählt den schmalen Steig ganz links, der zum Aluwerk hinunterführt. Bald darauf kommt man auf einen schmalen Weg westlich des Werkes. Am Ende desselben führt eine Brücke über den Bach und kurz darauf ist man wieder beim Auto.

18 Leutascher Geisterklamm

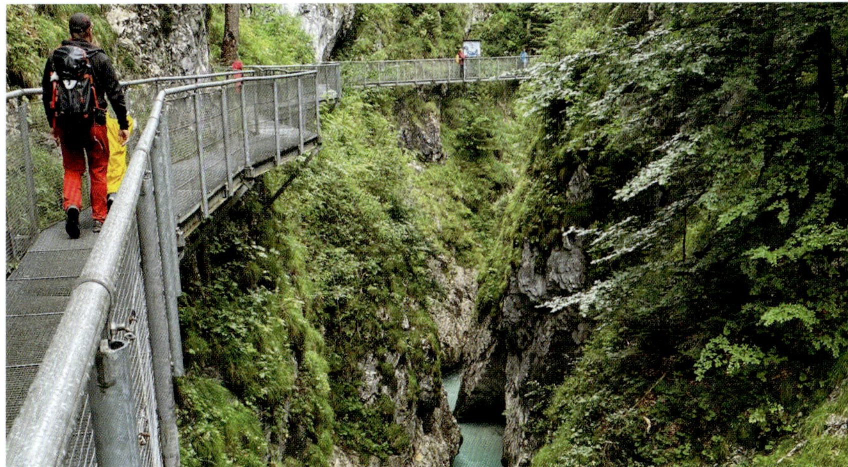

Der kühn angelegte Klammsteig führt hoch über der Ache entlang der steilen Felsen der Klamm

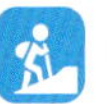 

Unterwegs im Reich des Klammgeistes. Das Naturphänomen der Leutascher Klamm kann man durch den Klammsteig ganz aus der Nähe betrachten, wobei der Klammgeist einiges über sein Reich erzählt. Der aufwändig angelegte Steig hat eine interessante und abwechslungsreiche, aber sichere Trassenführung. Der Wanderweg zurück zum Auto ist überaus reizvoll hergerichtet und sehr kurzweilig.

Anfahrt: Inntalautobahn bis Ausfahrt Zirl Ost – Seefeld – Leutasch – Gasse – Schanz

Ausgangspunkt: großer gebührenpflichtiger Parkplatz bei der Leutascher Geisterklamm (1023 m)

Route: Leutascher Geisterklamm – Höllenkapelle – Wanderweg – Parkplatz

Höchster Punkt: 1063 m

Km, Hm: 3,3 km, 140 Hm

Dauer: 1 ¼ – 1 ½ Stunden

Voraussetzungen: Schwindelfreiheit

Öffnungszeiten: Mitte Mai – Ende Oktober

Gebühren: Parkgebühr

Einkehrstationen: Klammstüberl; Am Gletscherschliff

Tipp: Auf deutscher Seite gibt es noch zwei weitere Wege entlang der Leutascher Ache: den Koboldsteig und den Wasserfallsteig.

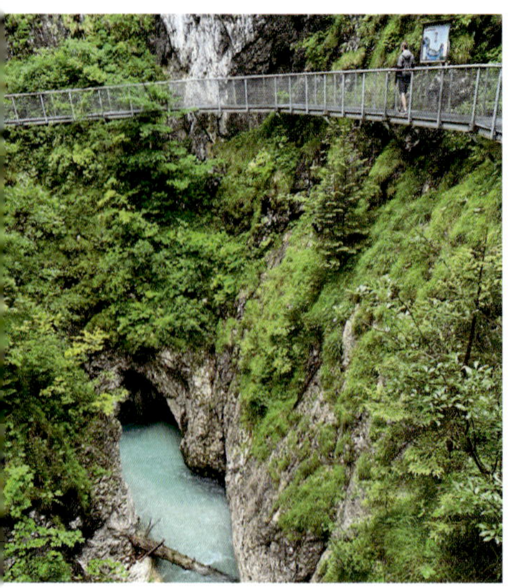

Der Steig ist so hoch angebracht, dass Hochwasser ihn nicht zerstören kann.

Anfahrt: Von Innsbruck fährt man auf der Inntalautobahn nach Westen und verlässt die Autobahn bei der Ausfahrt Zirl Ost. Anschließend geht es nach Seefeld über Leutasch und weiter Richtung Mittenwald. Man kommt durch ein paar kleine Ortschaften und fährt bis nach Schanz, wo der Klammgeist groß angekündigt ist. Geparkt wird am großen gebührenpflichtigen Parkplatz.

Zustieg zur Geisterklamm: Die Runde startet beim Klammstüberl. Es wird gebeten, dass alle in die gleiche Richtung gehen und der Beschilderung folgen. Der Klammgeist führt durch diese Runde und erzählt immer wieder spannende Geschichten und erklärt Phänomene des Wassers. Zuerst geht es gemütlich einen Wanderweg entlang. Dabei ist alle 100 Meter ein Schild mit dem Klammgeist angebracht, das eine kurze Geschichte erzählt und darauf hinweist, wie lange es noch bis zum Einstieg in die Klamm ist. Während man diesem Weg entlangwandert, hört man links unten die Leutascher Ache rauschen. Schließlich führt der Weg über ein paar Stiegen abwärts und kurz darauf kann man schon das Reich des Klammgeistes betreten.

Durch die Geisterklamm und zur Höllkapelle: Der Weg ist entlang der steilen Felswand äußerst kühn angelegt. Eine an der Felswand hängende Eisenkonstruktion befindet sich mindestens 15 Meter über der Klammsohle. Diese Höhe ist deshalb gewählt, damit der Weg von immer wieder auftretendem Hochwasser verschont bleibt. Damit die Wanderung auch für Kinder kurzweilig wird, gibt es verschiedenste Stationen. Bei manchen findet man Erklärungen zur Klamm, bei anderen kann man auch Hand anlegen und etwas machen. So gibt es zum Beispiel eine Feenharfe.

Nach etwas mehr als der Hälfte des Weges hat man die Möglichkeit, einen kurzen Ausflug zur Höllkapelle zu machen. Dieser Umweg von etwa zehn Minuten lohnt sich, da die Kapelle sehenswert ist. Der Steig führt zuerst durch wunderschönen Laubwald leicht aufwärts, wobei es auch originelle Sitzmöglichkeiten gibt. Die alte Kapelle wurde bereits 1697 erwähnt. Eine nette Bank lädt zur Rast ein. Nach diesem Ausflug geht es wieder zurück ins Reich des Klammgeistes. Man überquert die Klamm über eine 47 Meter lange Panoramabrücke, die über den Bach auf die andere Seite führt.

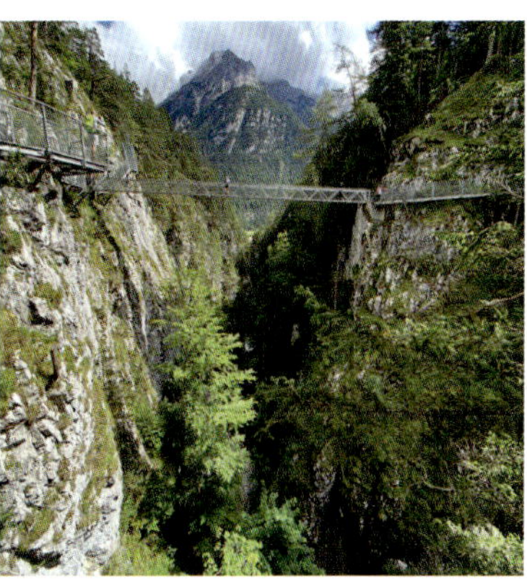

Die Panoramabrücke führt hoch über der Ache auf die andere Seite der Klamm

Weg zurück: Auf der anderen Seite führt der Weg von der Panoramabrücke im Wald wieder aufwärts an Koboldspuren vorbei. Die vielen Steinmandeln, die hier aufgestellt sind, werden Koboldsteine genannt. Man kommt auch an ein paar Stationen mit Erklärungen zu Blumen oder Tieren, die man in der Klamm finden kann, vorbei, ehe man einen schönen Platz erreicht, an dem eine Holzkonstruktion aufgestellt wurde, die an Stonehenge erinnert.
Kurz darauf verlässt man das Reich des Klammgeistes und kommt zum Parkplatz.

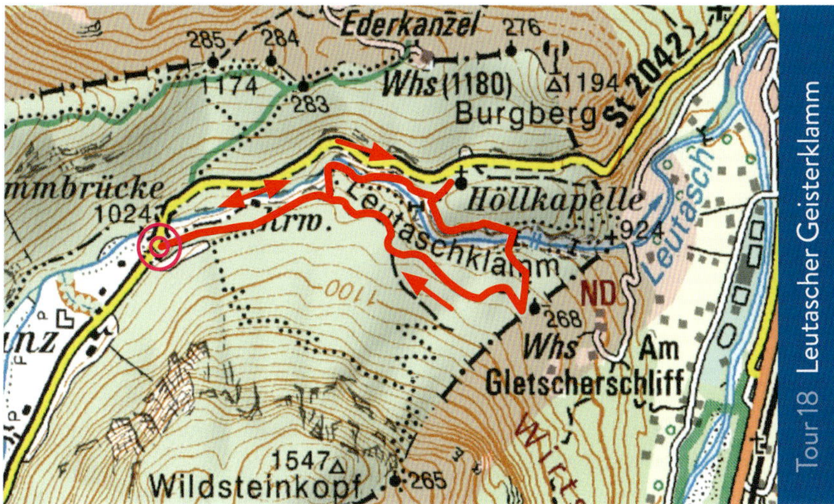

19 Gleirschklamm

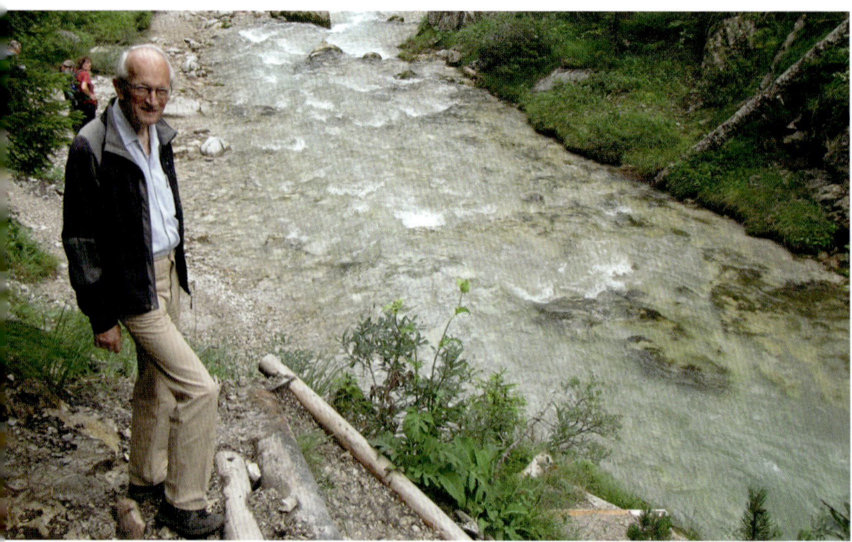

Am Weg druch die Klamm

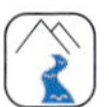
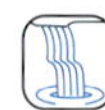

Das Wasser in der Gleirschklamm wurde seit dem 16. Jahrhundert genützt, um Holz aus dem Karwendelgebirge ins Tal zu bringen. Heute kann man sie auf einem anregenden, ausgesetzten Steig durchwandern, der Trittsicherheit und Schwindelfreiheit voraussetzt. Die Klamm erreicht man über einen schön angelegten Weg durch den Hochwald.

Anfahrt: Inntalautobahn Ausfahrt Zirl – Seefeld – Scharnitz

Ausgangspunkt: gebührenpflichtiger Parkplatz 3 (970 m)

Route: Isarsteig – Scharnitzer Alm – Hochwaldweg – Gleirschklamm – Nederweg – Isarsteig – Parkplatz

Höchster Punkt: 1250 m (am Hochwaldweg)

Km, Hm: 11,6 km, 535 Hm

Dauer: 4 ¾ – 5 Stunden

Voraussetzungen: Trittsicherheit, Schwindelfreiheit

Beste Jahreszeit: Sommer – Herbst

Gebühren: Parkgebühr

Einkehrstationen: Scharnitzer Alm (1036 m)

Tipp: Wasserfall am Weg auslassen (20 Hm weniger); keine Runde über den Hochwaldweg, sondern direkt zur Klamm und diese in beide Richtungen gehen (270 Hm weniger)

Anfahrt: Auf der Inntalautobahn bis zur Ausfahrt Zirl Ost und weiter über Seefeld nach Scharnitz. Im Ortszentrum biegt man gleich nach der Kirche Richtung Karwendeltäler ab und fährt bis zum gebührenpflichtigen Parkplatz.

Hochwaldweg zur Klamm: Zuerst geht man ein kurzes Stück die Straße zurück, über die Brücke und gleich danach biegt man links über eine Wiese Richtung *Gleirschklamm* (gelber WW) ab. Der schmale Weg schlängelt sich zuerst aufwärts und führt dann in leichtem Auf und Ab weiter. Man kommt an einem Kinderspielplatz vorbei und gelangt schließlich auf einen Forstweg, in den man nach rechts einbiegt. Bald darauf kommt man bei einer Kneippanlage vorbei. Bei den nächsten gelben Wegweisern ist auch ein vergilbter Holzwegweiser, der einen Wasserfall ankündigt, den anzusehen sich lohnt (Umweg von ca. 20 Hm). Dieser bietet ein wunderbares Naturschauspiel, das man von einer Aussichtsplattform aus bewundern kann.

Nach Rückkehr zum breiten Weg folgt man diesem immer aufwärts. Zuerst führt er an der Scharnitzer Alm vorbei und schraubt sich dann immer weiter nach oben. Dabei folgt man den Wegweisern *Gleirschklamm/Oberbrunnalm* und schließlich *Hochwald*. Das Rauschen der Isar ist hier ständiger Begleiter. Immer wieder öffnet sich ein schöner Blick auf diesen Fluss. Auch der Ausblick auf die verschiedensten Karwendelberge ist faszinierend, die sich weiter oben zu einem Pa-

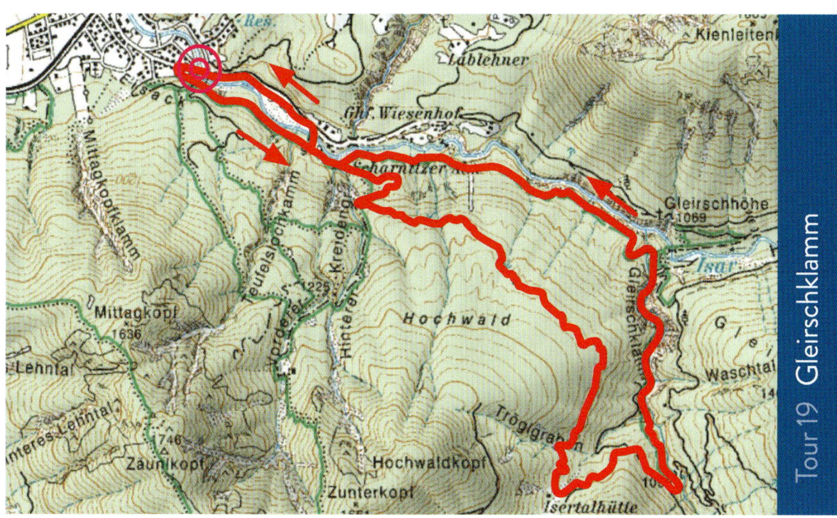

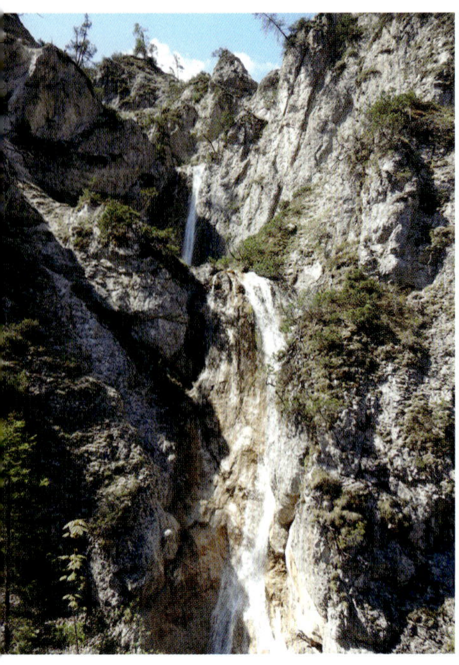

Abstecher zum Wasserfall

norama fügen. Dabei laden immer wieder Bänke zur Erholung oder zur Bewunderung des Panoramas ein. Schließlich erreicht man den höchsten Punkt, von dem aus der Weg wieder abwärts führt.

Durch die Gleirschklamm: Kurz bevor man eine Brücke erreicht, biegt man vom breiteren Weg ab und folgt einem schmalen Pfad Richtung *Gleirschklamm*. Dieser Steig eignet sich nur für Geübte: Trittsicherheit und Schwindelfreiheit sind erforderlich. In ständigem Auf und Ab folgt man zunächst dem schmalen Pfad, der immer wieder einen schönen Blick auf den Gleirschbach freigibt. Je weiter man hinunterkommt, desto lauter wird das Getöse des Baches. Der Steig wird sehr ausgesetzt, sobald man die Höhe des Baches erreicht. Manchmal führen ein paar Holzplanken über Zuflüsse oder Geröll. Auch den Bach selbst muss man gelegentlich überqueren. Bei den engen Passagen tobt und rauscht das Wasser und wird durch die hohen Felswände noch verstärkt. Dabei kann man sich gut vorstellen, wie sich das Wasser über die Jahrtausende hinweg den Weg durch die Felsen gegraben hat. Aber nicht nur die Schlucht wird sehr eng, auch der Weg ist zeitweise wirklich schmal und verläuft knapp oberhalb des tosenden Wassers. In diesen Passagen ist er mit einem Drahtseil versichert. Einmal ist sogar ein Felsentor zu durchschreiten. Schließlich wird der Bach etwas weiter und das Getöse schwächer.

Rückweg: Sobald man die Schlucht verlässt, folgt man dem Wegweiser *Scharnitzer Alm*. Bei dieser kleinen Alm kann man sich zur Erholung eine Erfrischung gönnen. Auch die Kneippanlage, die man nochmals passiert, lädt zu Entspannung ein. Kurz nach der Kneippanlage nimmt man die nächste Brücke über die Isar und biegt nach links in die Straße ein, die uns nach einer kurzen Strecke zum Auto zurückbringt. Will man der Straße ausweichen, so kann man einen Weg direkt neben der Isar wählen.

20 Ehnbachklamm

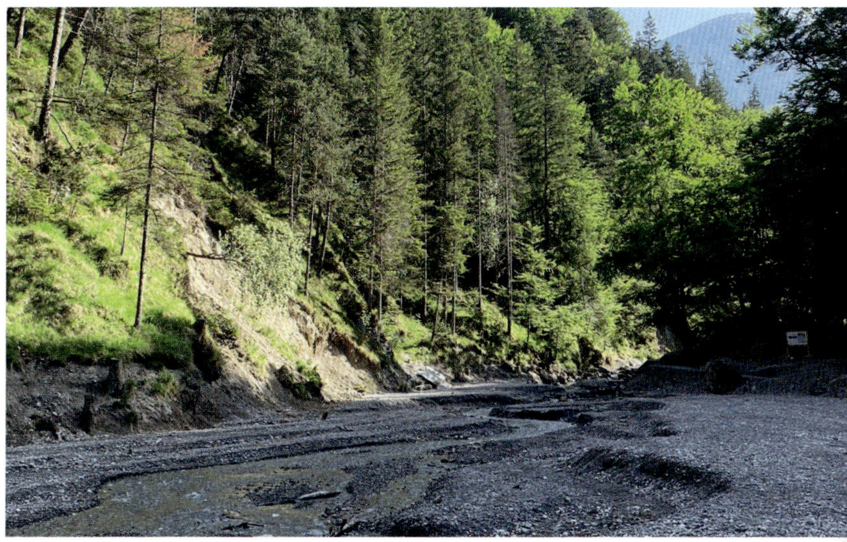

Die Ebene, die durch die Geschiebesperre entstand

 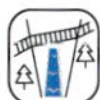

Diese eindrucksvolle Runde führt zu einer schönen Ebene. Eine Geschiebesperre sammelt hier das ganze Geröll, das der Ehnbach bei starken Regenfällen von den Bergen des Karwendels mit sich reißt. Durch die enge Ehnbachklamm geht es anschließend zwischen hohen Felswänden auf einem abwechslungsreichen Weg, der immer wieder den Bach überquert, zurück nach Zirl.

Anfahrt: Inntalautobahn Ausfahrt Zirl Ost – Zirl

Ausgangspunkt: gebührenpflichtiger Parkplatz 8 in Zirl (638 m)

Route: Keilerboden – Ehnbachklamm – Parkplatz

Höchster Punkt: 852 m

Km, Hm: 3,4 km, 280 Hm

Dauer: 1 ¾ – 2 Stunden

Voraussetzungen: Trittsicherheit, Schwindelfreiheit

Beste Jahreszeit: Frühjahr – Herbst

Gebühren: Parkplatz

Einkehrstationen: unterwegs keine

Tipp: Die Klamm kann man in beide Richtungen begehen.
Besteigung des Kalvarienberges oder ein Kurzabstecher zum Aussichtspunkt am Keilerboden sind lohnend.

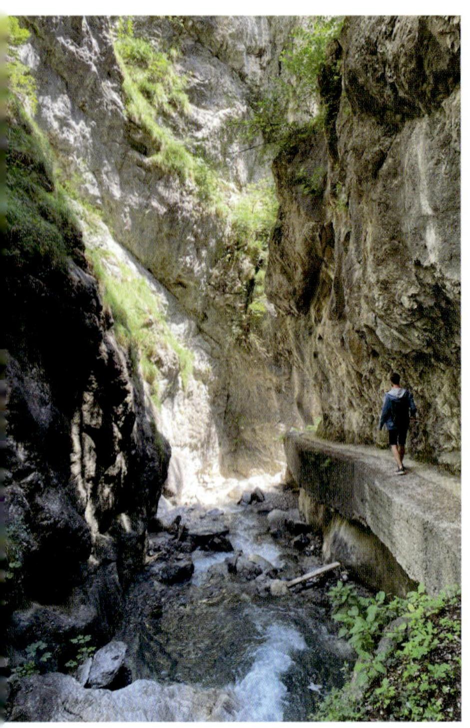

Der Betonsteig im unteren Teil der Klamm

Anfahrt: Von Innsbruck auf der Inntalautobahn bei Zirl Ost abfahren und bei der zweiten Möglichkeit rechts nach Zirl abbiegen (die erste Möglichkeit ist Zirl Ost). Schon von der Abzweigung hat man einen wunderbaren Blick auf den Kalvarienberg von Zirl, hinter dem sich die Ehnbachklamm versteckt. Gleich nach der Kurve befindet sich rechts der gebührenpflichtige Parkplatz 8.

Wanderung zur Klamm: Erst geht man die Straße ein kurzes Stück zurück und biegt gleich darauf rechts in einen schmalen Weg ein, an dessen Ende ein gelber Wegweiser steht, der zur *Kaiser-Max-Grotte* leitet. Die Straße geht in einen Forstweg über, den man jedoch gleich wieder nach links verlässt. Nun folgt man einem kleinen Steig in Richtung *Gehweg Rast/Zirler Mähder*. Dieser Weg schlängelt sich in vielen Serpentinen immer weiter aufwärts, teils über Stufen, teils über Wurzeln oder Fels. Der Lärm der Straße auf den Zirler Berg, der im unteren Bereich noch recht gut zu hören ist, wird, sobald man weiter raufkommt, vom Vogelgezwitscher übertönt. Immer wieder kann man auch einen schönen Blick auf die imposanten Zacken der Kalkkögel werfen. Schließlich führt der Steig durch Felsen hindurch und kurz darauf verzweigt sich der Weg. Der rechte führt zu einem Forstweg und der linke geht als schmales Steiglein weiter bergauf, quert gleich darauf einen etwas breiteren Weg (wenn man diesem nach links folgt, erreicht man den *Keilerboden* mit einer Bank, die einen schönen Blick auf Zirl freigibt) und mündet nach einiger Zeit auf den Forstweg. Hier ist auch die *Ehnbachklamm* angeschrieben.

Nun geht es auf einem breiten Forstweg abwärts. Man weicht einem Schranken aus und bald darauf einem Gitter. Schließlich gelangt man auf eine schöne Ebene, die auf der südlichen Seite von einer Geschiebesperre begrenzt ist. Diese Ebene hat sich durch den vielen Schotter gebildet, den der Ehnbach bei starken Regenfällen mit sich reißt. Im Sommer ist hier immer recht viel los, da die Ehnbachklamm ein beliebtes Ausflugsziel für Familien mit Kindern ist. Auch Kletterer haben die steilen Wände für sich entdeckt. Deshalb zahlt es sich aus, dem Bach entlang noch ein Stück weiter aufwärtszugehen, um dem Trubel auf der Ebene auszukommen. Man kann dem Bach bis zu einer Brücke folgen, wobei es auch hier immer wieder nette Rastplätze gibt. Erst bei der Brücke führt der Weg vom Wasser weg. Also drehen wir um.

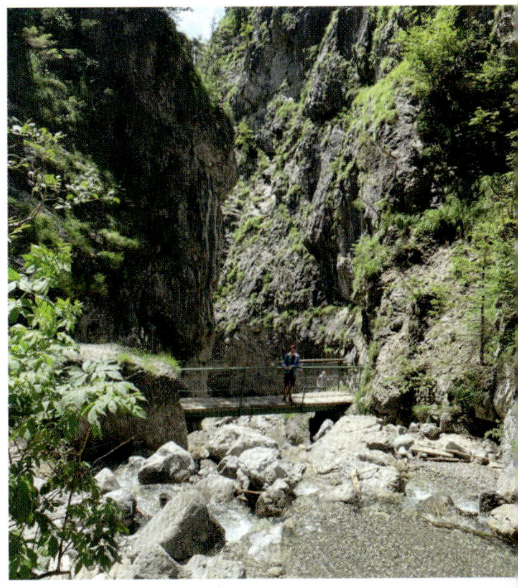

Eine Brücke über den Ehnbach

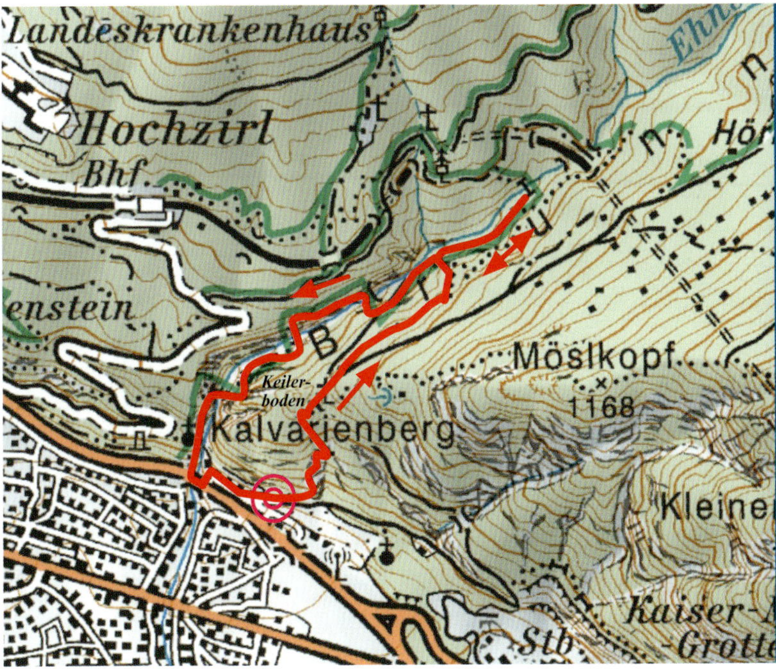

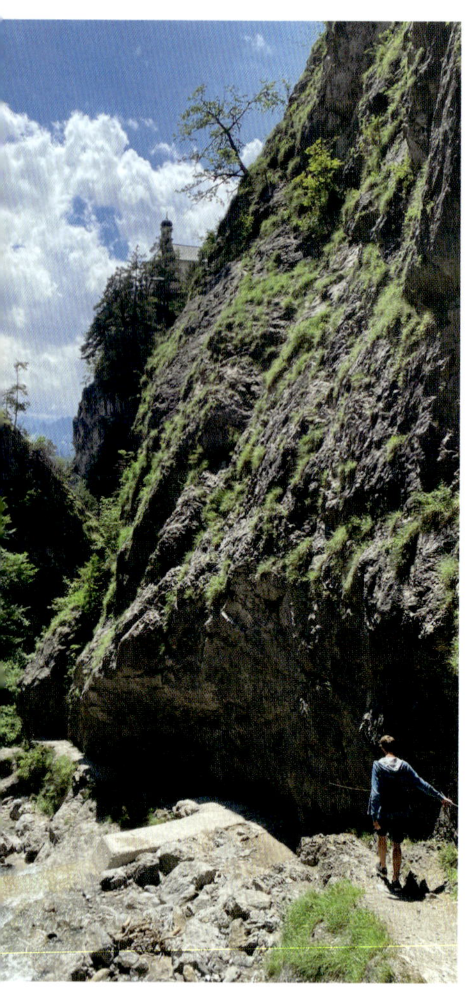

Kurz vor dem Ende der Klamm mit Blick auf das Kirchlein am Kalvarienberg

Durch die Ehnbachklamm: Den Forstweg kurz bergauf und gleich nach dem Gitter führt ein steiler Weg abwärts in die *Ehnbachklamm – Zirl*. Über einige Stufen geht es im Zickzack runter. Der Weg führt über die Geschiebesperre, sodass man auf der linken Seite 25 Meter in die Tiefe blicken kann, um dem Verlauf des Ehnbaches nachzuschauen. Auf der anderen Seite hat man einen wunderbaren Blick über die Schotterebene mit dem Großen Solstein im Hintergrund. Auf der anderen Seite der Geschiebesperre geht es schließlich über ein paar Stiegen abwärts. Der Weiterweg verläuft dann ganz nah an den hohen Felswänden. Anfangs sieht man den Bach noch tief unten, aber je weiter man runtergeht, desto näher kommt man zum Wasser. Über Brücken und Stufen geht es zwischen den hohen Felswänden immer weiter abwärts, bis man schließlich im Hintergrund die Kapelle des Kalvarienbergs sieht. Der Bach fließt in vielen kleinen Stufen immer weiter hinunter. Die Felswände werden immer enger, sodass hier Fels gesprengt werden musste, um für einen Weg Platz zu machen, der dann mit viel Beton gebaut wurde. Das ist zwar nicht gerade schön, aber dafür sehr robust, sodass der Weg auch bei Hochwasser standhält.

Rückweg: Zum Schluss geht es noch einige Stufen abwärts und unter der Zirler-Berg-Straße durch. Man überquert den Ehnbach und geht auf der anderen Seite desselben gleich wieder zurück, die Stufen aufwärts und zum Schluss entlang der Lärmschutzwand der Zirler-Berg-Straße bis zum Parkplatz.

21 Hundstalsee

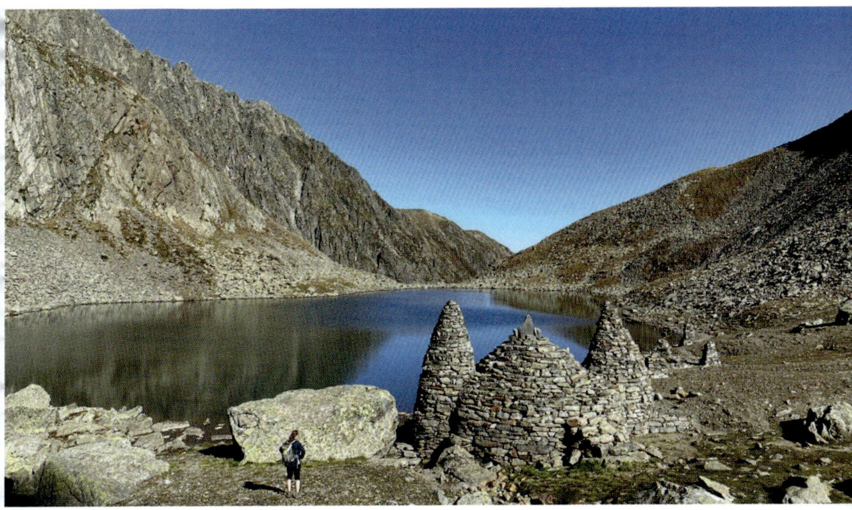

Apollontempel beim Hundstalsee

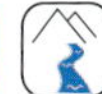

Der Apollon-Tempel, der in mühevoller Arbeit von zwei Künstlern an dem schwer zu erreichenden Hundstalsee errichtet wurde, hat eine ganz besondere Ausstrahlung. Auch wenn man weiß, dass man hier diesem Kunstwerk begegnet, bezaubert es immer wieder. Aber auch Aufstieg und Abstieg haben Besonderes zu bieten. Der Blick auf die Berggipfel in der Ferne ist unschlagbar.

Anfahrt: Inntalautobahn Ausfahrt Zirl West – Hof – Inzinger Alm
Ausgangspunkt: Parkplatz Inzinger Alm (1606 m)
Route: entlang des Seebaches – Hundstalsee – Apollon-Tempel – gleich zurück
Höchster Punkt: 2287 m (Hundstalsee)
Km, Hm: 7,7 km, 720 Hm
Dauer: 4 ¾ – 5 Stunden
Voraussetzungen: Trittsicherheit, Schwindelfreiheit
Beste Jahreszeit: Zufahrt bis zum Parkplatz Inzinger Alm von 1. Juni bis 30. September gestattet
Gebühren: keine
Einkehrstationen: Inzinger Alm (1641 m)
Tipp: Man kann auch mit dem Mountainbike bis kurz nach der Inzinger Alm fahren, was die Bergfahrt auf der engen Forststraße erspart.
Auf die Inzinger Alm kommt man auch über den Schützensteig vom Rangger Köpfl aus.

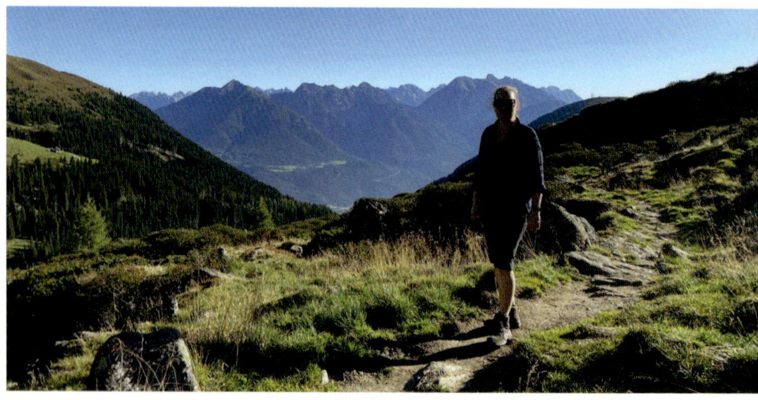

Blick zurück auf Wetterstein und Nordkette

Anfahrt: über die Inntalautobahn bis zur Ausfahrt Zirl West und weiter bis Inzing. Am Ende des Ortes biegt man nach einer Brücke links ab und folgt der Straße zuerst nach Hof und in der Folge auf die Inzinger Alm. Von Hof aus sind es noch ca. sieben Kilometer bis zur Alm. Nur das erste Stück ist asphaltiert. Danach folgt man der Forststraße. Da die Parkmöglichkeiten oben beschränkt sind, sollte man entweder recht früh kommen oder lieber eine andere Auffahrtsmöglichkeit wählen (Mountainbike oder vom Rangger Köpfl über den Schützensteig).

Zu den ersten Seen: Zuerst geht es den Forstweg entlang weiter zur Inzinger Alm, wo auch schon der Hundstalsee angeschrieben ist. Anfangs sieht man zwar noch keinen Gebirgsbach, aber man hört bereits sein Rauschen. Der Weg führt in den Talkessel, zuerst über schöne Wiesen mit Lärchenbäumen und später durch eine Unmenge von Heidelbeersträuchern. Ein Blick zurück lohnt sich: Wetterstein und Nordkette setzen sich wunderschön in Szene.

Schließlich geht es über eine Steilstufe bergauf, wobei man den Seebach sehr gut sieht, der sich seinen Weg ins Tal sucht. Auch kann man weiter oben eine kleine Holzhütte ausmachen. Man kommt dem Bach immer näher, bis man einen Talkessel erreicht, durch den der Bach mäandert. Hier haben sich auch zwei kleine Seen gebildet. Es scheint, als ob auf beiden Seiten des Baches ein Weg weitergeht, der auf der linken verläuft aber im Nichts. Man muss sich also auf die rechte Seite begeben, um über Blockwerk den Markierungen weiter folgen zu können.

Zum Hundstalsee: Über eine weitere Steilstufe geht es wieder aufwärts. Auch hier sucht sich der Seebach seinen Weg in die Tiefe. Der Pfad wird nun etwas ausgesetzter und wartet auch mit einer kleinen Kletterstelle auf. Schließlich erreicht man einen zweiten Talkessel. Dort öffnet sich ein wunderbarer Blick: Umgeben von schroffen Berggipfeln und brösligen Hängen, glitzert das Wasser eines strahlend blauen Sees, an dessen Ende sich der Apollon-Tempel befindet. Dieser ist zur Gänze aus vor Ort gefundenen Steinen errichtet. Zwei Künstler (Robert Tribus und Heinz Triendl) haben ihn im Lauf von 20 Jahren erbaut.

Eine Seeumrundung ist fast ein Muss, da man sich das Kunstwerk auch aus der Nähe ansehen sollte. Startet man die Runde auf der linken Seite, sieht man, dass sogar eine Art Tempelanlage gestaltet wurde, die zum Tempel hinführt. Dieser Ort hat etwas ungemein Magisches an sich, was dazu einlädt, eine Zeit zu verweilen. Wenn man auf der anderen Seeseite zurückgeht, zeigt sich der Tempel in einem ganz anderen, ebenso bezaubernden Blickwinkel.

Rückweg: Zur Inzinger Alm geht es dann den Aufstiegsweg zurück. Durch die Änderung der Perspektive hat man zuerst einen wunderbaren Blick auf den ersten Talkessel mit seinen zwei kleinen Seen und dem mäandernden Bach. Im Hintergrund tut sich ein brillanter Blick auf die Bergketten von Wetterstein und Nordkette auf.

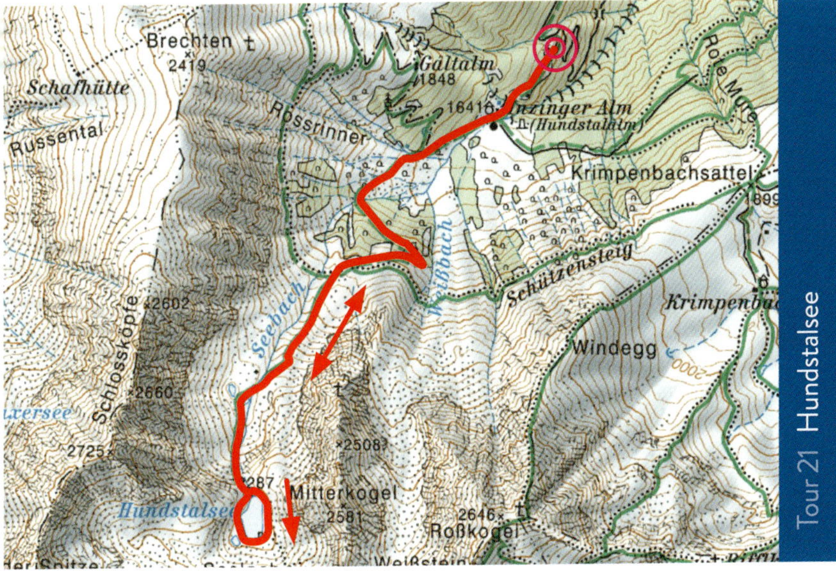

22 Lüsenerblick

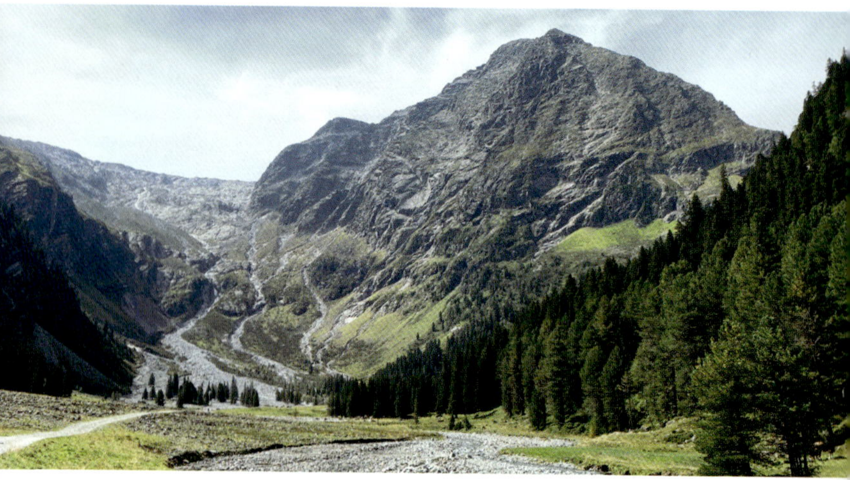

Der mächtige Lüsener Fernerkogel

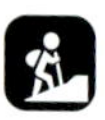 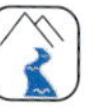

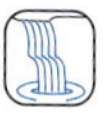

Unterwegs im Sellraintal zu einem wenig bekannten Wasserfall, der mit seinem Sprühregen eine mystische Stimmung erzeugt. Von Lüsens aus geht es zuerst gemütlich den Talboden entlang Richtung Lüsener Ferner. Anschließend führt ein Steig äußerst steil bis zur Aussichtsplattform Lüsenerblick. Dabei begleitet einen das Getöse der Wassermassen. Das Schauspiel, das der Wasserfall bietet, kann man am besten von einer spektakulär angelegten Hängebrücke aus beobachten.

Anfahrt: Inntalautobahn Abfahrt Zirl Ost – Kematen – Gries im Sellrain – Lüsens
Ausgangspunkt: gebührenpflichtiger Parkplatz in Lüsens (1634 m)
Route: Gletscherlehrpfad – Kleines Horntal – Hängebrücke – Aussichtsplattform Lüsenerblick – Weg zurück
Höchster Punkt: 2207 m (bei der Aussichtsplattform Lüsenerblick)

Km, Hm: 6,5 km, 600 Hm
Dauer: 4 – 4 ¼ Stunden
Voraussetzungen: Trittsicherheit, Schwindelfreiheit
Beste Jahreszeit: Sommer – Herbst
Gebühren: Parkgebühr
Einkehrstationen: unterwegs keine; Alpengasthof Lüsens (1634 m) war im Sommer 2022 geschlossen

Anfahrt: Auf der Inntalautobahn bis zur Ausfahrt Kematen und dann weiter ins Sellrain. Bei Gries im Sellrain biegt man Richtung Praxmer/Lüsens ab. Nach ein paar Serpentinen aufwärts erreicht man eine Weggabelung. Hier zweigt man links nach Lüsens ab und fährt bis zum gebührenpflichtigen Parkplatz am Ende der Straße.

Gletscherlehrpfad: Um zu dem Wasserfall zu gelangen, muss man zuerst in Richtung Talschluss auf die bedrohlich wirkende Wand zu, die neben dem Lüsener Fernerkogel steil ins Tal zieht. Leider gibt es keinen Wanderweg direkt entlang der Melach, dem Bach, der durch dieses Tal fließt. So muss man dem Forstweg

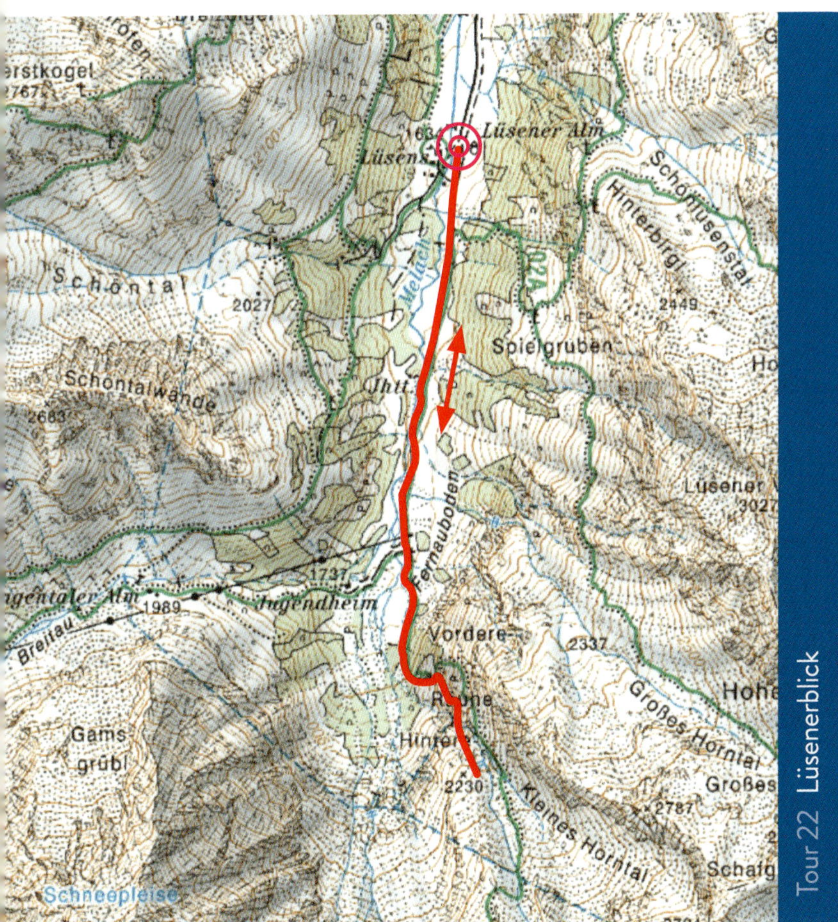

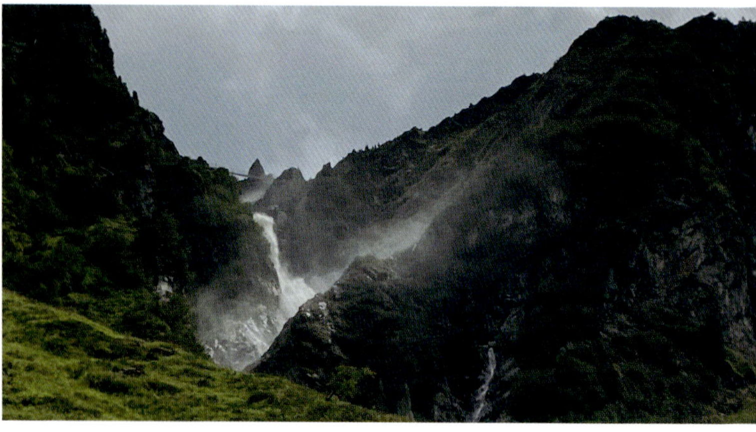

Tolle Stimmung – vor Erreichen des Wasserfalls sieht man die Gischt

Richtung Talschluss folgen. Immerhin wurde entlang des Weges ein Gletscherlehrpfad installiert, der für etwas Abwechslung sorgt. So gibt es eine Starttafel beim Parkplatz und weitere sechs Stationen, die Informationen zu Gletschern geben. Ein Vorteil des Forstweges ist, dass man sich nicht allzu sehr auf den Weg konzentrieren muss und so umso mehr das Panorama bestaunen kann. Je näher man auf die Wand zugeht, desto weniger steil wirkt sie. Beim genaueren Hinschauen sieht man, dass einige Bäche die Wand entlang hinunterkommen und auch imposante Wasserfälle bilden, deren Wasser schließlich in die Melach fließen. Kein Wunder, dass das Rauschen und Tosen lauter werden, je mehr man sich der Wand nähert. Auch von den Seiten fließen immer wieder weitere kleine Bäche in die Melach, die im oberen Bereich schöne Wasserfälle bilden. Schließlich kommt man näher an den Bach, der in diesem Teil durch den Talboden mäandert, und erreicht auch die sechste und somit letzte Station des Gletscherlehrpfades.

Zur Hängebrücke über die Wasserfälle: Bevor der Weg über die Melach führt, folgt man einem schmalen Wanderweg Richtung *Hängebrücke, Wasserfälle, Aussichtsplattform Lüsenerblick*. Man wandert über Bergwiesen an einem eingezäunten Marterl vorbei und bestaunt die Bäume, die mittem im Geröll stehen, das die Bäche wohl bei größeren Unwettern ins Tal befördert haben. Schließlich führt der Weg im Geröll teils recht steil aufwärts, wobei der Weg sehr gut mit rot-weiß-roten Markierungen versehen ist. Durch die vielen Bäche weht eine kühle Brise zum Wanderweg. Schließlich weist ein roter Pfeil nach links und so geht man einen sehr steilen Wiesenhang hinauf. Der sehr abwechslungsreiche Steig führt anfangs teils über Tritte und Holzstufen aufwärts, wobei er auch streckenweise mit einem Drahtseil abgesichert ist. Ein einzigartiges Spektakel tut sich auf. Ganz oben, unter einem spitzigen Gipfel, sieht man eine Hängebrücke. Darunter stürzen sich Wassermassen in die Tiefe, die eine solche Gischt auslösen, dass es scheint, als ob Nebel durch die Gegend zieht. Schließlich übertönt das Tosen dieses spektakulären Wasserfalls das Rauschen der anderen Bäche. Während des Aufstiegs zahlt es sich aus, immer wieder einen Blick in den Talboden zu werfen. Es ist ein einzigartiger Anblick, wie sich die Bäche durch den ganzen Schotter einen Weg ins Tal suchen.

Man weiß, dass der Wasserfall nicht mehr weit sein kann, da man dem gewaltigen Sprühschleier immer näher kommt. Und dann hat man plötzlich einen wunderbaren Blick auf den Wasserfall, dessen Wassermassen über die steilen Felsstufen in die Tiefe stürzen. 2021 wurde hier ein aufwändiger Steig aus Stahl gebaut, der sich äußerst steil zum Lüsener Ferner aufwärts schlängelt. Vom Steig aus kann man immer wieder traumhafte Blicke auf den Wasserfall werfen. Man quert einen kurzen Kamm, der mit einem Seil abgesichert ist. Auf beiden Seiten geht es steil bergab. Auf der linken Seite kann man einen kleinen beschaulichen Wasserfall bewundern. Auf der anderen hört man das Getose der großen Wassermengen, die vom Lüsener Ferner ins Tal fallen. Während des steilen Aufstiegs gibt es auch zwei Bänke, die zur Erholung und zum Genießen der Landschaft einladen.

Schließlich erreicht man die Hängebrücke, die 25 Meter lang über den Wasserfall führt und für zwölf Personen zugelassen ist. In der Nähe der Brücke ist das Tosen sehr laut. Als Aussichtspunkt ist die Brücke aber einzigartig, wenn es einen nicht stört, dass sie doch etwas schwingt. Nach oben und nach unten sieht man, wie sich die Wassermassen durch einen schmalen Felsschlitz den Weg in die Tiefe suchen. Da die Brücke aus einem Gitterrost besteht, kann man auch direkt nach unten auf den Wasserfall blicken. Der Weiterweg führt nach wie vor gut gesichert sehr steil weiter aufwärts. Erreicht man die Aussichtsplattform Lüsenerblick, kann man sich bei einer netten Sitzgelegenheit mit Tisch vom mühsamen Aufstieg erholen und die Landschaft genießen.

Rückweg: Zurückgegangen wird entlang des gleichen Weges. Da der Steig sehr steil ist und auch immer wieder feuchte Stellen aufweist, ist höchste Vorsicht geboten, bis man wieder im Talgrund ankommt. Dann geht es gemütlich den Forstweg entlang zurück zum Parkplatz.

23 Mühlauer Klamm

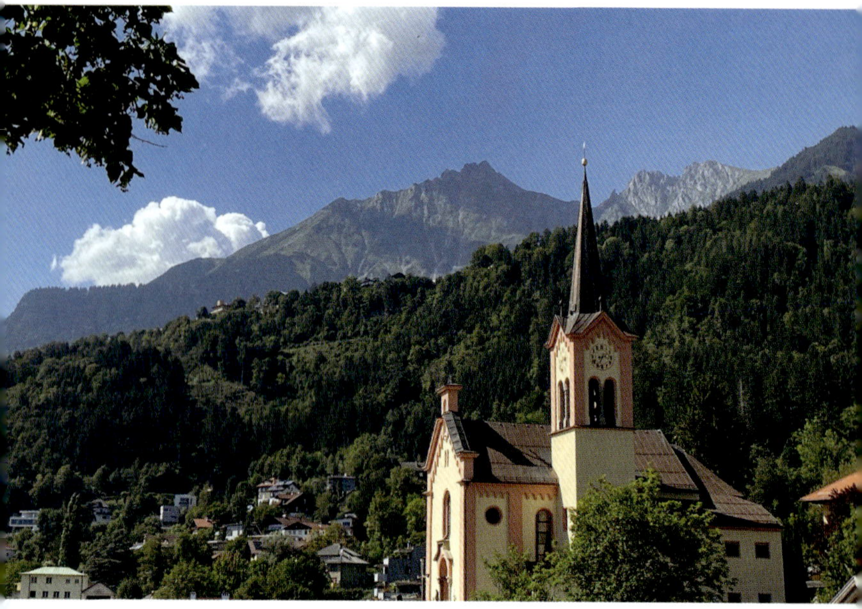

Blick auf die Mühlauer Kirche mit dem Brandjoch und Frau Hitt im Hintergrund

  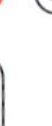

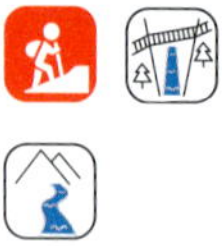

Die Mühlauer Klamm ist ein Naherholungsgebiet für die Landeshauptstadt. Mit ihrer Teufelskanzel kann sie zwar nicht mit anderen Wasserwegen mithalten, darf aber in diesem Führer nicht fehlen. Am Weg zur Klamm kommt man durch ein einzigartiges Biotop, das Fuchsloch, das eine Rückzugsoase für gefährdete Pflanzen und Tiere ist.

Anfahrt: Innsbruck – Mühlauer Hauptplatz
Ausgangspunkt: Parkplatz am Mühlauer Hauptplatz, bis hierher auch mit der Buslinie A erreichbar
Route: gebührenpflichtiger Parkplatz Mühlau (619 m) – Teufelskanzel – retour
Höchster Punkt: 890 m
Km, Hm: 4,5 km, 300 Hm
Dauer: 2 – 2 ¼ Stunden
Voraussetzungen: Trittsicherheit
Beste Jahreszeit: Frühjahr – Herbst
Gebühren: Parkgebühr
Einkehrstationen: unterwegs keine; Einkehrmöglichkeiten in Mühlau
Tipp: Fuchsloch näher anschauen, da es dort einiges zu entdecken gibt.
Vom Forstweg nach links gelangt man nach ca. 170 Höhenmetern zur Arzler Alm.

Anfahrt: In Innsbruck fährt man dem Rennweg entlang bis zum ehemaligen Riesenrundgemälde und weiter nach Mühlau. Dort wird am Kirchplatz auf dem kostenpflichtigen Parkplatz geparkt; oder man fährt mit dem Linienbus A bis zur Busstation Mühlau.

Durch das Fuchsloch zur Mühlauer Klamm: Zuerst geht's die Straße recht steil bergauf zur Brücke über den Mühlauer Bach. Nach der Brücke gleich rechts und anschließend links rauf beim Friedhof vorbei, von wo man einen herrlichen Blick auf die

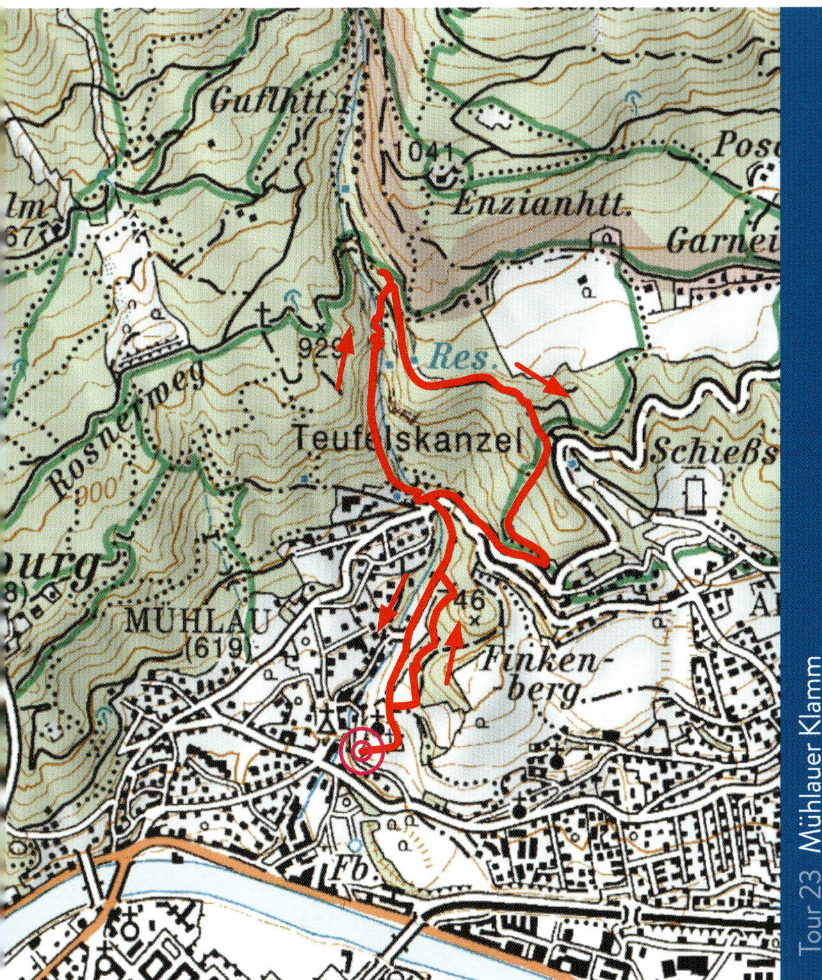

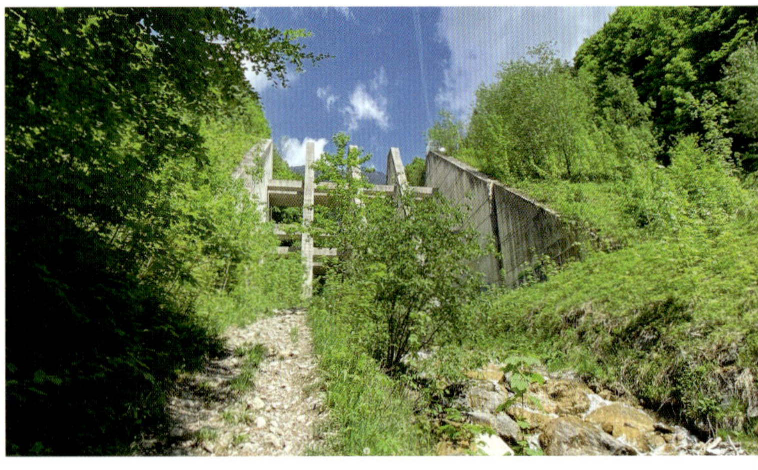

Die Lawinensperre mit der Nordkette im Hintergrund

Mühlauer Kirche hat. Nach dem Friedhof ein kurzes Stück durch Wald zu einer schönen Wiese mit Nordkettenblick. Man geht Richtung *Arzler Alm* weiter. Bald wird der Weg schmäler und führt wieder durch Wald weiter aufwärts. Dabei ist man immer vom Geplätscher des Baches begleitet. Es geht durch ein Feuchtbiotop, das Fuchsloch genannt wird. Weiter aufwärts, am Kraftwerk Mühlau 2 vorbei und zum Schluss recht steil zu einer Tür im Holzzaun, die zur Straße führt. Auf der Straße nach links über die Schweinsbrücke und gleich hernach nach rechts auf den Wanderweg in die Klamm.

Walderlebnissteig Mühlauer Klamm: Begleitet vom Rauschen des Mühlauer Baches geht's nun im Wald aufwärts. Immer wieder überquert man das Bächlein. Es gibt auch einige Möglichkeiten, zum Bachbett hinunterzusteigen, um dort das Wasserspiel aus der Nähe zu betrachten. Die Teufelskanzel ist ein großer Stein aus Höttinger Brekzie, der inmitten des kleinen Mühlauer Baches steht. Von der Aussichtsplattform hat man einen Blick in die Tiefe. Der Blick in die Ferne ist wegen der hohen Bäume nicht mehr wirklich möglich. Über eine weitere Brücke geht's dann durch herrlichen Mischwald weiter aufwärts. In einer Grotte gab es früher eine Figurengruppe zur Sage der Frau Hitt. Leider wurden die Figuren entfernt und die zugehörige Schautafel beschmiert. Entlang der Klamm sind einige Informationstafeln über die Bedeutung des Waldes als Lawinenschutz aufgestellt. Nachdem man eine nette Sitzgelegenheit neben dem Wasser passiert hat, geht es schließlich teils noch recht steil dem Bach entlang bergauf

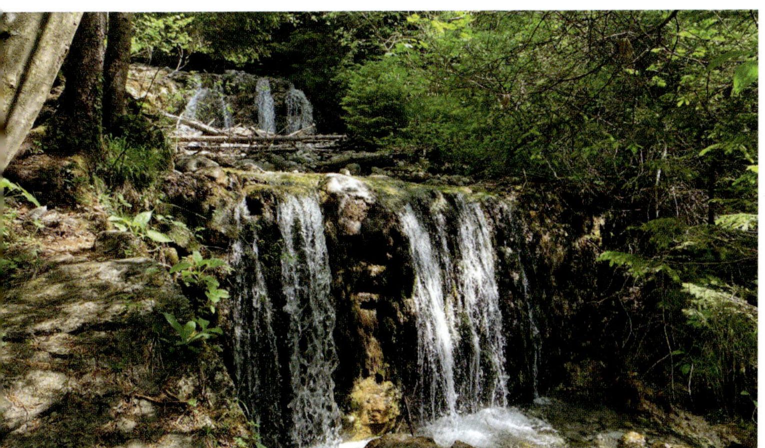

Miniwasserfall im Mühlauer Bach

bis zum 23 Meter hohen Lawinenbremsbauwerk, das Mühlau vor der Klammlawine schützt.

Rundweg: Bei diesem gigantischen Lawinenbauwerk geht es rechts auf dem Bergweg weiter, der zuerst auf die Höhe des Lawinenbremsbauwerks führt und schließlich in den Forstweg einmündet. Diesem folgt man nach rechts abwärts und kommt an einer Jagdhütte vorbei, die spektakulär im Gestein der Höttinger Brekzie sitzt. Die Abzweigung zur Mühlauer Aussicht lässt man links liegen und geht den Forstweg weiter bis zu einer weiteren Abzweigung. Ein schmaler Wanderweg, mit Rinne im oberen Teil, aber ohne Wegweiser, zweigt rechts ab. Dieser Weg führt wunderschön durch Wald und kürzt den Forstweg ab. Man gelangt unten auf die Straße, in die man rechts einbiegt und die uns nach ca. 300 Metern zurück zum ins Fuchsloch führenden Holzzaun bringt.

Rückweg durch das Fuchsloch: Da es sich auszahlt, mehr vom Fuchsloch zu sehen, diesem Naturparadies in der Nähe der Hauptstadt, nimmt man beim Abwärtsgehen den rechten Weg, der dem Bach entlangführt. Zuerst kommt man noch am ersten Elektrizitätswerk Tirols vorbei, ehe man ganz in die Natur eintaucht. Dann geht's an einigen Teichen vorbei, die vielen Tieren als Rückzugsoase dienen. Auch bedrohte Pflanzenarten wurden hier wieder angesiedelt und gedeihen gut. Der Weg wird schmäler und führt auch teils über Holzbretter weiter abwärts, bis man kurz oberhalb des Mühlauer Friedhofes wieder auf die Straße kommt. Von dort geht's dann zurück zum Mühlauer Hauptplatz.

24 Grawa-Wasserfall – Sulzenauhütte – Blaue Lacke

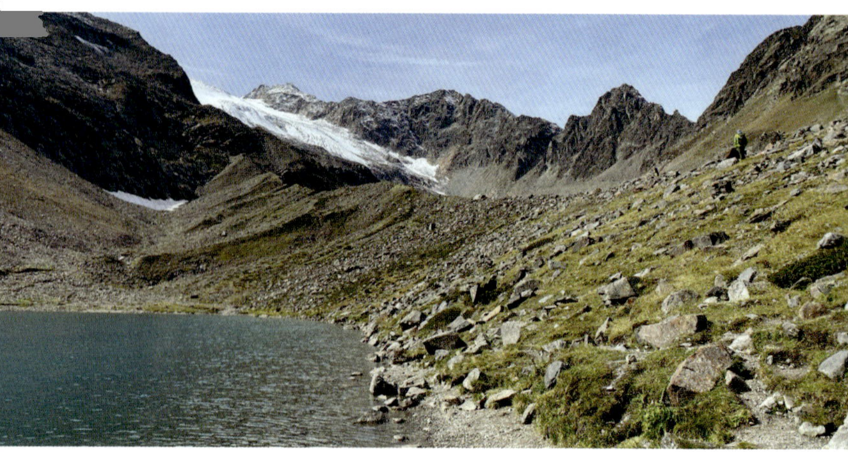

Blaue Lacke mit Sulzenauferner im Hintergrund

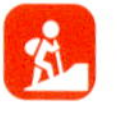
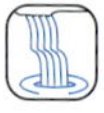
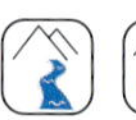

Auf dieser Tour wird man überall vom Rauschen der Bäche und Wasserfälle begleitet. Gleich am Beginn beeindruckt der Grawa-Wasserfall, der mit seinen 85 Metern der breiteste Wasserfall der Ostalpen ist. Der Sulzenau-Wasserfall eine Stufe weiter oben ist zwar eher schmal, aber dafür fällt er umso mehr in die Tiefe. Endpunkt der Tour ist die Blaue Lacke: ein Gebirgssee inmitten der Gletscherwelt der Stubaier Alpen.

Anfahrt: Brennerautobahn Ausfahrt Stubaital – Fulpmes – Neustift – Ranalt
Ausgangspunkt: Parkplatz Grawa-Wasserfall (1534 m)
Route: Grawa-Alm – Wilde-Wasser-Steig – Sulzenaualm – Sulzenauhütte – Blaue Lacke – Sulzenauhütte – Sulzenaualm – Parkplatz Sulzenauhütte – Parkplatz Grawa-Wasserfall
Höchster Punkt: 2289 m (Blaue Lacke)
Km, Hm: gesamt: 10,6 km, 920 Hm
Dauer: 6 – 6 ¼ Stunden
Voraussetzungen: Trittsicherheit
Beste Jahreszeit: Öffnungszeiten **Sulzenauhütte:** Mitte Juni – Ende September
Gebühren: keine
Einkehrstationen: Grawa-Alm (1534 m); Sulzenaualm (1857 m); Sulzenauhütte (2191 m)

Tipp: kurzer Klettersteig bei der Sulzenauhütte entlang des Wasserfalls (B/C) Die Hütte ist ein guter Stützpunkt für Hochtouren. Der Große Trögler ist ohne Gletscherausrüstung von der Hütte aus zu machen.

Anfahrt: Man fährt auf der Brennerautobahn bis zur Ausfahrt Stubaital und weiter ins Stubaital. Sobald man an Ranalt vorbei ist, kommt man kurz darauf zu den Grawa-Wasserfällen. Dort parkt man auf der rechten Straßenseite am Parkplatz.

Grawa-Wasserfall: Nun geht's zuerst an der Grawa-Alm vorbei, über die Brücke und zum Grawa-Wasserfall, der mit seiner Breite von 85 Metern der breiteste Wasserfall der Ostalpen ist. Dieses gewaltige Naturschauspiel kann man von einer Plattform aus bestaunen, die zu einer Rast einlädt.

Weiter geht es den *Wilde-Wasser-Weg* entlang durch einen Märchenwald stetig bergauf. Dieser nett angelegte Steig führt in der Nähe des Wasserfalls bis zum Sulzenaubecken. Dieser Bergweg ist teils mit Stufen, mit Holzplanken und sogar mit Stahlgriffen und Tritten versehen. Von zwei Aussichtsplattformen aus kann man die in die Tiefe stürzenden Wassermassen beobachten.

Sulzenaualm und Sulzenauhütte: Nach ca. 250 Höhenmetern erreicht man eine Hochfläche, auf der die Sulzenaualm liegt. Im Hintergrund zeigt sich der mächtige Sulzenau-Wasserfall, dessen Rauschen man weithin hören

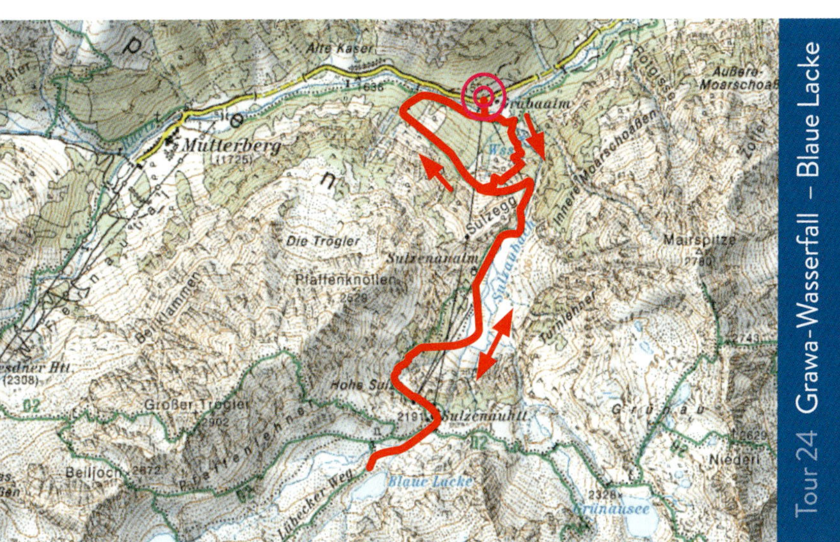

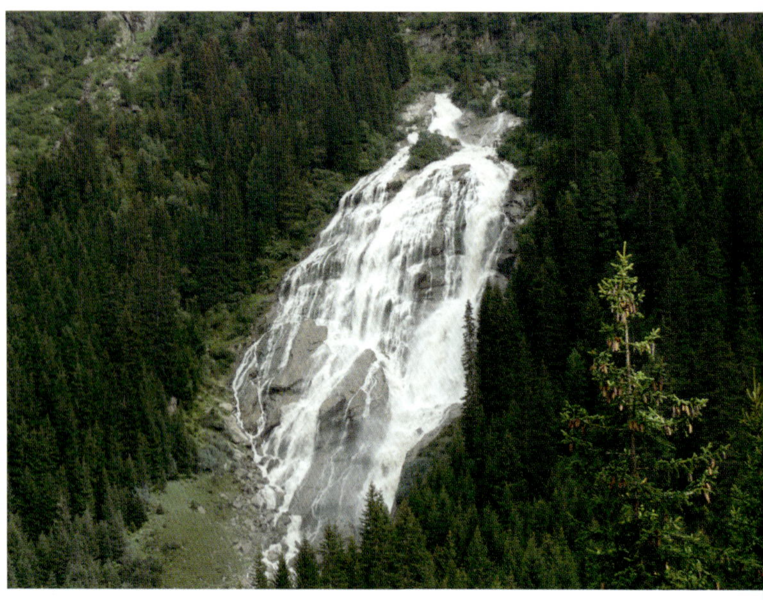

Der Grawa Wasserfall

kann. Seine Wasser verteilen sich auf der Hochfläche in viele kleinere Bäche. Rechts des Wasserfalls, auf einer Anhöhe gelegen, befindet sich die Sulzenauhütte, die man nach weiteren 320 Höhenmetern erreicht. Bereits am Weg dorthin hat man immer wieder einen schönen Blick auf die Gletscherwelt der Stubaier Alpen. Auch von der Terrasse der Alm aus bietet sich ein großartiger Blick auf die Gletscher der Umgebung.

Zur Blauen Lacke: Von der Hütte aus folgt man dem Wegweiser zur *Blauen Lacke*. Der Weg geht zuerst bei der Brücke über den Bach und im Folgenden auf der linken Bachseite weiter bergauf. Der Weg verläuft kurz steil nach oben und führt dann direkt zur Blauen Lacke. Den See entdeckt man hinter zahllosen Steinmandln.

Retour ins Tal: Zurück ins Tal geht es zuerst entlang des gleichen Weges. Wieder kommt man an dem beeindruckenden Wasserfall und bei der Sulzenaualm vorbei. Nach Passieren des ziemlich desolaten Häuschens der alten Materialseilbahn, bleibt man aber auf dem Weg, der zum Parkplatz der Sulzenauhütte führt. Da er trockener ist, ist es hier im Abstieg feiner zu gehen. Unten beim Ruezbach angekommen, geht es auf einem wunderschön entlang des Baches angelegten Weg zurück bis zum Auto.

25 Laponesalm – Bremer Hütte

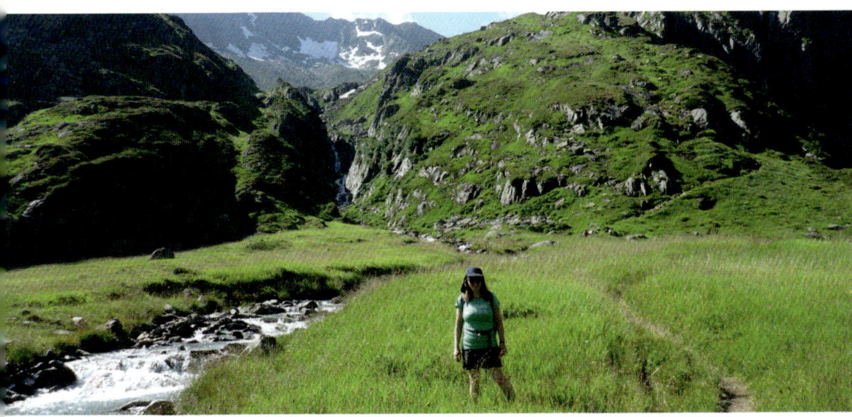

Hochebene der Simmingalm

Diese lange und anstrengende Wanderung im idyllischen wasserreichen Gschnitztal ist außergewöhnlich abwechslungsreich. Sie umfasst drei Etappen, von denen jede für sich ein lohnendes Ziel darstellt. Es führen Wege am Bach entlang, durch Wald und über saftige Almwiesen, dann folgt die Durchquerung einer einzigartigen Hochebene mit mäandernden Bächen bis hin zur Bremer Hütte, die ein beliebter Stützpunkt für Hochgebirgstouren ist.

Anfahrt: Brennerautobahn Ausfahrt Matrei – Trins – Gschnitz – Talende
Ausgangspunkt: gebührenpflichtiger Parkplatz hinter dem Gasthaus Feuerstein (1281 m)
Route: Laponesalm – Simmingalm – Bremer Hütte – gleich zurück oder am Forstweg ab der Laponesalm
Höchster Punkt: 2411 m
Km, Hm: 15 km, 1170 Hm
Dauer: 8 – 8 ¼ Stunden
Voraussetzungen: Trittsicherheit
Beste Jahreszeit: für die Bremer Hütte ab Mitte Juni – Ende September; die unteren Ziele schon dementsprechend früher im Jahr
Gebühren: Parkgebühr
Einkehrstationen: Gasthof Feuerstein (1281 m), Laponesalm (1472 m), Bremer Hütte (2411 m)
Tipp: Diese lange Tour hat drei lohnende Ziele: die Laponesalm, die schöne Simmingalm und die Bremer Hütte.
Zur Laponesalm kann man auch mit einem Almtaxi oder mit dem Mountainbike fahren.

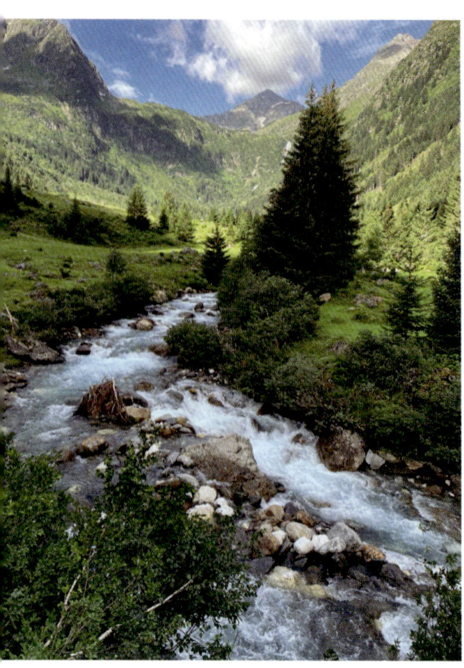

Blick in den Talschluss mit dem Gschnitzbach

Anfahrt: Auf der Brennerautobahn bis Matrei und weiter Richtung Brenner bis Steinach. Dort nimmt man die Abzweigung ins Gschnitztal und fährt bis zum Talschluss. Nach dem Gasthof Feuerstein befindet sich ein großer gebührenpflichtiger Parkplatz.

Zur Laponesalm: Zu Fuß geht's dann vom Parkplatz weiter ins Tal hinein bis zum Häuschen der Materialseilbahn für die Innsbrucker Hütte. Dort dann rechts am Häuschen vorbei und über die Brücke des Gschnitzbaches. Gleich hernach nimmt man die linke Abzweigung Richtung *Laponesalm*. Der Weg teilt sich kurz darauf. Hier nehmen wir den linken Weg, der näher beim Bach ist und sich bald verjüngt. Vom Rauschen des Baches begleitet, folgt man diesem anregenden Steig in leichtem Auf und Ab durch den Wald.

Schließlich mündet dieser in die Forststraße, die zur Laponesalm führt. Man folgt aber nicht der Straße, sondern überquert die Brücke und biegt gleich hernach rechts in den *Wanderweg zur Laponesalm* ein. Dieser führt nun immer den Bach entlang, anfangs noch im Wald, später aber tut sich ein wunderbarer Blick auf die Berge hinter dem Talschluss auf. Immer wieder muss man kleinere Bäche überqueren, bis man eine schöne Wiese erreicht. Von dort kann man im Hintergrund bereits die Laponesalm ausmachen. Steine und Bretter sind in den Weg eingearbeitet, um zu ermöglichen, trocken ans Ziel zu gelangen. Nach Überquerung des Baches lädt die Alm mit ihrer schönen Terrasse zum Verweilen ein.

Zur Simmingalm: Weiter wandert man ca. 800 Meter den Forstweg entlang ins Tal hinein. Dann nimmt man rechts die Abzweigung zur *Bremer Hütte*. Es geht zuerst in Gebüsch und später im Wald recht steil aufwärts. In der Ferne hört man das Rauschen des Simmingbaches. Bald erreicht man die idyllische Hochebene der

Simmingalm, wo man ein ganz besonderes Naturerlebnis genießen kann. Begleitet vom Gurgeln der vielen kleinen Bäche, führt der Weg teils auf Steinen oder Holzplanken weiter in den Talkessel, an einer kleinen Hütte vorbei und schließlich zu einem ganz besonderen Kleinod: dem Simmingsee. Dieser lädt an seinem Ufer zu einer kleinen Rast ein.

Zur Bremer Hütte: Weiter geht es noch etwas steiler bergauf. Einen Blick zurück sollte man sich immer wieder gönnen, da die Hochebene mit dem Simmingsee und den vielen mäandernden Bächen einfach einzigartig ist. In vielen Kehren schlängelt sich der Weg über Blockgelände recht steil bergauf. Je weiter man raufkommt, desto schöner wird der Ausblick auf die Bergriesen der Umgebung. Links unten im Tal kann man den Simmingbach bewundern. Die Bremer Hütte sieht man erst, kurz bevor man vor ihr steht. Am letzten Stück hat man einen wunderbaren Blick auf die Hütte und die dahinter aufragende Innere Wetterspitze. Bevor man die Hüttenterrasse erreicht, kommt man noch an einem kleinen See vorbei. Auf der Terrasse kann man sich von den Strapazen des Aufstieges erholen und den Blick über das wunderbare Panorama gleiten lassen, das die umliegenden Gletschergipfel bieten.

Rückweg: Zurückgegangen wird am gleichen Weg. Ab der Laponesalm kann man dann auch die Forststraße entlanggehen. Wer schon müde ist, kann sich auch ein Hüttentaxi zum Gasthof Feuerstein gönnen.

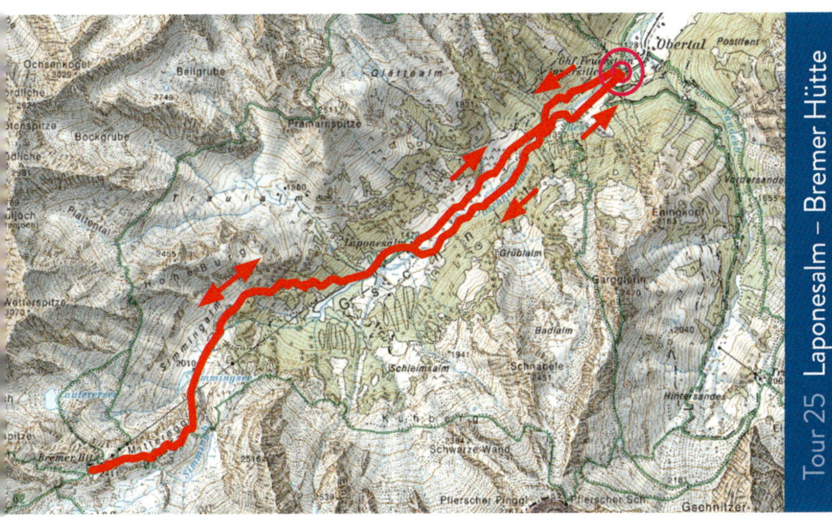

26 Obernberger See

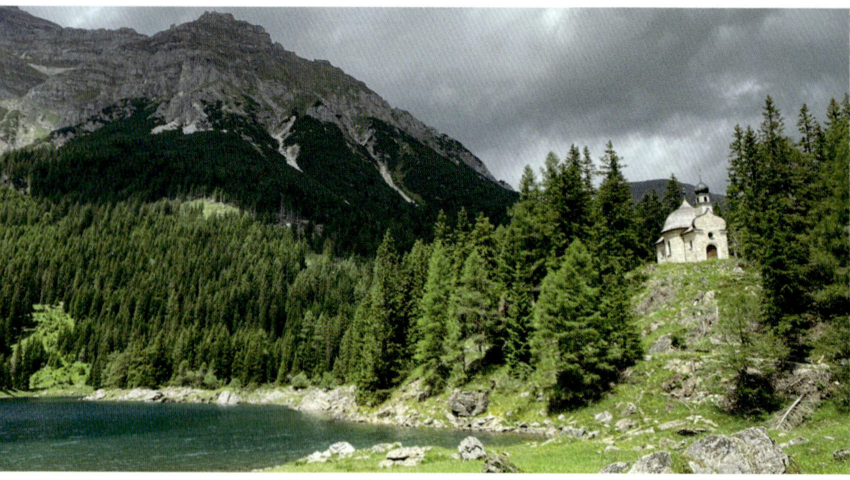

Das Kirchlein beim See mit dem Tribulaun im Hintergrund

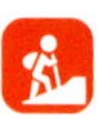 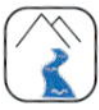

Der Obernberger See ist ein wahres Naturjuwel: Er ist türkisgrün und idyllisch zwischen den Bergen der Stubaier Alpen eingebettet. Bei dieser Runde erreicht man den See über den unbekannteren Seesteig, der anfangs einem Bach entlanggeht. Nach einer Umrundung des Sees wandert man dann gemütlich über den Forstweg und schöne Wiesen wieder ins Tal.

Anfahrt: Innsbruck – Brennerautobahn Ausfahrt Nösslach – Obernbergtal – Waldesruh

Ausgangspunkt: Parkplatz Waldesruh (1439 m)

Route: Seesteig – Obernberger See – Seekapelle – Seebucht – Hinterm See – Parkplatz

Höchster Punkt: 1656 m

Km, Hm: 9,1 km, 300 Hm

Dauer: 3 ¼ – 3 ½ Stunden

Voraussetzungen: Trittsicherheit, Schwindelfreiheit

Beste Jahreszeit: spätes Frühjahr – Herbst

Gebühren: Parkgebühr

Einkehrstationen: unterwegs keine; in Obernberg Waldesruh

Tipp: Für Eltern mit kleineren Kindern ist der direkte Zustieg über den Forstweg zu empfehlen.
Die Seekapelle ist einen Besuch wert. Auch Allerleibrunnen sollte man sich näher anschauen.

Anfahrt: Auf der Brennerautobahn fährt man bis zur Ausfahrt Nösslach und dann weiter ins Obernbergtal. In diesem geht's bis zum Talschluss, wo sich der gebührenpflichtige Parkplatz beim Gasthof Waldesruh befindet.

Zum Obernberger See: Man startet die Wanderung, indem man dem asphaltierten Weg zum *Haus Waldbauer* entlanggeht und dann dem Schild *Seesteig – Obernberger See* folgt. Zuerst geht es auf einem Schotterweg entlang, aber bald schon zweigt man links ab und folgt dem Weg Nummer *127*. Beim Queren einer Wiese muss man nach den rot-weiß-roten Markierungen Ausschau halten. Während man gemütlich in Richtung Talschluss dahinwandert, wird man vom Rauschen des Baches begleitet. Anfänglich geht's durch lichten Lärchenwald, der später von Latschen abgelöst wird. Dabei muss man immer wieder Geröllfelder überqueren. Der Blick in den Talkessel ist beeindruckend. Man sollte immer wieder innehalten, da sich ein unglaubliches Bergpanorama darbietet. Man ist von den Felswänden des Muttenkopfs, der Schwarzen Wand und des Obernberger Tribulaun regelrecht umringt.

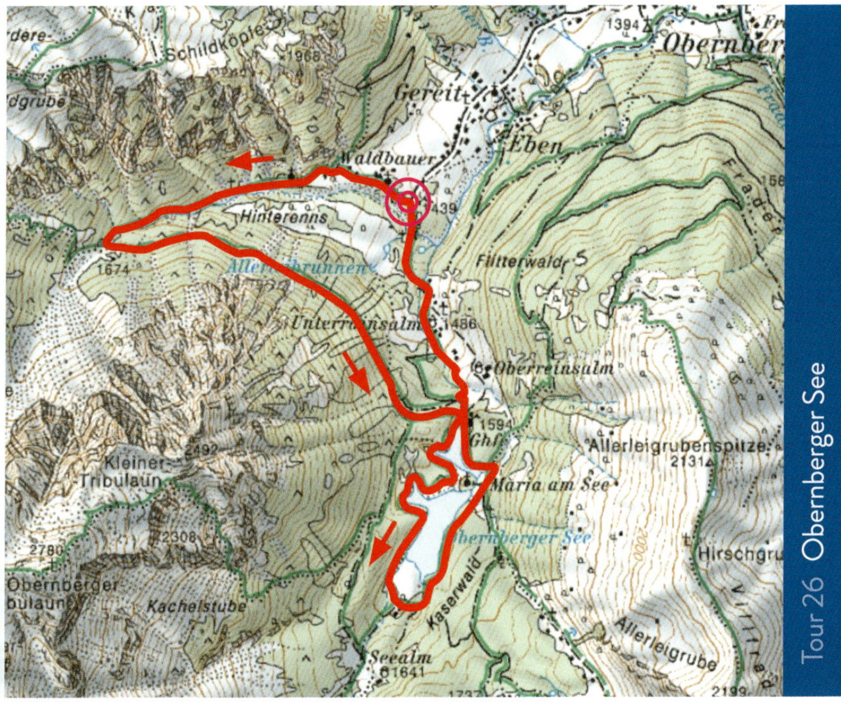

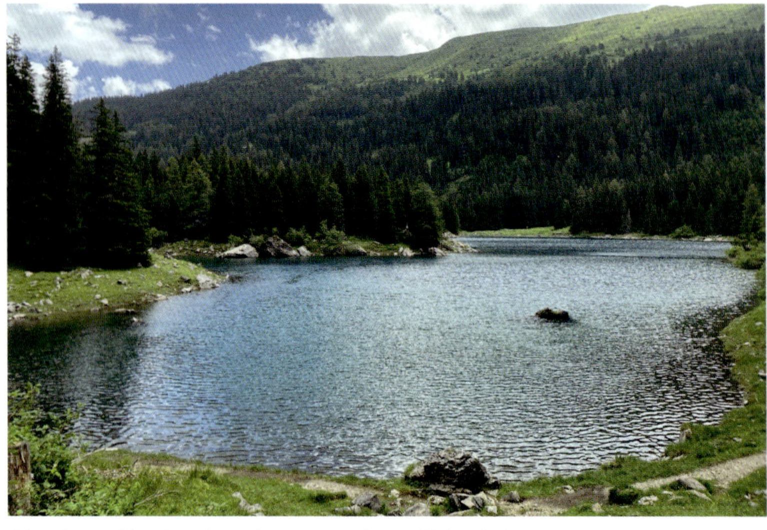

Obernberger See einmal von einem ungewohnten Blickwinkel aus

Bei einem Wegweiser gibt es dann eine Richtungsänderung von fast 180 Grad. Nun folgt man dem Seesteig auf dem Weg 92. Ein schmaler Pfad führt zwischen Latschen den Hang entlang, wobei auch hier immer wieder Geröllfelder überquert werden müssen. Je weiter man raufkommt, desto besser ist die Sicht ins Obernbergtal. Schließlich erreicht man einen Forstweg, der zum *Obernberger See* führt. Kurz nachdem man einen Holzstapel passiert hat, findet man auf der rechten Seite gelbe Wegweiser. Einer zeigt Richtung *Seegasthof – Obernberg Ortsende*. Diesem Wegweiser folgt man und geht auf einem kleinen Steig durch den Wald abwärts. Bald sieht man auch schon den See durch die Bäume durchschimmern.

Rund um den See: Am See angekommen, folgt man dem Wegweiser *Seerundweg* und geht den wunderbaren Steig entlang des Westufers. Der Bickwinkel von hier ist nicht der typische, den man vom Obernberger See gewohnt ist. Im Hintergrund sind keine felsigen Berggipfel zu sehen, sondern ein Grasrücken mit einem darunter liegenden Baumgürtel. Der Seekapelle kann man sowohl vom Westufer als auch vom Ostufer aus einen Besuch abstatten.

Der Steig ist immer etwas oberhalb des Sees und fällt teils recht steil zum Wasser hin ab. Es gibt immer wieder schöne Plätze, wo man zum See runterkommt und eine Rast einlegen kann. Einmal sind ein paar Stiegen zu überwinden und dann gelangt man auch schon zum Seeende. Der Weg führt über eine Holzbrücke und dann weiter im Wald etwas vom See weg. Bald darauf erreicht man einen Forstweg, der wieder zum See zurückführt. Die Ostseite des Sees ist nicht so beeindruckend wie die Westseite. Allerdings gibt es eine großartige Aussicht auf die Berge. Der Blick auf den Kleinen Tribulaun und den Obernberger Tribulaun ist wirklich einzigartig. Schließlich hat man nochmals eine Möglichkeit, der Kapelle einen Besuch abzustatten. Zum Schluss kann man gut den schmalen Pfad direkt am See entlanggehen und erspart sich so ein Stück Forstweg. Beim ehemaligen Gasthof Obernberger See erreicht man das Ende dieses schönen Sees.

Rückweg: Zurück ins Tal gibt es dann zwei Möglichkeiten. Entweder man folgt dem Forstweg, oder schöner: Man folgt dem Weg durch wunderbare Wiesen abwärts. Für den Steig hält man sich gleich nach dem ehemaligen Gasthof rechts und gelangt so zu den Wiesen, in denen ein paar Hütten stehen. Es wird dabei gebeten, den Weg nicht zu verlassen.

Schließlich erreicht man den Forstweg, überquert einen Bach, dessen Rauschen man schon von Weitem hört, und folgt dem Forstweg zum Parkplatz. Dabei zahlt es sich aus, einen Abstecher zu den Allerleibrunnen zu machen, die man rechts des Weges sieht.

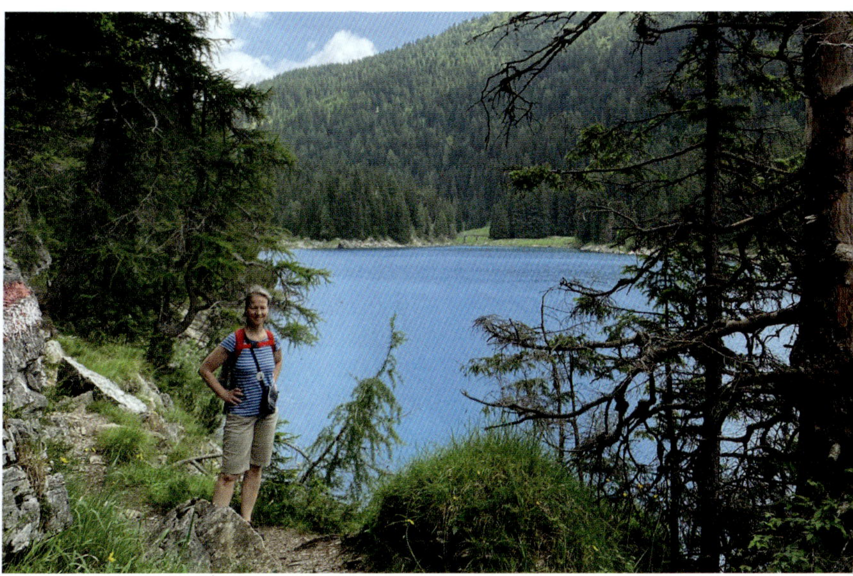

Auf der Westseite der Seeumrundung

27 Naviser Almenrunde

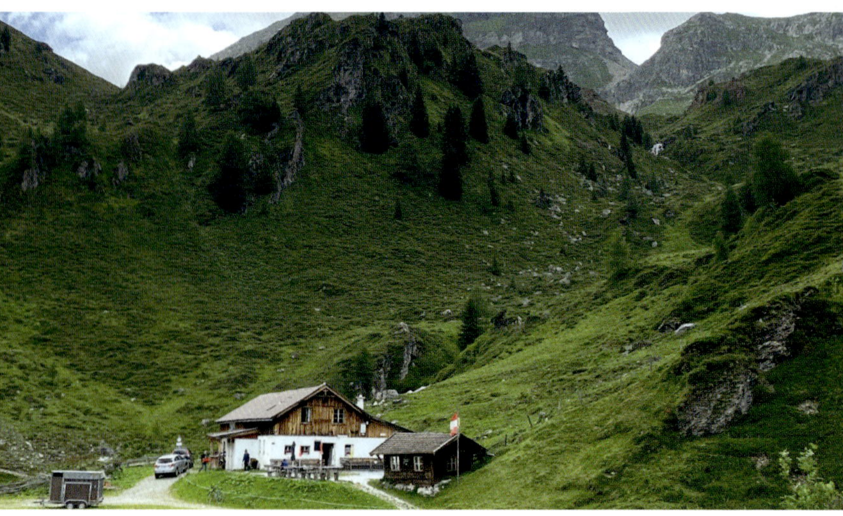

Die Klammalm, die direkt beim Klammbach liegt

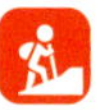
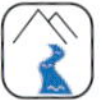
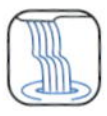

Im wunderschönen Navistal führt diese abwechslungsreiche Runde mit traumhafter Fernsicht über verschiedene Almen, die zur Einkehr einladen. Im Aufstieg gibt es immer wieder kleinere Bäche und Rinnsale zu überqueren, was besonders Kindern Spaß macht. In der zweiten Hälfte geht es meistens dem Klammbach entlang, sodass man von seinem Rauschen und dem seiner Zuflüsse begleitet wird.

Anfahrt: Brennerautobahn Ausfahrt Matrei – Navis
Ausgangspunkt: gebührenpflichtiger Parkplatz Schranzberg (1398 m)
Route: Naviser Hütte – Stöcklalm – Poltenalm – Klammalm – Peeralm – Parkplatz
Höchster Punkt: 1970 m
Km, Hm: 10,8 km, 620 Hm
Dauer: 3 ½ – 4 Stunden
Voraussetzungen: Trittsicherheit
Beste Jahreszeit: Sommer – Herbst
Gebühren: Parkgebühr
Einkehrstationen: Naviser Hütte (1782 m), Poltenalm (1880 m), Klammalm (1947 m), Peeralm (1663 m)
Tipp: Diese Runde führt teilweise durch militärisches Sperrgebiet: deshalb auf markierten Wegen bleiben!

Anfahrt: Auf der Brennerautobahn fährt man bis zur Ausfahrt Matrei/Steinach und im Navistal weiter bis Navis. Am Ende des Dorfes biegt man links ab und folgt dem Straßenverlauf bis zum Schild *Parkplatz Schranzberg* und erreicht so den großen gebührenpflichtigen Parkplatz.

Über die Naviser Hütte zur Poltenalm: Von dort nimmt man vorerst die Forststraße zur *Naviser Hütte* und biegt kurz darauf rechts in den Wanderweg ein (gelber WW). Dieser schmale Steig führt zunächst durch dichten Wald bergauf. Ein paar Mal überquert man kleinere Bäche sowie Lichtungen mit schöner Fernsicht auf die Bergwelt der Umgebung. Auch der Forstweg wird einmal überquert. Aber besser folgt man immer dem schmalen Steig aufwärts, bis man schließlich zur modernen Naviser Hütte kommt. Ein kurzes Stück geht man am Forstweg weiter aufwärts Richtung *Stöcklalm*. Man kann nun entweder auf dem Forstweg bis zu dieser Alm wandern, oder man zweigt links in einen recht steil aufwärts führenden Steig ein, der sich schließlich in einer Wiese verläuft und kurz vor der Stöcklalm wieder auftaucht, die man dann rechts oben sieht.

Von der Stöcklalm geht ein schmaler Pfad zur *Poltenalm*. Auch hier muss man immer wieder kleinere Bäche oder Rinnsale überqueren, bevor man zur Alm kommt.

Über die Klammhütte zur Peeralm: Weiter geht es zuerst auf einem breiteren Weg Richtung *Klammalm*. Der Weg wird bald schmäler und führt als netter Steig den Hang entlang wei-

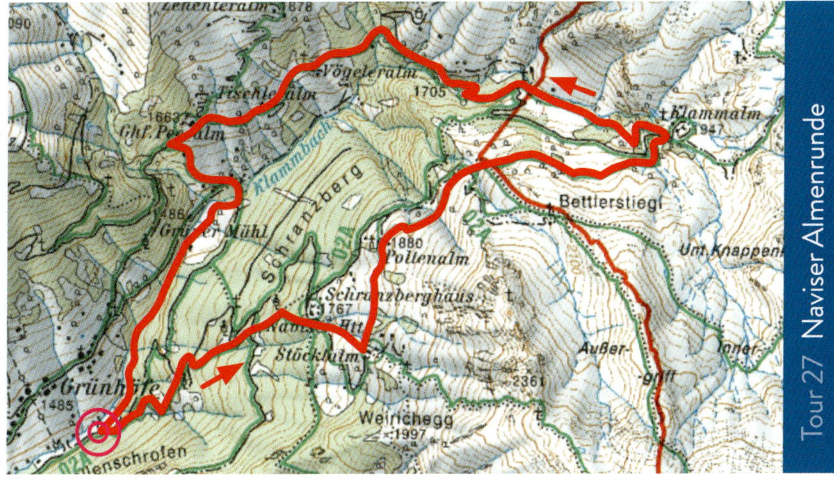

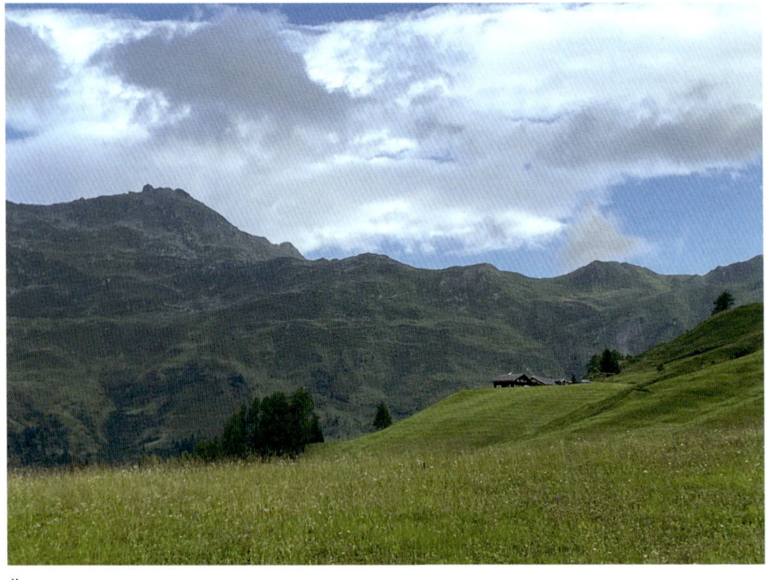

Über schöne Wiesen gehts zur Poltenalm. Im Hintergrund die Naviser Sonnenspitze

ter, wobei man immer wieder einen schönen Ausblick auf die gegenüberliegenden Hänge hat, die von Bächen durchzogen sind. Im unteren Bereich kann man auch Wasserfälle ausmachen. Ab und zu muss man kleinere Bäche oder Rinnsale überqueren, was aber nie ein wirkliches Problem darstellt.

Zur Klammalm muss man zum Schluss noch einige Höhenmeter absteigen. Weiter geht es zuerst auf dem Forstweg ein kurzes Stück zurück, über die Brücke und gleich darauf rechts hinunter, dem schmalen Weg folgend, der den Klammbach entlangführt. Dabei wird man vom Tosen des Baches und der Wasserfälle begleitet. Erst das letzte Stück zur Peeralm legt man wieder auf einem Forstweg zurück.

Zurück zum Ausgangspunkt: Ein kurzes Stück nach der Peeralm zweigt links ein Steig vom Forstweg ab (WW *Parkplatz Schranzberg*), der zum Klammbach hinunterführt. Dort angekommen, biegt man in den Weg links ein, der zu einer Brücke führt. Auf der anderen Seite geht ein Wanderweg entlang des Baches zurück zum Auto. Irgendwann schimmern die hölzernen Planken einer Rodelrennstrecke durch die Bäume. Das heißt, dass der Parkplatz nicht mehr weit ist. Gleich nach einem Holzhaus kann man ihn auch schon sehen.

28 Ramsgrubner See – Wildlahnerbach

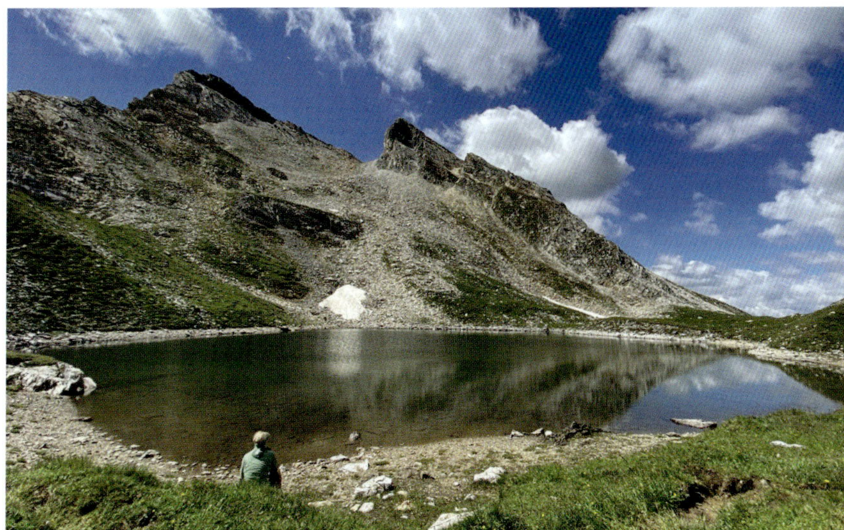

Der Ramsgrubner See mit den Schöberspitzen im Hintergrund

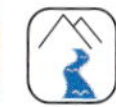

Bei dieser schönen Runde steigt man zuerst direkt zum Ramsgrubner See auf, der mit seinem klaren Wasser, in dem sich die Schöberspitzen spiegeln, fasziniert. Auf den See kann man auch noch von der Westlichen Schöberspitze runterschauen. Der Rückweg führt durch das Wildlahnertal, das mit saftigen grünen Wiesen, dem Bach und kleineren Wasserfällen aufwartet.

Anfahrt: Innsbruck – Brennerautobahn Ausfahrt Matrei – Stafflach – Schmirntal – Toldern – Wildlahner
Ausgangspunkt: Parkplatz Wildlahnertal (1540 m)
Route: Ramsgrubner See – Westliche Schöberspitze – Ochsnerhütte (Jagdhütte) – Wildlahnerbach – Parkplatz
Höchster Punkt: 2580 m (Westliche Schöberspitze)

Km, Hm: 9,1 km, 1040 Hm
Dauer: 6 ½ – 6 ¾ Stunden
Voraussetzungen: Trittsicherheit, Schwindelfreiheit
Beste Jahreszeit: Sommer – Herbst
Gebühren: keine
Einkehrstationen: unterwegs keine
Tipp: Die Westliche Schöberspitze kann man auch auslassen: Man erspart sich aber nur ca. 15 Höhenmeter.

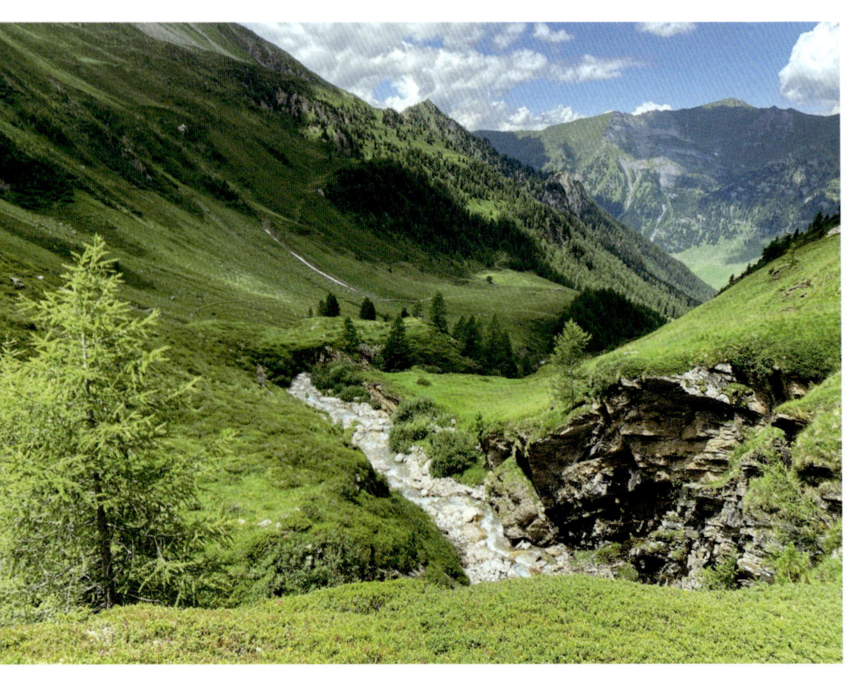

Der Wildlahnerbach hat sich teils ein tiefes Bett gegraben

Anfahrt: Auf der Brennerautobahn nimmt man die Ausfahrt Matrei und fährt auf der Bundesstraße weiter Richtung Brenner. In Stafflach biegt man links ab, kommt durch St. Jodok und weiter ins Schmirntal. In diesem geht's bis Toldern, wo man rechts Richtung *Wildlahner* abbiegt. Kurz darauf teilt sich die Straße. Es führen aber beide Möglichkeiten zum Parkplatz. Die rechte ist etwas länger asphaltiert. Gatter sind bei beiden Varianten vorhanden, die man nach der Durchfahrt wieder schließen muss. Schließlich fährt man ein kurzes Stück auf einem Forstweg bis zum Parkplatz.

Zum Ramsgrubner See: Anfangs folgt man einem Forstweg Richtung *Ramsgrubner See*. Der Weg führt bald als Karrenweg den Hang entlang über schöne Bergwiesen weiter ins Tal hinein. Zwischendurch kommt man durch Lärchenwald. Es geht immer weiter, den Hang querend, aufwärts. Die Grundrichtung nach Osten behält man bei. Begleitet wird man vom Pfeifen der hier recht häufigen Murmeltiere. Man gelangt schließlich zu einem Kamm, der auf der anderen Seite einen wunderbaren Blick in den *Kaserer Winkel* freigibt. Nun führt der Weg Richtung Süden weiter den Hang aufwärts. Dabei fällt der krasse Unterschied auf, der zwischen der schönen grünen Wiese, wo ein paar Schafe friedlich grasen, und den dahinter liegenden felsigen Schöberspitzen besteht. Dann tut sich unvermittelt ein wunderbarer Blick auf den Ramsgrubner See auf, der einzigartig in das Bergpanorama eingebettet ist. Um ihn zu erreichen, geht es ein paar Höhenmeter abwärts. Der kleine See erfreut das Auge mit seinem klaren Wasser, in dem sich die grauen Schöberspitzen spiegeln.

Auf die Westliche Schöberspitze: Der Weiterweg auf die Schöberspitze schaut alles andere als problemlos aus, da er so abweisend wirkt. Er entpuppt sich allerdings als harmlos. Mit wunderbarem Panorama geht es immer weiter aufwärts, bis man das Joch erreicht. Ab hier ist der Weg auf die Schöberspitze nicht mehr so eindeutig zu erkennen. Er ist aber gut markiert, sodass man nur nach den rot-weiß-roten Markierungen Ausschau halten muss, die den Felshang entlang zum Gipfelkreuz führen. Für die Aufstiegsmühen wird man dann mit einem wunderbaren Gipfelpanorama belohnt.

Rückweg durch das Wildlahnertal: Abgestiegen wird zunächst zurück zum Joch. Dort folgt man dem Wegweiser *Wasserfall Spritzer*. Kurz darauf teilt sich der Weg, ohne dass man Wegweiser findet. Es gibt aber einen großen Stein, auf dem rot ein paar Pfeile mit Infos gemalt sind. Wir folgen dem Pfeil *Wildlahner* abwärts. Da es sich um einen selten begangenen Weg handelt, ist er nicht immer eindeutig zu erkennen, da manchmal

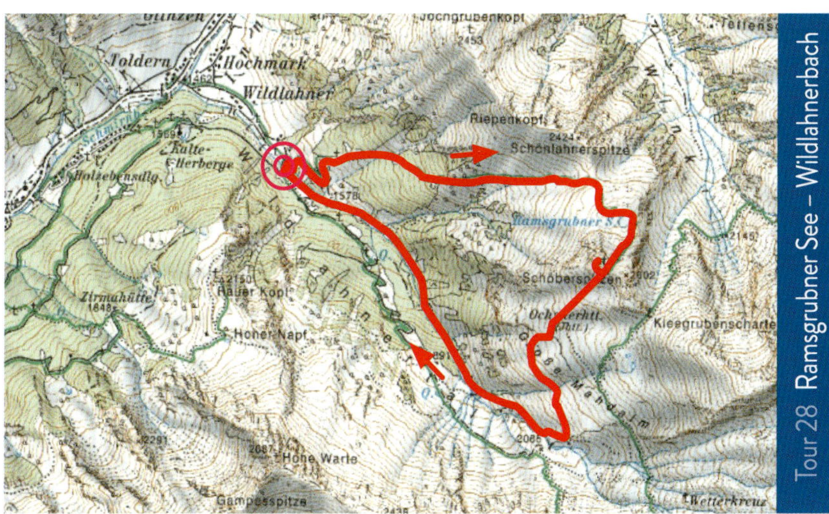

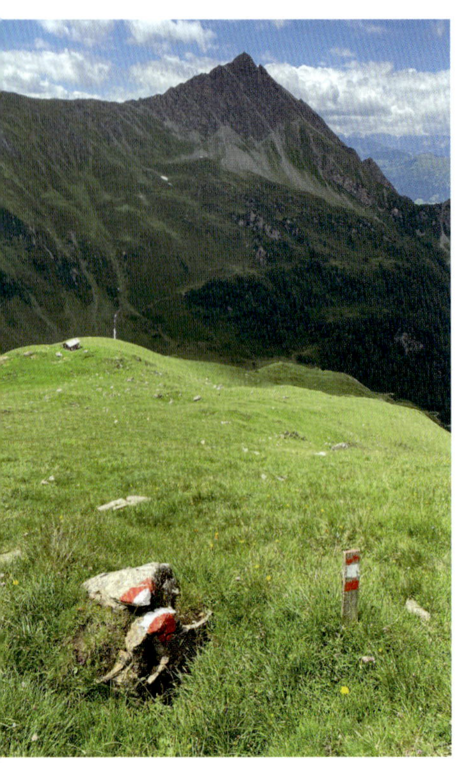

Markierungen beim Abstieg mit der Jagdhütte als Ziel und Hoher Warte im Hintergrund

nur schwache Spuren des Pfades vorhanden sind. Aber man braucht nur nach den rot-weiß-roten Markierungen Ausschau halten. Über schöne Bergwiesen geht es abwärts, wobei man eine kleine Jagdhütte anpeilt, auf der ebenfalls eine Markierung angebracht ist. Nach der Hütte behält man zuerst die Richtung bei, wobei es teils recht steil in saftigen Wiesen abwärts geht. Immer wieder sind kleinere Rinnsale zu überqueren. Sobald man in der Ferne die Staumauer des Wildlahnerbaches sieht, peilt man diese an. Mit Blick auf Olperer und Fußstein im Hintergrund und schmalen Bächen mit kleinen Wasserfällen im Vordergrund geht es zur Staumauer. Nun führt der Steig direkt neben dem Bach talauswärts. Teils geht man auf der Höhe des Baches, teils hört man ihn nur – überall dort, wo er sich ein tiefes Bett gegraben hat. Schließlich erreicht man ein farbenprächtiges Plätzchen: Mehrere kleine Bäche fließen über eine saftige Wiese und stürzen dann als kleine Wasserfälle über eine rote Felskante in die Tiefe. Ob das wohl die am Joch angekündigten Spritzer sind? Bei einem einzelnen Wegweiser folgt man der Richtung *Rundwanderweg Isse-Alm*. Immer den Hang neben dem Bach querend, geht man auf dem anfangs teilweise sehr schmalen Steig. Schließlich wird er breiter und wird bald darauf zu einem schmalen Forstweg, den die Bauern brauchen, um die schönen Bergwiesen auf der Wildlahneralm (auch Isse-Alm genannt) mähen zu können. In ein paar Kehren führt dieser schmale Weg recht steil bergab und geht dann in einen Karrenweg über. Bei einem Zaun zweigt man rechts in einen Bergpfad ab, der zu einer Holzbrücke über den Wildlahnerbach führt. Zum Schluss folgt man einem Forstweg neben dem Bach. Es geht recht flach talaus und nach einer weiteren Brückenüberquerung zum Parkplatz.

29 Wolfsklamm – St. Georgenberg

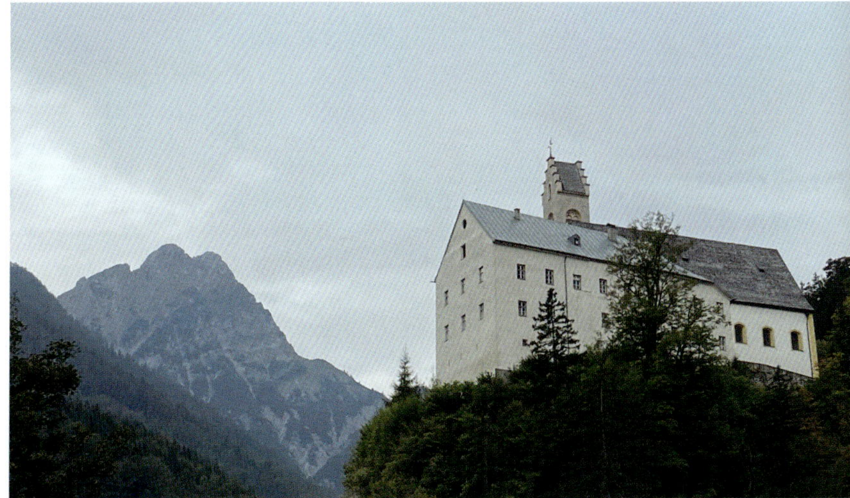

Das wunderschön gelegene Kloster St. Georgenberg

Über eine Unzahl von Stufen und kühn angelegten Holzstegen führt uns der Weg durch die Wolfsklamm. Begleitet wird man dabei vom Getöse und Rauschen des Baches, der sich über die Jahrtausende seinen Weg durch den Fels gebahnt hat. Der krönende Abschluss der Tour ist ein Abstecher nach St. Georgenberg: Tirols ältestem Wallfahrtsort, wo es sich auch gut einkehren lässt.

Anfahrt: Inntalautobahn Ausfahrt Schwaz – Stans

Ausgangspunkt: gebührenpflichtiger Parkplatz Wolfsklamm (575 m)

Route: Wolfsklamm – St. Georgenberg – Weng – Parkplatz

Höchster Punkt: 898 m (St. Georgenberg)

Km, Hm: 7 km, 390 Hm

Dauer: 3 – 3 ¼ Stunden

Voraussetzungen: Trittsicherheit, Schwindelfreiheit

Gebühren: Parkgebühr, Maut für Klammbegehung

Öffnungszeiten: 31. Mai – 31. Oktober

Einkehrstationen: Wirtshaus in St. Georgenberg, einige Lokale in Stans

Tipp: Die Klamm kann nur bergwärts begangen werden. Die Kirche in St. Georgenberg ist ein bekanntes, sehenswertes Ziel für Wallfahrten.

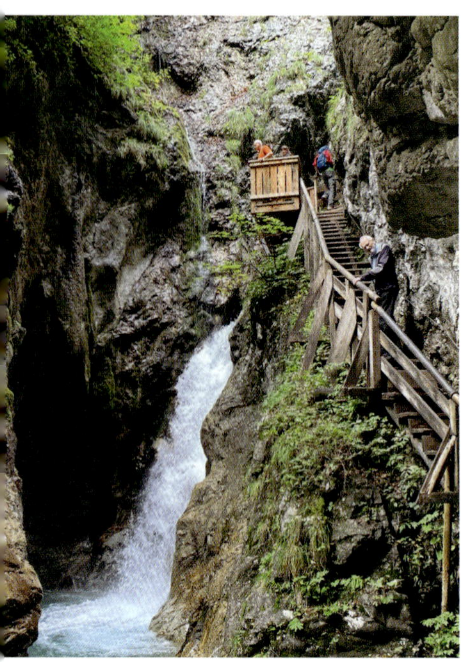

Steig zur Aussichtsplattform

Anfahrt: Anfahrt über die Inntalautobahn bis zur Ausfahrt Schwaz und weiter nach Stans. Dort leitet dann ein grünes Schild *Wolfsklamm, St. Georgenberg* auf den gebührenpflichtigen Parkplatz der Wolfsklamm. Gleich beim Parkplatz ist auch angeschrieben, ob die Klamm geöffnet ist.

Durch die Wolfsklamm: Zuerst geht es die Straße entlang ein Stück weiter ins Tal hinein bis zur Mautstelle. Hier sind die Mautgebühren zu entrichten, die für die Erhaltung der Klamm verwendet werden. Bald zweigt rechts ein kleiner Bergweg ab, der in die *Wolfsklamm* führt. Anfangs hört man zwar das Wasser des Baches rauschen, sieht ihn aber nicht wirklich. Über Wurzeln, Stufen und Holzbrücken geht es immer weiter aufwärts.

Schließlich gelangt man zu einem kühn angelegten Holzsteig, der oberhalb des Baches verläuft. Er schmiegt sich an den Felsen und lässt oberhalb nur wenig Platz frei, so dass man teilweise seinen Kopf einziehen muss.

Ein Blick in die Tiefe auf den wunderbar blauen Bach zahlt sich immer wieder aus. Je weiter man raufkommt, desto schmäler wird der Bach, der sich seinen Weg durch die Klamm bahnt. Es gibt auch zwei Aussichtsplattformen, von denen man die Wasserfälle gut beobachten kann. Der Weg führt über Brücken, Stiegen und sogar durch einen kurzen Tunnel. Auf der anderen Seite des Tunnels sieht man dann eine Geschiebesperre, die das Ende des Weges durch die Wolfsklamm bildet.

Aber zuvor kann man noch bei einer weiteren Brückenüberquerung beobachten, wie das Wasser in einem kleinen Tosbecken wie in einem Hexenkessel sprudelt.

Nach ein paar weiteren Stiegen erreicht man den Forstweg, der ein Stück auf der Höhe des Baches entlangführt. Kurz nachdem man bei vielen Steinmandeln vorbeigekommen ist, erreicht man das Ende der offiziellen Wolfsklamm-Strecke.

St. Georgenberg: Bei einer Brücke könnte man dann gleich den Weg ins Tal einschlagen. Aber ein Ausflug zum Kloster St. Georgenberg, dem ältesten Wallfahrtsort Tirols, zahlt sich nicht nur wegen des Gasthofs aus. Auch die Kirche ist einen Besuch wert. An einigen Kreuzwegstationen führt der Weg bequem weiter bergauf, wobei man immer wieder einen schönen Blick auf das Kloster hat. Schließlich geht es über die Hohe Brücke, ein aus Holz gebautes Meisterwerk. Dann ist es auch nicht mehr weit, bis man St. Georgenberg erreicht und eine Erholungspause einlegen kann.

Abstieg: Zurück geht man zuerst den gleichen Weg, bis man bei der zweiten Brücke auf den Wegweiser *Rundwanderweg Stans über Weng* trifft. Hier verlässt man den Aufstiegsweg und folgt dem Wegweiser Richtung Weng. Zuerst geht man ein paar Höhenmeter bergauf, aber dann endgültig bergab. Der Weg verläuft im Wald und führt an einigen Kreuzwegstationen vorbei. Sobald sich der Wald lichtet, nimmt man den Weg nach *Stans*. Zum Schluss wird man wieder vom Geplätscher eines Baches begleitet, ehe man zu den ersten Häusern von Stans kommt. Bald zweigt links ein kleiner Weg Richtung *Wolfsklamm* ab. Kurz darauf erreicht man ein paar Häuser, biegt aber gleich wieder links in einen kleinen Steig ab (hölzerner Wegweiser, wo Wolfsklamm nur mehr schwer zu lesen ist). Dieser Pfad führt zu einer Holzbrücke und kurz darauf hat man auch schon den Parkplatz erreicht.

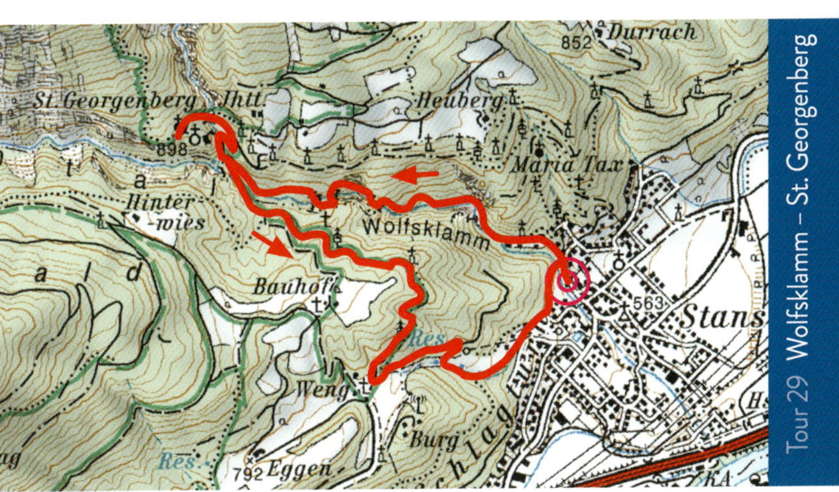

30 Achensee

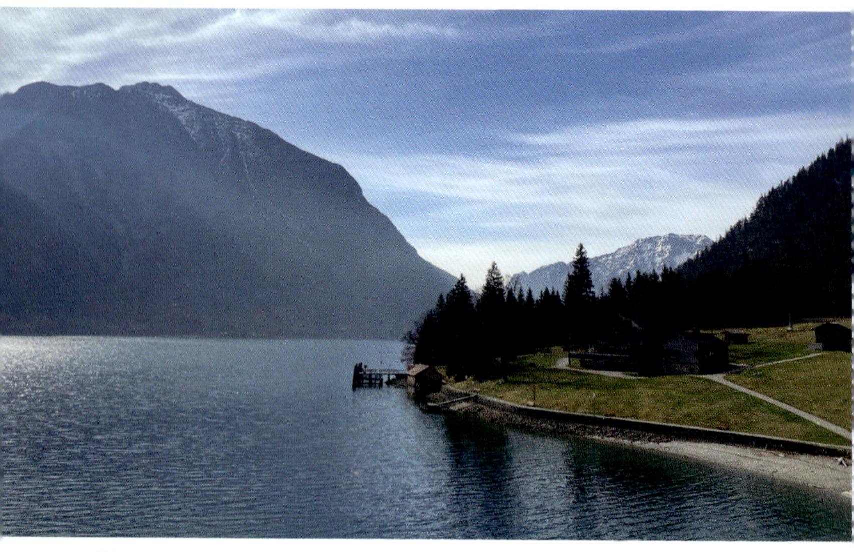

Blick nach Süden zurück auf die wunderschön gelegene Gaisalm

Unterwegs am wilden Westufer des größten Sees in Tirol. Ein sehr abwechslungsreicher Weg führt von Pertisau nach Achenkirch und wartet mit spektakulären Ausblicken auf. Hinter dem türkisgrünen Wasser des Achensees erheben sich die dunklen Flanken des Rofan. Anschließend geht es bequem mit dem Schiff zurück zum Ausgangspunkt.

Anfahrt: Inntalautobahn Ausfahrt Wiesing/Achensee – Maurach – Pertisau

Ausgangspunkt: Parkplatz beim Strandbad in Pertisau (940 m)

Route: Pertisau – Gaisalm – Achensee – Schiffsanlegestelle Scholastika – Pertisau (mit dem Schiff)

Höchster Punkt: 974 m (nach der Gaisalm)

Km, Hm: 8,5 km, 160 Hm

Dauer: 2 ½ – 2 ¾ Stunden

Ausrüstung: Schwimmsachen (Achtung, See sehr kalt!)

Voraussetzungen: Trittsicherheit, Schwindelfreiheit

Beste Jahreszeit: Mai – September

Gebühren: Parkplatz, Schifffahrt

Einkehrstationen: Gaisalm (938 m): geöffnet Mai – September; oder einige Lokale in Pertisau und Achensee

Tipp: Das Schiff legt auch bei der Gaisalm an, sodass man bereits von dort zurückfahren kann. Ebenso ist es möglich, eine Runde um den Achensee zu gehen.

Anfahrt: Auf der Inntalautobahn bis zur Ausfahrt Wiesing/Achensee und auf der Bundesstraße in einigen Kehren weiter zum Achensee. In Maurach biegt man nach Pertisau ab und fährt am Achensee entlang, bis man zum gebührenpflichtigen Parkplatz beim Strandbad kommt. Der *Uferweg Gaisalm* ist bereits vorher angeschrieben.

Entlang des Achensees zur Gaisalm: Da sich der Einstig zum Uferweg (auch Mariensteig genannt) bei der Werft befindet, geht es zuerst auf der Straße weiter, am Strandbad und schließlich an der Werft vorbei zum See. Dort verjüngt sich die Straße und führt zunächst als Wanderweg recht flach das Ufer entlang. Immer wieder gibt es nette Sitz- oder Ruhegelegenheiten, von denen aus man jeweils einen wunderbaren Blick auf das türkisgrüne Wasser des Sees hat. Den ersten ausgesprochen netten Rastplatz (bei der *Prälatenbuche*) erreicht man recht schnell. Weiter geht es ein Stück den See entlang. Am Strand gibt es wunderbare Spielgelegenheiten, was an den vielen Steinmandeln zu erkennen ist.

Bald verjüngt sich der Weg nochmals und führt als Steig in leichtem Auf

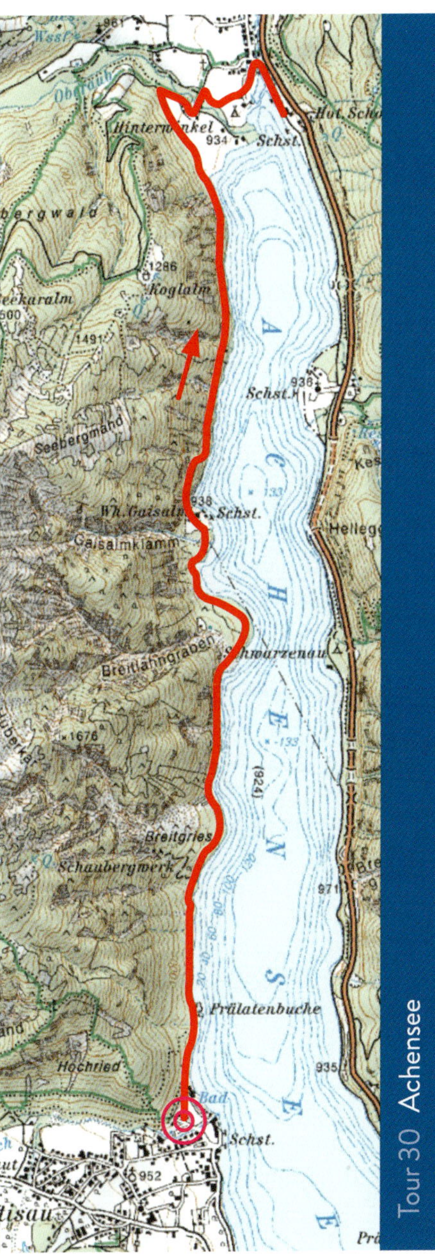

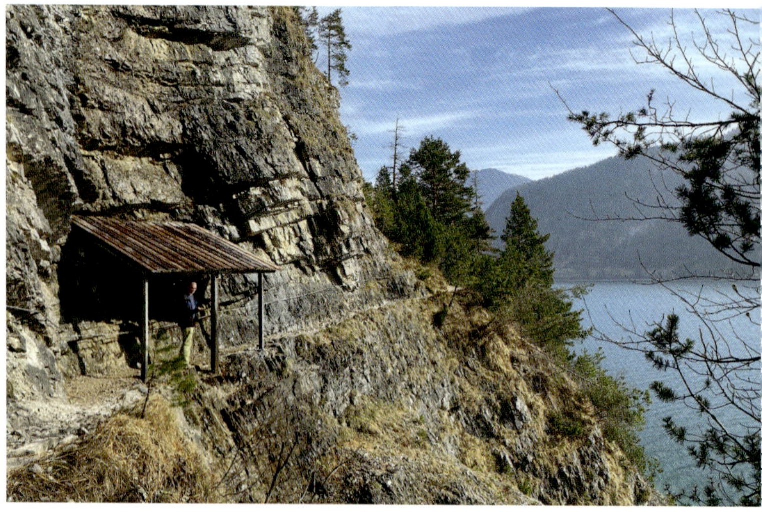

Einer der Wasserfälle plätschert auf das Dach, das den Wanderweg schützt

und Ab weiter. Die Wanderung ist unglaublich abwechslungsreich, man geht gelegentlich direkt am Strand, dann wieder weiter oben den See entlang. Deshalb wird auch Trittsicherheit und Schwindelfreiheit verlangt. Wo der schmale Weg recht hoch, direkt über dem Seeniveau liegt, ist er mit Drahtseilen abgesichert. Immer wieder kommen kleinere Gräben von den Bergen herab. Bei einigen davon sind im Frühjahr bei Schneeschmelze auch Wasserfälle zu sehen. Bei einem solchen Wasserfall gibt es sogar ein kleines Dach, damit die Wanderer nicht nass werden. Die Gräben sind gut über Bretter oder Brücken passierbar. Auch Schotterreißen gibt es zu überqueren, von denen manche am See nette Rastmöglichkeiten bieten, wo die Möglichkeit zum Schwimmen gegeben ist. Es gibt auch einige Stellen, wo der Fels aus der steilen Wand weggesprengt werden musste, um den Wanderweg anlegen zu können. Bei all der Abwechslung sollte man nicht verabsäumen, immer wieder einen Blick auf den See und das dahinter liegende Rofangebirge zu werfen. Es ergeben sich viele großartige Ausblicke.

Kurz bevor man zur Gaisalm kommt, weitet sich das Ufergebiet und der Weg führt etwas weiter vom See weg durch den Wald. Schließlich erreicht man die Gaisalm, die zu einer längeren Rast einlädt. Sie liegt wunderschön auf einer Wiese direkt am See, hat eine eigene Schiffsanlegestelle und auch nette Spielmöglichkeiten für Kinder.

Über den Gaisalmsteig ans Nordufer des Sees: Sobald man die Gaisalm verlässt, wird der Weg (nun als Gaisalmsteig bezeichnet) um einiges anstrengender. Er führt über viele Stufen den recht steilen Hang aufwärts und ist zunächst sehr gut mit einem Geländer abgesichert. Das ist auch fein, weil der Fels gleich neben dem Steig steil zum See abfällt. Er ist recht anregend zu gehen und führt immer dem Ufer entlang. Es gibt immer wieder Stellen, wo man glaubt, dass der Weg aufhört und direkt ins Wasser führt. Erst wenn man näher kommt, sieht man, dass Stufen abwärts führen. Teilweise hat man den Eindruck, an einer steilen Felsküste irgendwo am Meer zu sein. Wenn die Sonne aufs Wasser scheint, spiegelt es in den schönsten Farben.

Ein sehr kurzer Umweg führt zur Gedenktafel für den Erbauer des Mariensteiges.

Dort, wo man auf der anderen Seite des Sees ein großes Gebäude erkennen kann, liegt das Endziel, da sich die Schiffsstation *Scholastika* gleich neben diesem Gebäude befindet. Aber bis dorthin ist noch ein gutes Stück zu gehen. Der Steig ist bald zu Ende und es geht auf einem gemütlichen Weg weiter.

Zur Schiffsanlegestelle Scholastika: Sobald man das Nordende des Sees erreicht, muss man einen Bauernhof großflächig umrunden. Dann geht es rechts einen Bach entlang Richtung *Achensee*. Bald ist auch schon die *Schiffsanlegestelle* angeschrieben. Am Campingplatz und schließlich an einem schön angelegten Kinderspielplatz vorbei gelangt man zum Ostufer und geht noch ein kurzes Stück bis zur Schiffsanlegestelle *Scholastika*. Von dort geht es dann per Schiff über den größten See Tirols zurück nach Pertisau. Bei der Überfahrt kann man das Auf und Ab des Weges entlang des Westufers nochmals gut erkennen und die Wanderung gemütlich nacherleben.

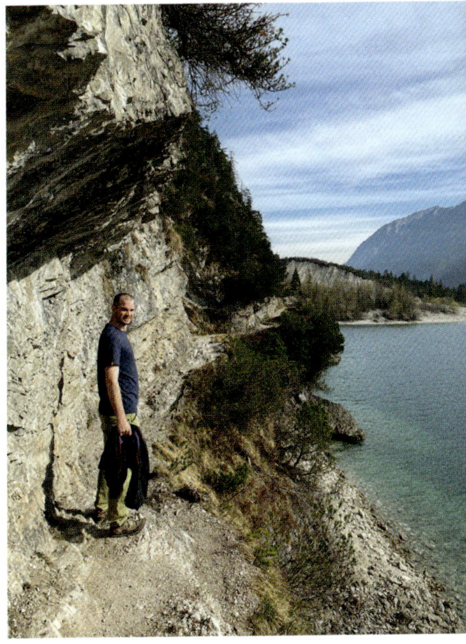

Teilweise mussten Felsen weggesprengt werden, damit für den Wanderweg Platz ist

31 Dalfazer Wasserfall

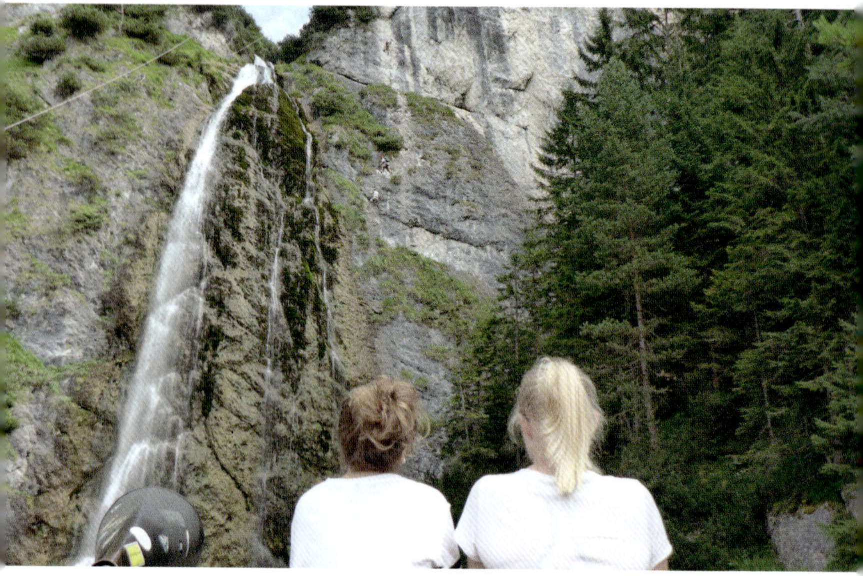

Von der Plattform aus lassen sich Klettersteiggeher beobachten.

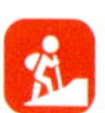

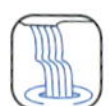

Dieser kurze, aber knackige Klettersteig beim Dalfazer Wasserfall hat es in sich. Wer so eine Herausforderung nicht braucht, kann eine einfache Wanderung zum Wasserfall machen und Klettersteiggeher von einer Plattform aus bewundern. Auch die Aussicht auf den Achensee ist bei dieser Wanderung immer wieder beeindruckend.

Anfahrt: Inntalautobahn Ausfahrt Achensee – Maurach– Buchau
Ausgangspunkt: Parkplatz beim Hotel Buchau Familienresort (940 m)
Route: Dalfazer Wasserfall – Klettersteig – Parkplatz
Höchster Punkt: 1270 m (nach dem Klettersteig)
Km, Hm: 3,2 km, 350 Hm
Dauer: 1 ¼ (Zustieg: 25 Minuten; Klettersteig: 20 Minuten; Abstieg: 30 Minuten)
Schwierigkeitsgrad KS: D
Ausrüstung: für den Klettersteig komplette Klettersteigausrüstung (Gurt, Klettersteigset, Helm, evtl. Handschuhe)
Voraussetzungen: Trittsicherheit, Schwindelfreiheit, Erfahrung mit Klettersteigen

Beste Jahreszeit: Frühjahr – Herbst
Gebühren: Parkgebühr
Einkehrstationen: unterwegs keine, in Pertisau einige
Tipp: Weiterweg auf die Dalfazalm (1692 m), vom Klettersteigende aus ca. 400 Hm. Die Wanderung zum Wasserfall ohne Klettersteig ist auch beeindruckend!

Anfahrt: Auf der Inntalautobahn bis zur Ausfahrt Achensee und dann auf der Bundesstraße weiter zum Achensee. Dort fährt man durch Maurach durch und weiter bis Buchau. Geparkt wird am gebührenpflichtigen Parkplatz beim Hotel Buchau Familienresort, das sich auf der rechten Seite der Bundesstraße befindet.

Zum Dalfazer Wasserfall: Man beginnt die Wanderung, indem man die Straße hinter dem Hotel entlanggeht. Bald darauf sieht man auch schon die gelben Wegweiser: Richtung *Dalfazer Wasserfall.* Die Straße geht bald als Forstweg weiter. Kurz darauf hat man die Wahl, ob man bequem am Forstweg weiter aufwärtswandert oder lieber dem Steig zum Dalfazer Wasserfall folgt. Wer den Steig nimmt, geht in schön schattigem Wald bergauf und überquert dabei einige Mal den Forstweg. Allerdings sollte man den breiteren Weg nicht versäumen, der links vom Forstweg abzweigt. Wenn man diesem folgt, kommt man direkt zur Aussichtsplattform vor dem Wasserfall. Wer diese Abzweigung versäumt und den Steig weiter aufwärtsgeht, muss dann wieder ein paar Höhenmeter abwärts, um zur Plattform zu gelangen. Von dieser aus hat man einen wunderbaren Blick auf den Wasserfall und kann rechts davon auch die Klettersteiggeher gut beobachten.

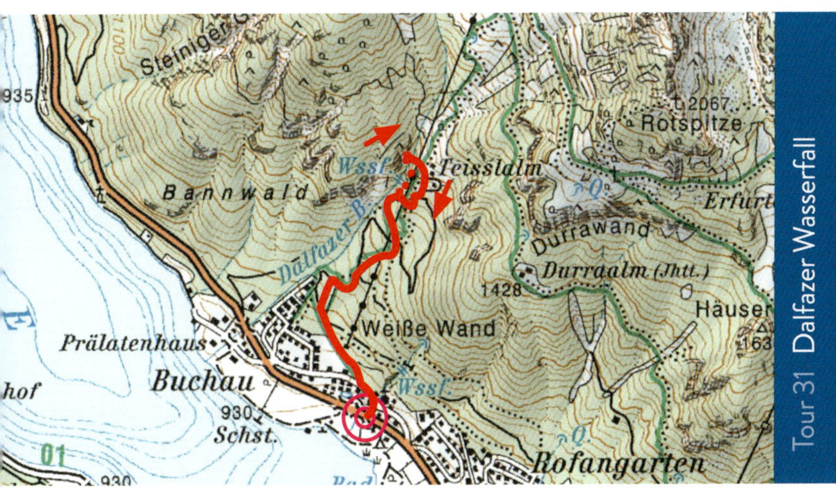

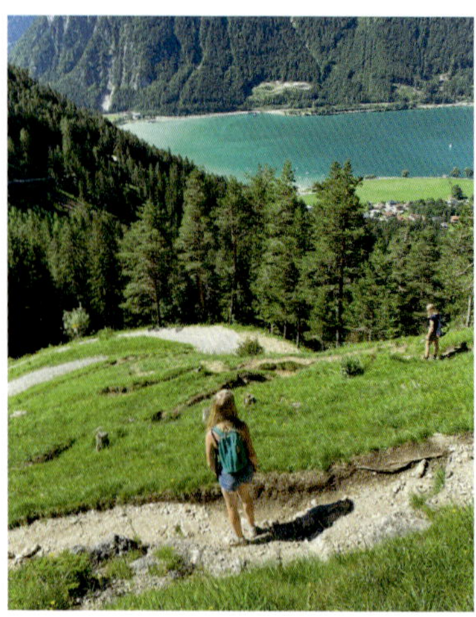

Schöner Blick auf den Achensee beim Rückweg

Zum Dalfazer Klettersteig: Der Zustieg zum Klettersteig befindet sich auf einem schmalen Pfad, der recht steil zur Wand hinaufführt. Kurz bevor man diese erreicht, sollte man auf alle Fälle die Klettersteigausrüstung anlegen. Dann geht auch schon die Kraxelei los. Man startet recht einfach über eine Rampe (B/A), anschließend geht es die Wand steil bergauf (C). Es folgt eine kurze leichtere Passage, bei der man sich etwas erholen kann (A). Dann kommt die wirkliche Herausforderung (C/D, D). Nachdem man durch eine steile Rinne aufgestiegen ist (D), wird es auch wieder leichter (C/A) und nach einer B-Stelle klingt der Klettersteig mit einigen A-Stellen aus. Entlang desselben findet man immer wieder kleine Metallplatten mit Nummern. Falls man einen Unfall hat, ist es sehr hilfreich, wenn man beim Notruf die nächstgelegene Nummer durchgibt.

Auf Steigspuren geht es dann im Wald recht steil weiter bergauf, bis man einen Stacheldrahtzaun erreicht. Diesen muss man überqueren, was bei einem großen Stein am besten geht. Es gilt aber aufzupassen, dass man sich an diesem Zaun nicht verletzt.

Abstieg: Vom Ausstieg aus sind es noch ca. 400 Höhenmeter bis auf die schön gelegene Dalfazer Alm. Wer diese nicht besuchen will, folgt dem Steig abwärts. Während des Abstiegs hat man immer wieder einen wunderbaren Blick auf den größten See Tirols, auf den Achensee. Auch Bänke laden dazu ein, bei einer Rast den Blick auf den See zu genießen. So kommt man dem Forstweg entlang direkt zurück ins Tal. Es zahlt sich aber aus, zur Plattform zurückzugehen, um nochmals den Wasserfall zu bestaunen und zuzuschauen, wie sich andere Klettersteiggeher in den steilen Passagen abmühen. Anschließend geht es bequem den Weg gleich hinter der Plattform zurück Richtung *Zum See – Buchau.*

Zum Schluss hat man wieder die Wahl, ob man lieber gemütlich dem Forstweg entlang zum Ausgangspunkt geht oder dem Steig ins Tal folgt.

32 Talbach

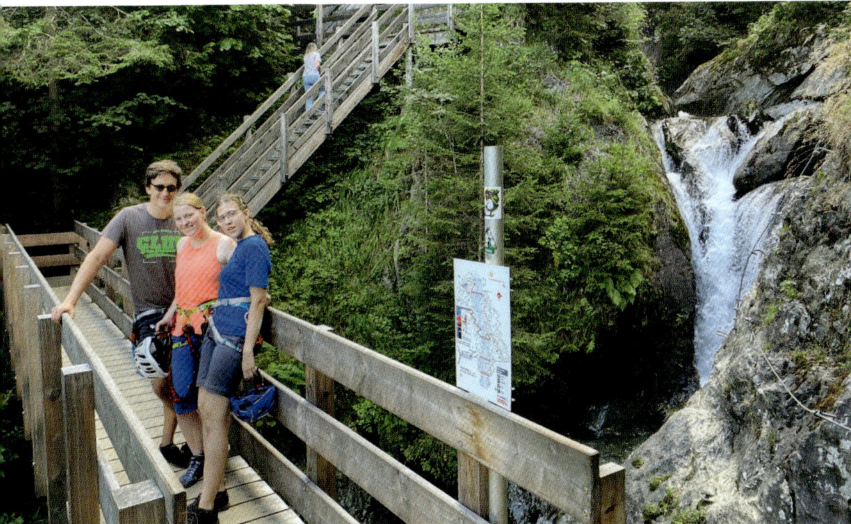

Beim Rückweg auf der Holzbrücke

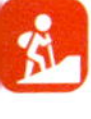 

Der Talbach-Klettersteig ist sehr schön angelegt und gut abgesichert. Im Sommer wartet er mit einer feinen kühlen Brise auf, da er direkt am Bach bzw. am Wasserfall entlanggeht. Der Trainings-Parcours am Einstieg ermöglicht es einzuschätzen, welche Schwierigkeit man sich zumuten kann. Auch vom Abstieg aus kann man dann immer wieder den Wasserfall und die Klettersteiggeher bewundern.

Anfahrt: Inntalautobahn Ausfahrt Zillertal – Zell am Ziller – Laimbach
Ausgangspunkt: Parkplatz beim Jausenstüberl (650 m)
Route: Talbach-Klettersteig – Wanderweg zurück – Parkplatz
Höchster Punkt: 765 m
Km, Hm: 2,4 km, 130 Hm
Dauer: 1 Stunde 20 Minuten (Zustieg: 5 Minuten, Klettersteig: 1 Stunde, Abstieg: 15 Minuten)
Schwierigkeitsgrad KS: C/D
Ausrüstung: für den Klettersteig komplette Klettersteigausrüstung (Gurt, Klettersteigset, Helm, evtl. Handschuhe)

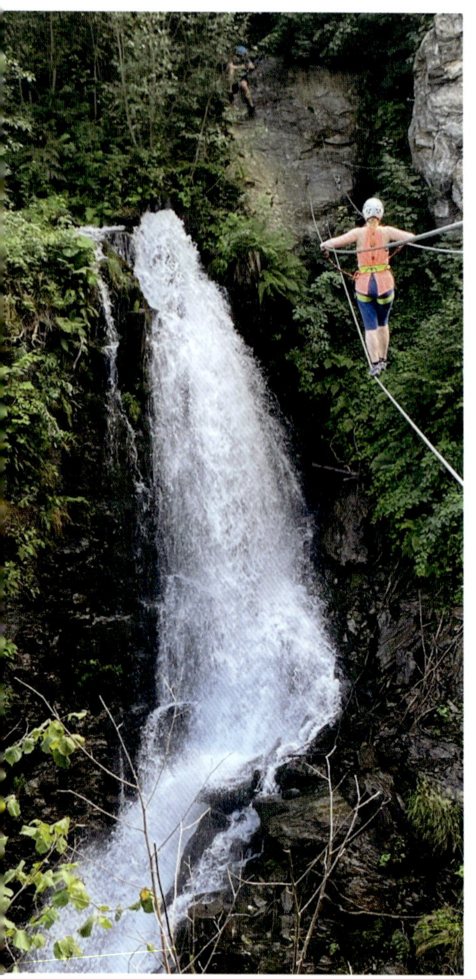

Die obere Seilbrücke direkt vor einem Wasserfall

Voraussetzungen: Trittsicherheit, Schwindelfreiheit, Erfahrung mit Klettersteigen
Öffnungszeiten: 31. Mai – 31. Oktober
Gebühren: keine
Einkehrstationen: Jausenstüberl Talbach

Tipp: Wer den Klettersteig nicht gehen will, kann den Abstiegsweg rauf und runter wandern. In der Nähe des Jausenstüberls gibt es auch einen Parcours zum Bogenschießen.

Anfahrt: Auf der Inntalautobahn fährt man bis zur Abfahrt Zillertal und dann weiter nach Zell am Ziller. Dort quert man im Ortszentrum den Zillerbach und auf der anderen Seite der Brücke geht es nach links Richtung Süden bis Laimbach. Dort ist gleich nach der Brücke über den Talbach ein großes Schild, das den Weg zum *Erlebnissteig Talbach-Wasserfall* und zum *Talbachstüberl* anzeigt. Man fährt die Straße entlang aufwärts, am Jausenstüberl Talbach vorbei, auf den gleich dahinter liegenden Parkplatz.

Talbach-Klettersteig: Nun geht es zu Fuß am Parcours zum Bogenschießen vorbei. Direkt am Bach befindet sich die erste Seilbrücke, die zu überwinden ist, um auf die andere Bachseite zu kommen. Die Seilbrücke (B) schwingt etwas und darf nur einzeln betreten werden!

Nachdem man ein kurzes Stück geht, beginnt ein Trainings-Parcours, der mit dem leichtesten Schwierigkeitsgrad – A – anfängt und sich bis zum Schwierigkeitsgrad D/E steigert. Die D/E-Stelle ist zwar gut mit Klammern abgesichert, aber da sie überhängend ist, kostet sie viel Kraft. Der

Parcours ist so angelegt, dass man immer wieder aussteigen kann, wenn man seine Kräfte für den eigentlichen Klettersteig sparen will.

Weiter folgt man ein kurzes Stück den Weg entlang. Beim Holzzaun geht man abwärts und erreicht eine Brücke über den Talbach. Vor dieser Brücke setzt sich der Klettersteig fort. Nun führt er direkt am Wasserfall entlang, zuerst noch recht leicht (B), aber später wird er zunehmend schwieriger. Die schwierigsten Stellen sind zweimal C/D. Allerdings sind zwischen den zwei schweren Stellen wieder leichtere (C, B), sodass man seine Arme etwas entspannen kann. Kurz bevor man zur zweiten Seilbrücke kommt, wird der Weg ebenfalls wieder einfacher.

Lange Seilbrücke: Eine weitere Herausforderung ist die zweite Seilbrücke (B), die über den Bach auf die andere Seite führt. Sie ist nicht nur länger als die erste, nämlich satte 35 Meter, sondern auch viel höher. Auch diese Seilbrücke ist einzeln zu betreten! Sie ermöglicht einen eindrucksvollen Blick in die Tiefe. Auch die Sicht auf den Wasserfall ist gewaltig. Man wird vom Rauschen des Wassers begleitet, während man in schwindelnder Höhe über das Seil balanciert.

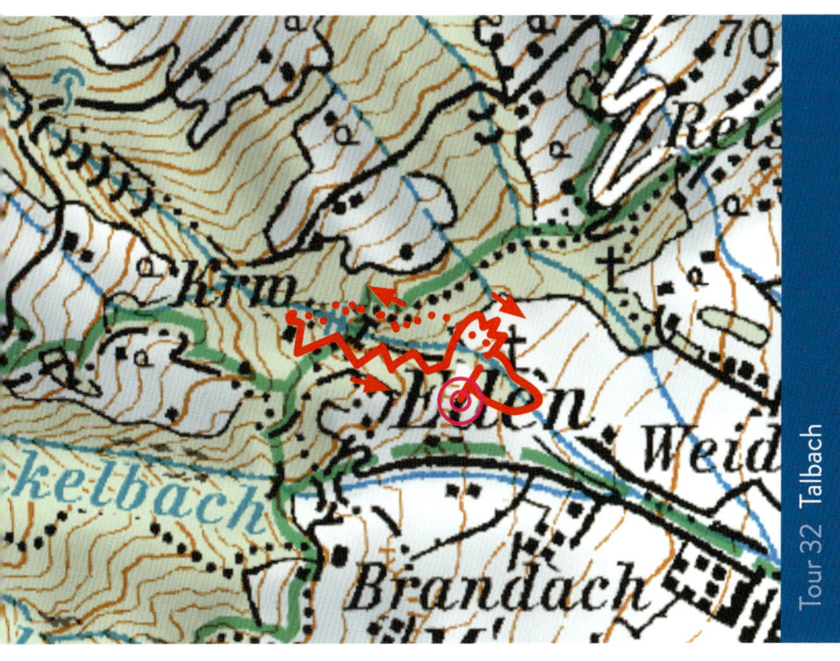

Wer die Brücke nicht machen will, findet kurz vorher einen Ausstieg nach rechts, von wo ein Weg zum Ausgangspunkt zurückführt.

Wer nach der Seilbrücke genug hat, kann ebenfalls nach einer kurzen B-Stelle die Tour abbrechen und über einen Wanderweg zurück zum Ausgangspunkt gelangen.

Wer noch Kraft und Lust hat, schafft auch noch das letzte Stück. Dafür folgt man gleich nach der Seilbrücke dem Stahlseil entlang nach rechts (C/D) und erreicht dann über weitere C-Stellen den endgültigen Ausstieg.

Abstieg: Für den Abstieg folgt man dem *Rundwanderweg Klettersteig Talbach* zurück ins Tal. So gelangt man in der Nähe des Baches über einen gut gesicherten Weg abwärts bis zur Holzbrücke, wo man in den zweiten Teil des Klettersteiges eingestiegen ist. Hier kann man meist noch andere Klettersteiggeher beobachten. Im Weiteren geht es dann kurz aufwärts, am Ausstieg des Trainingsparcours vorbei und dann wieder abwärts. Anschließend kann man entweder über die Seilbrücke oder auf dem Wanderweg noch ein paar Höhenmeter weiter abwärts bis zu einer Brücke gelangen und gleich anschließend die paar Höhenmeter aufwärts zurück zum Parkplatz gehen.

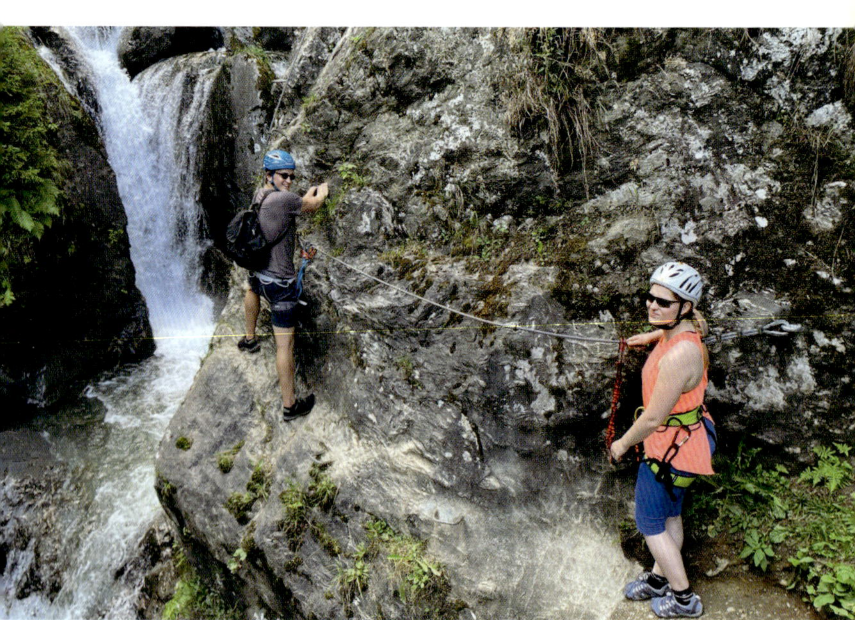

Eine leichte Kletterstelle direkt bei einem Wasserfall

33 Riederklamm

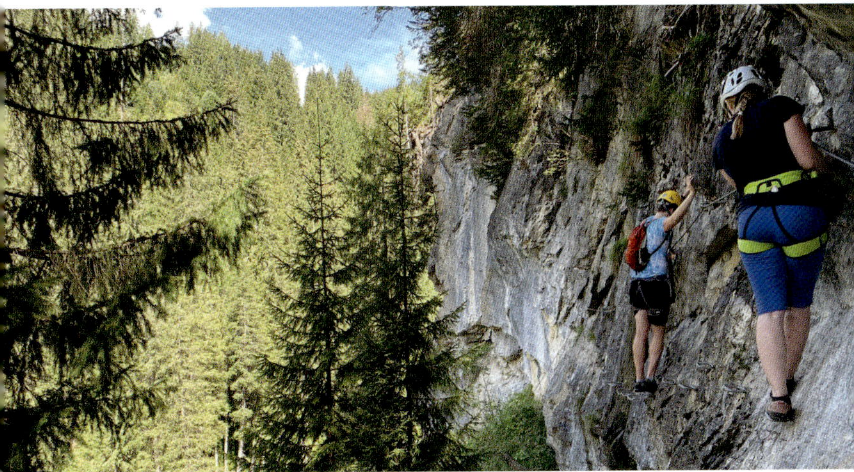

Viele Tritte machen die steile Wand begehbar

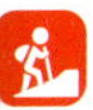  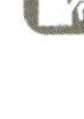

Dieser schön angelegte Klettersteig oberhalb der Riederklamm bietet im ersten Teil immer wieder einen schönen Blick auf den Riederbach mit seinen Wasserfällen. Dieser Teil ist auch weniger schwierig. Für den zweiten Teil braucht man schon einiges an Klettersteigerfahrung. Für Experten gibt es sogar eine E-Variante, in der man einen Überhang überwinden muss.

Anfahrt: Inntalautobahn Ausfahrt Zillertal – Zell am Ziller – Gerlos
Ausgangspunkt: Parkhaus Dorfbahn (1245 m)
Route: Waldesruh – Riederklamm-Klettersteig unterer Teil (B/C) – Riederklamm-Klettersteig oberer Teil (C-Variante bis E) – Wanderweg zurück zum Parkhaus
Höchster Punkt: 1440 m (nach dem Klettersteig)
Km, Hm: 2,8 km, 260 Hm

Dauer: 2 ¼ Stunden (Zustieg: 15 Minuten, Klettersteig: 1 ½ Stunden, Abstieg: ½ Stunde)
Schwierigkeitsgrad KS: C, Alternative bis E
Ausrüstung: für den Klettersteig komplette Klettersteigausrüstung (Gurt, Klettersteigset, Helm, evtl. Handschuhe)
Voraussetzungen: Trittsicherheit, Schwindelfreiheit, Erfahrung mit Klettersteigen

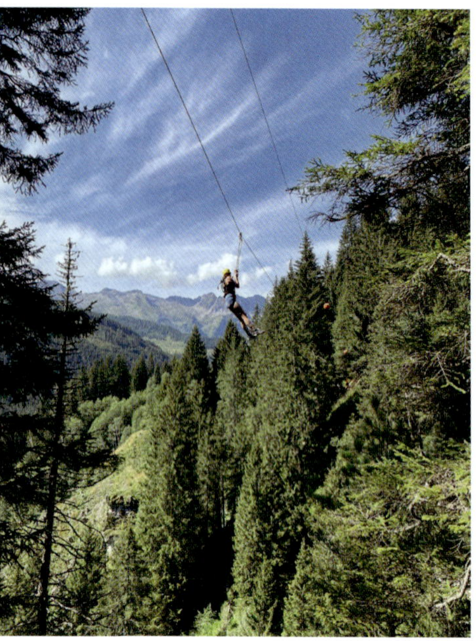

Guides ermöglichen es Kunden, mittels Flying Fox über die Schlucht zu sausen

Öffnungszeiten: Mitte Mai – Mitte Oktober
Gebühren: Parkgebühr
Einkehrstationen: unterwegs keine; in Gerlos einige
Tipp: Von der Plattform aus kann man zwei weitere kurze Klettersteige machen (Weiße-Wand-Klettersteig: B/C, Wasserfall-Klettersteig: C/D).

Anfahrt: Auf der Inntalautobahn fährt man bis zur Ausfahrt Zillertal und dann auf der Bundesstraße weiter nach Zell am Ziller. Dort biegt man Richtung *Gerlospass* ab und fährt zuerst in vielen Kehren aufwärts. Weiter geht es dann bis Gerlos. Im Ort, bevor man die Kirche erreicht, biegt man links ab und fährt zum *Parkhaus Dorfbahn* rauf.

Zustieg zur Riederklamm: Man wandert zur Hauptstraße runter, geht diese ca. 170 Meter nach rechts und erreicht eine Abzweigung, wo man einem gelben Wegweiser *Zustieg Erlebnisgarten Riederklamm* die Straße aufwärts folgt. Bald geht diese in einen schmalen Weg über, der zuerst noch asphaltiert ist. Nachdem der Weg zwischen zwei Häusern durchführt, erreicht man wieder eine Straße, die neben dem Riederbach aufwärts führt. Man folgt dem Schild *Klettersteig* ein paar Meter bis zum *Gästehaus Waldesruh* und geht dann den Weg weiter zur Staumauer. Dort biegt man rechts ab, folgt kurz einem Forstweg recht steil aufwärts und geht dann den Wiesenweg weiter bis zu einem Wasserspeicher. Dort ist eine Informationstafel mit den Topos der Klettersteige. Bevor man zur Plattform absteigt, ist der Helm aufzusetzen. Erreicht man die Plattform, hat man einen wunderbaren Blick runter auf den Riederbach und seine Wasserfälle. Entlang der länglichen Plattform sind drei Klettersteigeinstiege und vier Kletterrouten, die teils mit künstlichen Griffen versehen sind. Die vorderen zwei Klettersteige (Der Weiße-Wand-Klettersteig (B/C) und der Wasserfall-Klettersteig (C/D)) sind nur 60 Meter lang und werden hier nicht beschrieben.

Klettersteig mittlerer Teil (B/C): Man startet beim letzten Klettersteigeinstieg in die Riederklamm. Zuerst quert man eine Wand (A/B, B, B/C). Wer merkt, dass ihm der Klettersteig zu schwierig ist, hat anschließend die Möglichkeit, ihn über einen Notausstieg (A/B) zu verlassen. Dann kommt eine kurze Seilbrücke (A/B), die man nur einzeln betreten darf. Nach einer Querung eines steilen Grashanges (A) gelangt man zu einer weiteren Felswand, über die man hinaufklettert (B). Auch hier ist unterhalb in der Schlucht ein schöner Wasserfall zu sehen. Nach einer längeren Gehstrecke folgt man bei einer Abzweigung dem rot-weiß-roten Pfeil aufwärts. Wenn man hier ein eigenartiges Surren hört, so kommt das vom Flying Fox, wo man unter Aufsicht eines Guides 80 Meter über der Schlucht auf die andere Seite sausen kann. Schließlich stößt man wieder auf ein Stahlseil, das zur nächsten Wand leitet (A). Diese steile Wand quert man auf vielen Tritten (A/B, B). Unter einem davon fällt es recht steil in die Schlucht ab, in der der Bach rauscht. Um eine Kante herum und eine steile Wand aufwärts wird es dann etwas schwieriger (B/C), bevor es leicht zur Seilbrücke geht (A). Die 70 Meter lange Seilbrücke (A/B) umgeht einen recht brüchigen Hang, der zur Schlucht abfällt. Nach dieser Seilbrücke endet der erste Teil des Klettersteiges, für den man ca. eine Stunde braucht. Wer damit genug hat, kann hier den Ausstieg nehmen (A/B, A).

Klettersteig oberer Teil (C, Variante E): Der zweite Teil ist schwerer als der erste. Es sind auch nicht mehr so viele Tritte angebracht, sodass man

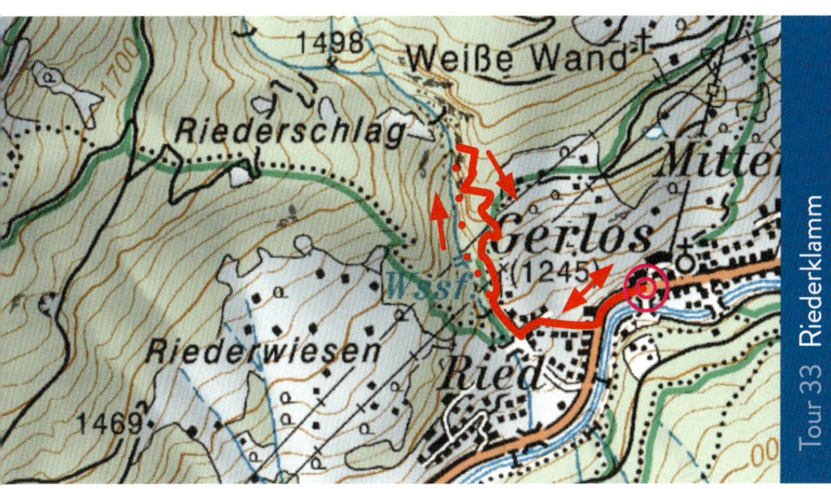

lange Beine braucht, um von einem Tritt zum nächsten zu gelangen. Anfangs geht es leicht abwärts (B, B/C) bis zu einem Bankerl. Von dort aus weiter hinunter, wobei ein fix angebrachtes Kletterseil beim Abklettern hilft. Anschließend klettert man eine Wand entlang (B/C, B). Der Ausstieg aus dieser Wand führt um eine Kante und dann abwärts zu einer Leiter. Er ist eine besondere Herausforderung (C). Gleich anschließend kann man sich dafür auf einer weiteren Bank ausruhen. In leichtem Gelände (A) geht es dann zum großen Finale des Klettersteiges. Eine steile Wand, die man entweder mittels einer schwingenden Sprossenleiter (B) oder über eine herausfordernde Variante mit Überhang (D, C/D, E, B/C) erklimmen kann. Anschließend quert man die Wand (B/C), geht um eine Kante (C) und gelangt zum Ausstieg (B, A).

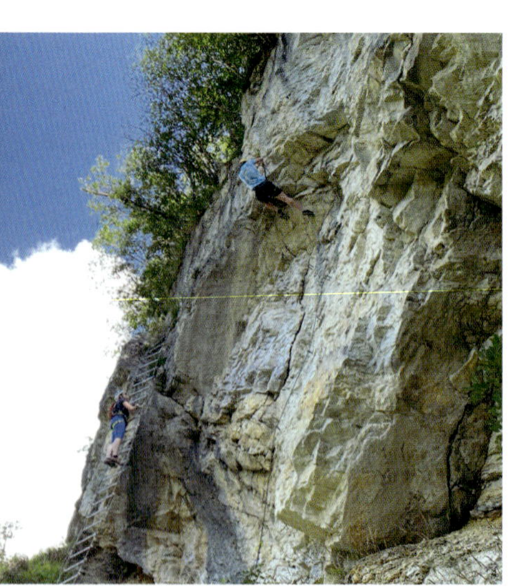

Hier hat man die Wahl die Wand mittels Leiter oder über einen Überhang zu bezwingen

Abstieg: Ist der Klettersteig zu Ende, folgt man den Trittspuren ein Stück bergauf, bis man zu einer Wegverzweigung kommt. Dort nimmt man den Steig abwärts, der rot-weiß-rote Markierungen aufweist (kein WW). Um auf dem offiziellen Abstiegsweg des Klettersteiges zu bleiben, zweigt man bei einem rot-weiß-rot markierten Stock auf der linken Seite des Weges ab, kurz bevor man in der Nähe der Seilbrücke ein Warnschild „Achtung Klettersteig Absturzgefahr" sieht. Dass der Weg abwärts viel ausgetretener ist, ist wohl ein Zeichen, dass viele den direkten Weg nehmen, der an der Abbruchkante zur Schlucht entlangführt. Nach wenigen unwegsameren Metern erreicht man einen schönen Wanderweg, der kurz aufwärts führt und dann auf einen Mast einer Hochspannungsleitung zugeht, der neben einer kleinen Holzhütte steht. Von dort geht es entweder mit wunderbarem Blick auf Bergwiesen oder durch Wald ins Tal. Dann kommt man noch zu einer unbeschilderten Abzweigung. Hier geht man abwärts, da der Weg rechts nur zum Startplatz des Flying Fox führt. Schließlich erreicht man den schon bekannten Weg. Um auf diesem zu bleiben, biegt man beim *Kupfnerhof* links ab und gelangt so zum Parkhaus zurück.

34 Schraubenfall

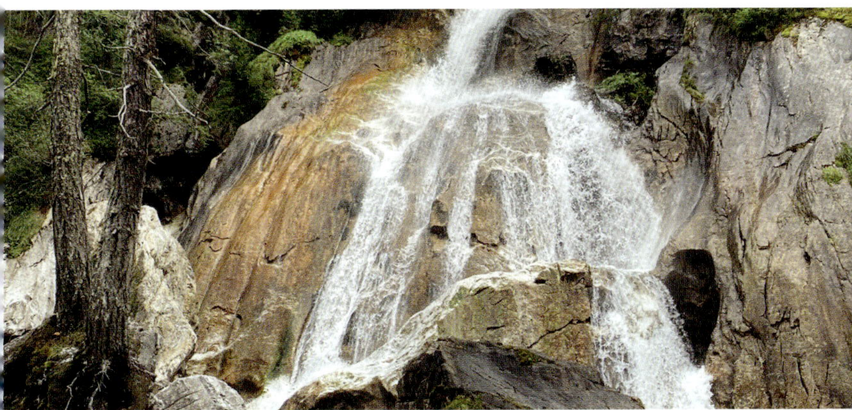

Einer der beiden Wasserfälle, die man bewundern kann.

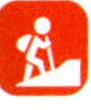 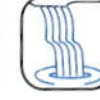

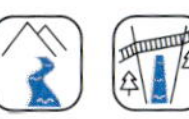

Diese schöne Runde erlaubt Einblicke in den Canyon des Schraubenfalls. Im unteren Teil kann man zwei Wasserfälle ganz aus der Nähe betrachten, im oberen Teil mächtige Wasserfälle aus der Ferne. Während man beim Aufwärtsgehen das Rauschen meist nur hört, kann man beim Hinuntergehen die Urkraft des Wassers ganz aus der Nähe beobachten. Man sieht wunderbare Felsformationen, die das Ergebnis der Arbeit des Wassers sind, das sich seit Jahrtausenden seinen Weg durch das Gestein gebahnt hat.

Anfahrt: Inntalautobahn Ausfahrt Zillertal – Hintertux – Hintertuxer Gletscher
Ausgangspunkt: Parkplatz Hintertuxer Gletscher (1499 m)
Route: Wasserfallweg – Waldeben – Parkplatz
Höchster Punkt: 1778 m
Km, Hm: 3,8 km, 280 Hm
Dauer: 1 ¾ – 2 Stunden
Voraussetzungen: keine besonderen

Beste Jahreszeit: Sommer – Herbst
Gebühren: keine
Einkehrstationen: unterwegs keine; mehrere Möglichkeiten in Hintertux
Tipp: Die Talstation ist auch Ausgangspunkt der Themenwanderung „Wasserwelt“ Tux, die an einigen Stationen die Kraft und Wandelfähigkeit des Wassers beschreibt und anschaulich macht.

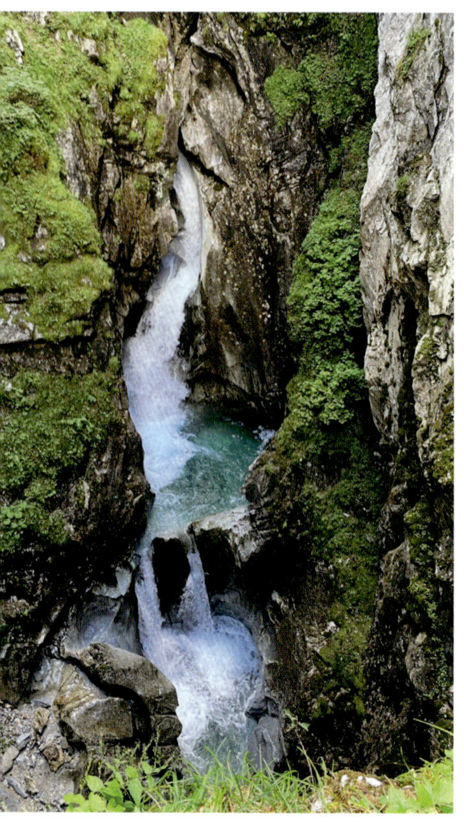

Beim Rückweg kann man einen schönen Blick in die Klamm werfen

Anfahrt: Man fährt auf der Inntalautobahn bis zur Ausfahrt Zillertal. Auf der Zillertalstraße weiter bis Mayrhofen und dann ins hinterste Zillertal: bis Hintertux, zum Parkplatz der Gletscherbahn.

Zu den Wasserfällen: Los geht man Richtung Talstation, am Hotel Der Rindererhof vorbei und zur Brücke über den Weitentalbach. Hier ist der *Wasserfallweg* angeschrieben. Zuerst muss man hinter dem Hotel eine kleine Straße bergauf, unter der Gondelbahn durch und Richtung Spielplatz wandern. Dort sieht man auch schon einen schönen Wasserfall, der von vielen Leuten bewundert wird.
Um den Wasserfallweg weiterzugehen, begibt man sich nach rechts über einen kleinen Zufluss und im Weiteren über einige Stufen, immer dem schmalen Steig folgend, bergauf. Dieser führt bald zu einem zweiten Wasserfall, den zu bestaunen sich lohnt.

Schließlich gelangt man zu einer Abzweigung, wo in beide Richtungen der Wasserfallweg angeschrieben ist. Wir biegen rechts ab und gehen über eine nette Lichtung weiter hinauf. Auch wenn man den Gebirgsbach nicht sieht, sein nicht überhörbares Rauschen begleitet uns.

Immer wieder muss man Rinnsale überqueren oder sieht kleine Wasserfälle am Wegrand.

Schließlich kommt man bei einer Werksanlage vorbei, wo der Zutritt verboten ist.

Nach weiteren 50 Metern erreicht man einen wunderschönen Talboden. Von mehreren Seiten stürzen Wasserfälle in die Tiefe. Hier lohnt es sich, eine Rast einzulegen, um dieses Naturschauspiel zu bewundern.

Tiefblick zum Schraubenfall: Weiter geht es dann über eine kleine Holzbrücke. Hier kann man das erste Mal einen Blick in den noch kleinen Canyon des Schraubenfalls werfen. Nachdem man noch ein paar Höhenmeter aufwärtsgegangen ist, erreicht man den höchsten Punkt der Tour. Nun geht es auf der anderen Seite des Baches ins Tal. Ein Blick zurück zu den Wasserfällen ist stets lohnend. Auch auf dieser Seite des Schraubenfalls sind immer wieder kleinere Rinnsale zu überqueren. Schließlich mündet der Steig in einen Forstweg ein, dem man kurze Zeit Richtung *Hintertux* folgt. Bald schon biegt man vom Weg ab, weil ein Schild ein *Naturdenkmal* ankündigt. Hier hat man immer wieder gewaltige Einblicke hin zum Schraubenfall. Wenn man Glück hat, kann man sogar ein paar Leute beobachten, die in Neoprenanzügen dem Wasserlauf folgen: sogenannte Canyoninggeher. An den wunderbaren Felsformationen lässt sich gut erkennen, wie sich das Wasser über Jahrtausende seinen Weg durch das Gestein gesucht hat. Immer wieder hat man die Möglichkeit, entlang des Schraubenfalls in die Tiefe der Klamm zu blicken. In den Karten ist dieser Abschnitt als Schraubenfallhöhle gekennzeichnet.

Nach diesem Naturschauspiel folgt man dem kleinen Steig weiter durch das Tal und erreicht bald darauf wieder die Talstation der Gletscherbahn.

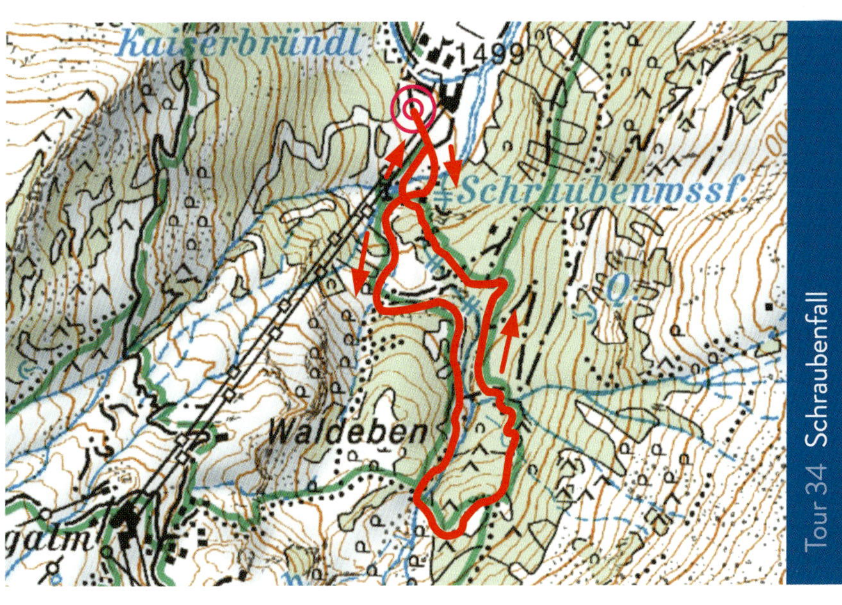

35 Kaiserklamm – Weißache

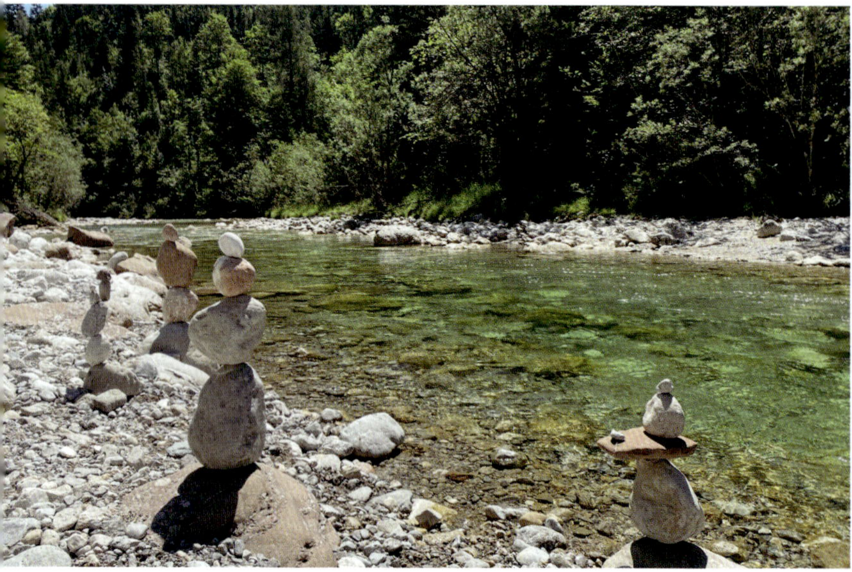

Nette Steinmandeln am Ufer der Brandenberger Ache

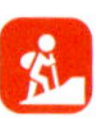 

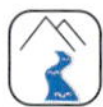

Die Kaiserklamm ist ein besonderes Naturjuwel. Begleitet vom Tosen der Brandenberger Ache wandert man auf einem ehemaligen Triftweg durch die ca. einen Kilometer lange schmale Klamm. Dabei kann man die bizarren Felsformationen bewundern, die das smaragdgrüne Wasser über die Jahrtausende geformt hat. Anschließend geht es gemütlicher entlang der Ache, die immer wieder mit schönen Plätzen zum Verweilen und Abkühlen aufwartet.

Anfahrt: Inntalautobahn bis Ausfahrt Kramsach – Kramsach – Aschau – Kaiserhaus
Ausgangspunkt: Parkplatz Kaiserhaus (711 m)
Route: Kaiserklamm – Brandenberger Ache – Weißache – Brandenberger Ache – Kaiserklamm – Parkplatz
Höchster Punkt: 762 m (kurz vor der Weißache)
Km, Hm: 7 km, 150 Hm
Dauer: 2 ¼ – 2 ½ Stunden

Ausrüstung: Badesachen
Voraussetzungen: Trittsicherheit, Schwindelfreiheit
Öffnungszeiten: Mai – Oktober
Gebühren: Parkgebühr, für die Erhaltung der Klammsteige wird um einen freiwilligen Unkostenbeitrag gebeten.
Einkehrstationen: Kaiserhaus (711 m)
Tipp: Die Klamm darf in beide Richtungen begangen werden. Wer nur die Klamm sehen will, kann den Weiterweg zur Weißache weglassen.

Anfahrt: Anfahrt über die Inntalautobahn bis zur Ausfahrt Kramsach und dann auf der Bundesstraße Richtung Kramsach. Bei der Abzweigung Richtung Brandenberg befindet sich auch ein grüner Wegweiser *Kaiserklamm – Tiefenbachklamm*. Man biegt links ab und folgt immer den grünen Wegweisern. An der Tiefenbachklamm vorbei, durch Aschau und schließlich zum gebührenpflichtigen Parkplatz des Kaiserhauses.

Durch die Kaiserklamm: Vom Parkplatz geht es zuerst auf einer Forststraße den Bach entlang Richtung *Kaiserklamm* (gelber WW), deren Beginn man in fünf Minuten erreicht. Der Steig wurde seinerzeit gebaut, um das Holz, das durch die Klamm getriftet wurde, kontrollieren zu können. Um diese Arbeit auch bei viel Wasser zu ermöglichen, wurde der Steig recht weit oben angelegt. Teilweise musste man Felsen wegsprengen, und zweimal wurden sogar kurze Tunnels in den Felsen geschlagen.

Heute erlaubt dieser Steig einen eindrucksvollen Blick in die enge Klamm und auf das in der Tiefe dahinbrau-

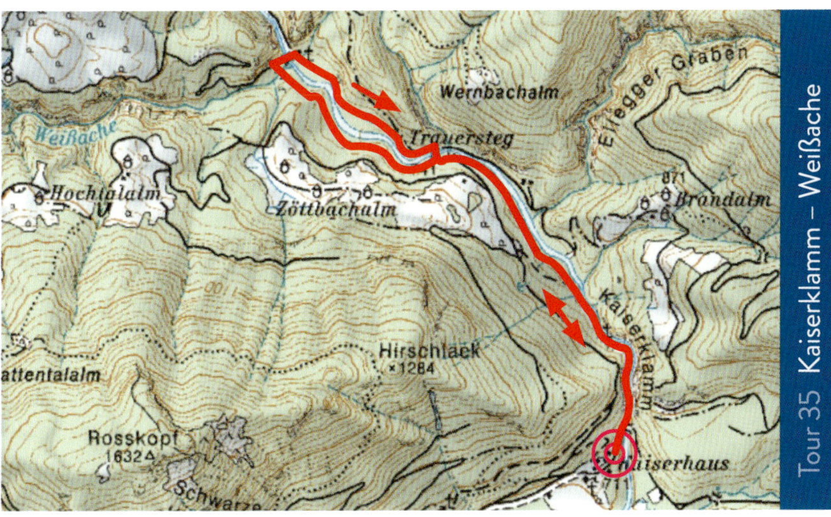

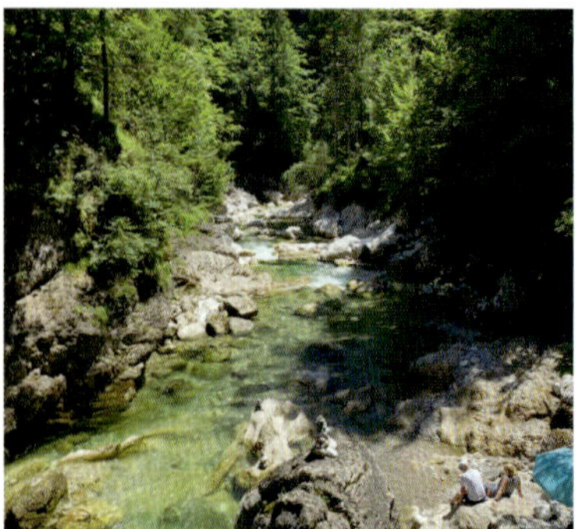

Immer wieder laden Plätze zum Verweilen ein

sende Wasser. Der Steig ist gut abgesichert, allerdings ist Trittsicherheit und Schwindelfreiheit nötig, um diese Wanderung auch genießen zu können. Den Bereich der Klamm betritt man durch eine Holzbarriere.

Anfangs ist sie noch etwas weiter und das smaragdgrüne Wasser fließt ruhig vor sich hin. Bald wird es aber enger und das Wasser entsprechend wilder. Man hört es in der Tiefe bald rauschen und tosen. Die vom Wasser im Lauf der Jahrhunderte gebildeten Felsformationen sind einzigartig. Am Klammsteig ist auch eine Gedenktafel für dessen Erbauer aufgestellt, für Herrn Hermann Veith. Nach ca. einem Kilometer hat man die Klamm durchwandert und verlässt diese wieder durch eine Holzbarriere.

Zur Weißache: Anschließend weitet sich das Tal. Hier hat man die Möglichkeit, nach links zum Forstweg zu gehen, auf dem man gemütlich zum Kaiserhaus zurückkehren kann.
Es ist allerdings schön, die Brandenberger Ache noch weiter entlangzugehen. Sie fließt hier recht ruhig in einem breiten Bachbett dahin. Einige Leute kühlen sich im kalten Wasser ab. Der Weg geht anschließend im Wald parallel zum Bach weiter. Schließlich mündet er in einen Forstweg, der kurz darauf zu einer Brücke über die Ache führt. Links zweigt ein schmaler Weg Richtung *Erzherzog-Johann-Klause* ab. Diesem folgt man und geht nun im Wald in leichtem Auf und Ab weiter. Auch hier hat man immer wieder einen schönen Blick auf das Wasser der Ache. Schließlich überquert man zweimal hintereinander auf einer Holzplanke einen schmalen Bach, die Weißache, die kurz darauf in die Brandenberger Ache mündet. Über eine Holzbrücke gelangt man dann auf die andere Seite des Flusses und tritt den Rückweg an.

Rückweg: Ein Forstweg führt gemütlich den Bach entlang zurück Richtung *Kaiserhaus*. Bei der schon bekannten Brücke quert man wieder den Fluss und kann dann entweder dem Forstweg entlang zum Kaiserhaus gehen, oder schöner: nochmals durch die Klamm. Durch die andere Blickrichtung entdeckt man weitere schöne Wasserläufe oder Felsformationen. Viel zu schnell ist man wieder durch die Klamm durch und gelangt kurz darauf zum Parkplatz.

36 Tiefenbachklamm

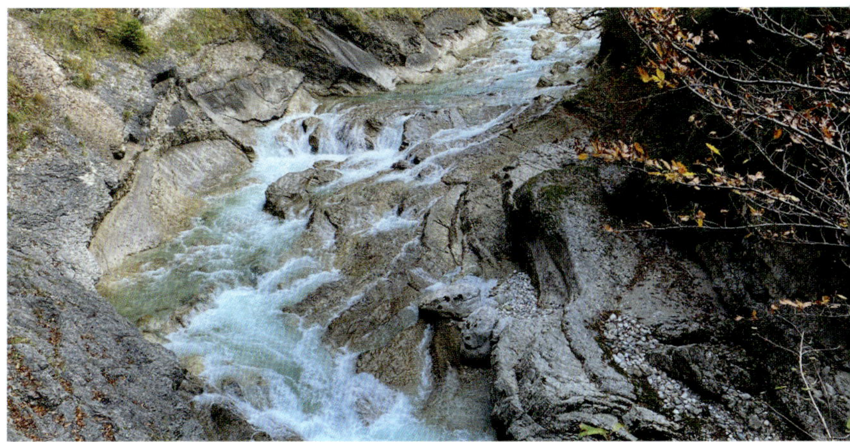

Schönes Wasserspiel in der Tiefenbachklamm

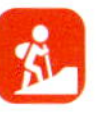  Wurde die Klamm früher verwendet, um Triftholz von Brandenberg nach Kramsach zu bringen, so dient sie heute den Wanderern zur Erholung. Die Tiefenbachklamm bietet ein einmaliges Naturerlebnis. Auf einem gut gesicherten Steig wandert man von Kramsach zur Jausenstation und wieder zurück. Immer hoch über der tosenden Brandenberger Ache. Besonders beeindruckend sind die bizarren Felsformationen, der Wasserfall sowie die Aussichtsplattform in der Mitte der Klamm.

Anfahrt: Inntalautobahn bis Ausfahrt Kramsach – Kramsach
Ausgangspunkt: Parkplatz Tiefentalklamm (580 m)
Route: Kundler Klamm – Tiefentalklamm-Natursteig – Jausenstation Tiefenbachklamm – retour
Höchster Punkt: 650 m (Jausenstation Tiefenbachklamm)
Km, Hm: 8,4 km, 150 Hm
Dauer: 2 ½ – 2 ¾ Stunden
Voraussetzungen: Trittsicherheit, Schwindelfreiheit
Öffnungszeiten: Mai – Oktober (November – April und an starken Regentagen ist die Klamm aus Sicherheitsgründen gesperrt)
Gebühren: Keine, aber ein Unkostenbeitrag für die Instandhaltung des Weges kann freiwillig in eine Box geworfen werden.

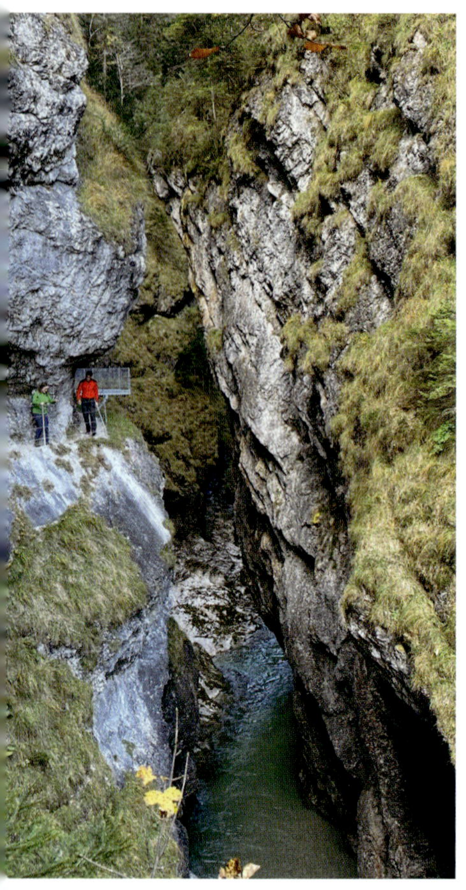

Kurz vor der Aussichtsplattform wurde ein Weg in den Fels gesprengt

Einkehrstationen: Jausenstation Tiefenbachklamm (650 m)
Tipp: Reintalersee: schöner Badesee bei Kramsach

Anfahrt: Anfahrt über die Inntalautobahn bis zur Ausfahrt Kramsach und dort auf der Bundesstraße weiter Richtung Kramsach. Bei der Abzweigung Richtung Brandenberg ist auch ein grüner Wegweiser *Kaiser-Tiefenbachklamm*. Man biegt also links ab, kommt schließlich an der Talstation der ehemaligen Sonnwendjochbahn vorbei und fährt immer dem Bach entlang weiter aufwärts, bis man auf der linken Seite der Straße den Parkplatz der Tiefentalklamm sieht. Dort wird geparkt.

Durch die Tiefenbachklamm: Schon beim Parkplatz gibt es eine Schautafel über die Triftarbeiter, die in früherer Zeit die Steige benutzten, um sicherzugehen, dass das Holz gut durch die Klamm kommt. Heutzutage sind es nicht Triftarbeiter, sondern Wanderer, die diese Steige benützen, um die Schönheit der Klamm aus nächster Nähe erleben zu können.

Vom Parkplatz aus folgt man ein kurzes Stück der Straße bis zur Bushaltestelle. Dort führt ein schmaler Weg zum Bach hinab (gelber WW *Tiefenbachklamm*), wo man zuerst auf der Höhe des Baches Richtung Norden weiterwandert. Aber schon bald führt der Steig weiter aufwärts und fällt dann teils recht steil gegen die Brandenberger Ache ab. Der Weg ist aber immer gut gesichert und führt mehrmals über Stahlbrücken.

Dann wird die Schlucht sehr eng, sodass man in schwindelnder Höhe einen Durchstieg in den Felsen sprengen musste. Kurz danach kommt man zur Aussichtsplattform, von der aus man die Wasserspiele des grünen Gewässers in beiden Richtungen gut bewundern kann. Bald darauf wird das Tal wieder etwas weiter und man kommt an einer Ruine eines ehemaligen Kraftwerkes vorbei, das nach dem Ersten Weltkrieg zur Stromversorgung beigetragen hat. Kurz darauf befindet sich auf der anderen Seite des Baches ein Wasserfall. Dann wechselt der Steig drei Mal die Bachseite. Danach öffnet sich die Klamm und das Tal wird wieder weiter. Kurz darauf gelangt man zu einer schönen Wiese, auf der sich die Jausenstation Tiefenbachklamm befindet. Dort kann man auf der schönen Sonnenterrasse eine Rast einlegen.

Rückweg: Der Rückweg erfolgt am gleichen Weg. Aber durch die Änderung des Blickwinkels und durch die andere Sonneneinstrahlung wirkt die Klamm teilweise ganz anderes. Auch entdeckt man Details, die beim Aufstieg gar nicht aufgefallen sind. Die bizarren Felsformationen, die wunderbaren Wasserspiele, all diese Details kann man nochmals so richtig genießen.

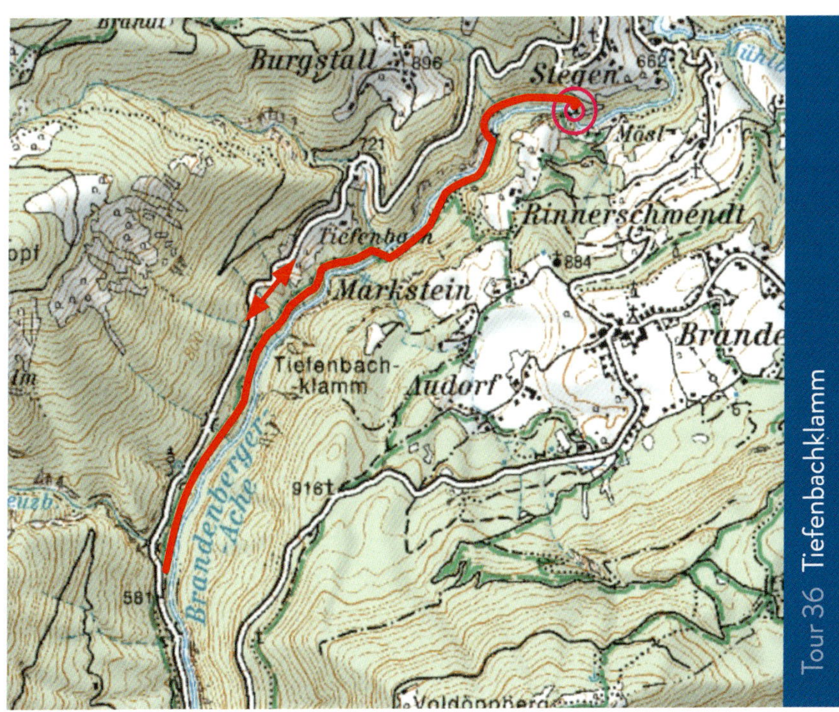

37 Kundler Klamm

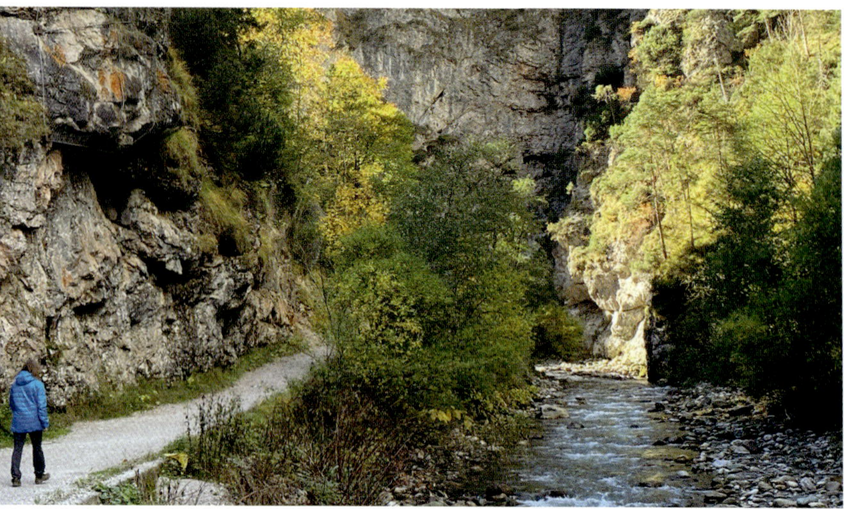

Der breite Weg durch die Kundler Klamm ist für Jung und Alt geeignet

 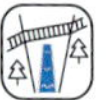

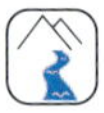

Die wildromantische Kundler Klamm ist ein beliebtes Ausflugsziel für die ganze Familie. Sie verbindet die Wildschönau mit dem Inntal. Ein breiter Wanderweg führt durch die Klamm, die teils von 200 Meter hohen Felswänden umgeben ist. Da laut Sage der Ursprung der Klamm auf einen Drachenbiss zurückgeht, sind immer wieder Figuren dieser legendären Ungeheuer zu finden.

Anfahrt: Inntalautobahn Ausfahrt Kramsach – Kundl

Ausgangspunkt: Parkplatz Kundler Klamm (540 m)

Route: Kundler Klamm – Wildschönau – gleich zurück

Höchster Punkt: 742 m

Km, Hm: 11,8 km, 200 Hm

Dauer: 2 ¼ – 2 ½ Stunden

Voraussetzungen: keine besonderen

Öffnungszeiten: 1. April – 14. November

Gebühren: Parkplatz

Einkehrstationen: Gasthaus Kundler Klamm, Gasthaus Klammrast

Tipp: Dieser Weg ist auch für Kinderwagen geeignet. Die Wanderung nur durch die Klamm dauert in etwa zwei Stunden hin und retour. Man kann jederzeit umdrehen und wieder zurückgehen oder mit dem Bummelzug in die Wildschönau fahren.

Anfahrt: Anfahrt über die Inntalautobahn bis zur Ausfahrt Kramsach und auf der Bundesstraße weiter Richtung Wörgl. In Kundl kommt gleich nach dem Kreisverkehr beim Spar rechts eine Abzweigung zur *Kundler Klamm* (grüner WW). Geparkt wird am gebührenpflichtigen Parkplatz.

Durch die Kundler Klamm: Zum Eingang in die Klamm kommt man über eine schöne Holzbrücke, die über die Wildschönauer Ache führt. Das ist der durch die Kundler Klamm fließende Bach. Die erste Brücke wurde hier am 2. Dezember 1914 eröffnet. Bereits nach wenigen Minuten erreicht man das *Gasthaus Kundler Klamm*. Bis hierher kann man auch im Winter gehen.

Der recht breite schottrige Wanderweg macht das Gehen einfach, sodass er für Jung und Alt gut geeignet ist. Die Wanderung ist auch mit Kinderwagen möglich.

Das Flussbett bietet mit seinen vielen Steinen wunderbare Spielplätze für Kinder. Das sieht man an den vielen Steinmandeln, die immer wieder im Flussbett zu sehen sind.

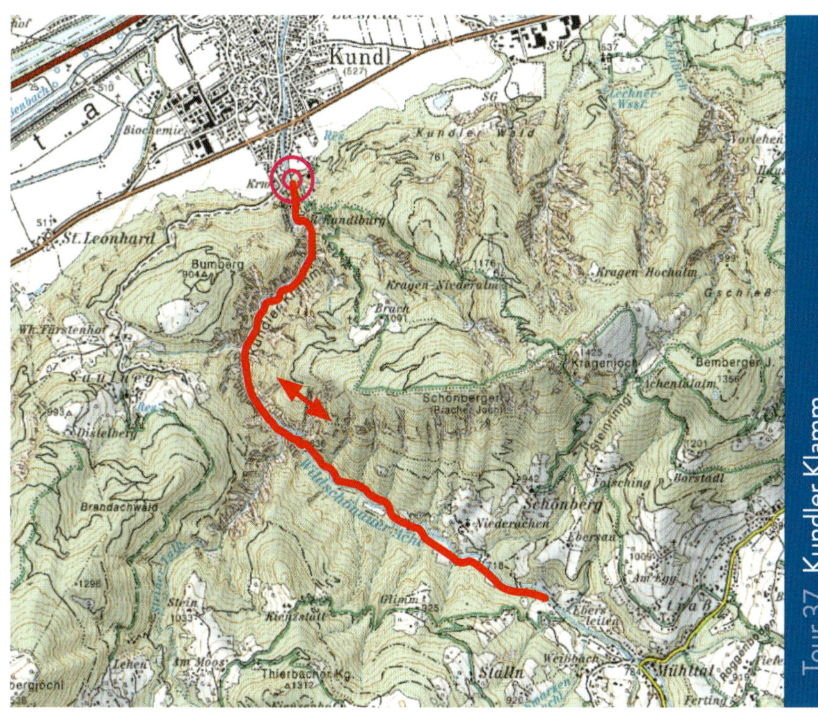

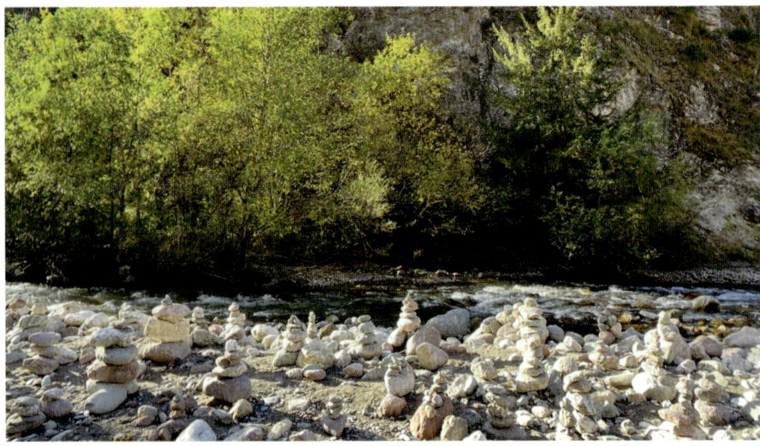

Steinmandeln am Ufer der Wildschönauer Ache

Auch wenn der Weg recht breit ist, ragen gleich daneben die Felsen imposant in die Höhe. Schautafeln und Stationen machen die Wanderung abwechslungsreich. Sie informieren über die besonderen Gegebenheiten der Klamm sowie über ihre Entstehung, die laut Sage durch den Biss eines Drachens zustande kam.

Nach ca. drei Kilometern erreicht man die Station des Bummelzugs (das offizielle Ende der Klamm), mit dem man weiter in die Wildschönau fahren kann, was für Kinder eine besondere Attraktion ist. Der Zug fährt von Ende Mai bis Mitte Oktober stündlich mit gemütlichen zehn Stundenkilometern.

Weiterweg oder Rückweg? Wer will, kann natürlich auch weiterwandern. Der Weg führt in schöner Umgebung bis zum *Gasthaus Klammrast*. Statt der steilen Felswände finden sich nun saftige Wiesen und Wälder, so dass sich der Blick auf die umliegenden Berge öffnet.

Wer nur an der Klamm interessiert ist, dreht aber um und kann sie nun von der anderen Richtung her bestaunen.

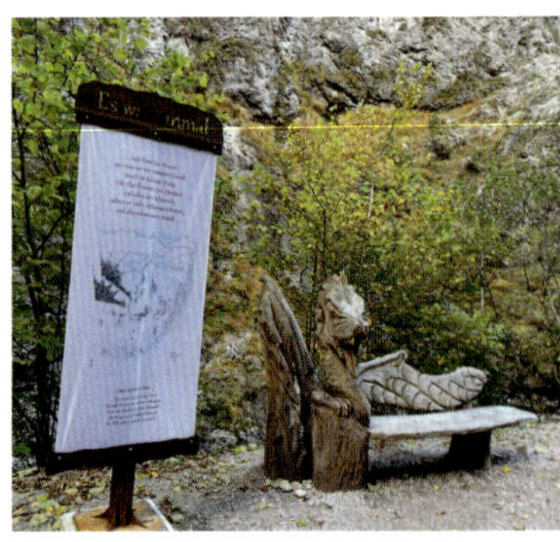

Drachen findet man entlang der Klamm immer wieder

38 Schmugglerweg

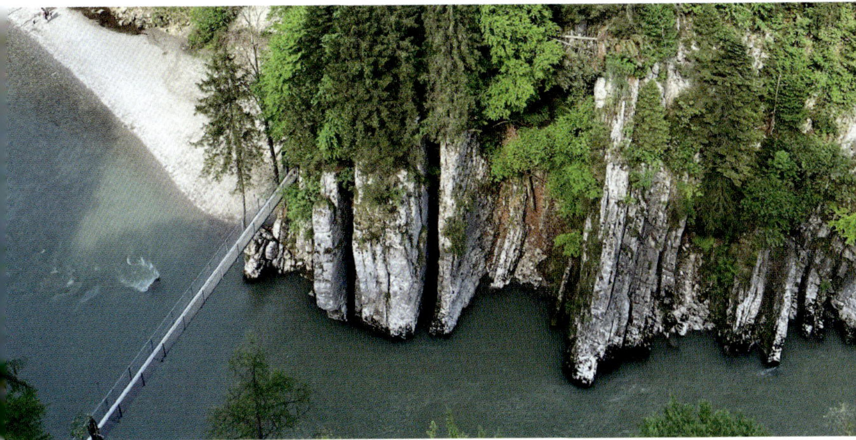

Blick von der Aussichtsplattform auf die Brücke über die Ache und das Gasthaus und Kloster Klobenstein

 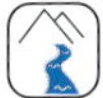

Auf einem ehemaligen Samerweg, der zum Schmuggeln verwendet wurde, geht es der Großache entlang Richtung Bayern. Zwei Aussichtsplattformen sowie zwei Hängebrücken bieten jeweils einen wunderbaren Blick auf den Bach. Das herrlich gelegene Gasthaus Klobenstein sowie die Wallfahrtskirche Klobenstein sind auf alle Fälle einen Besuch wert.

Anfahrt: Inntalautobahn bis Kufstein Nord – Ebbs – Kössen – Staffen
Ausgangspunkt: gebührenpflichtiger Parkplatz (590 m)
Route: Schmugglerweg – Hängebrücke – Klobenstein – Hängebrücke – Schmugglerweg – Parkplatz
Höchster Punkt: 646 m
Km, Hm: 5,1 km, 150 Hm
Dauer: 1 ¾ – 2 Stunde
Voraussetzungen: Trittsicherheit
Beste Jahreszeit: ganzes Jahr (im Winter kann es allerdings eisig sein, sodass man Grödel mitnehmen sollte)
Gebühren: Parkgebühr
Einkehrstationen: Gasthaus Klobenstein (616 m): Mai – Oktober, Freitag Ruhetag
Tipp: durch die Entenlochklamm bis Schleching wandern; Wer mit Kindern unterwegs ist: in der Touristeninformation in Kössen eine Schmugglerkarte abholen, mit der man verschiedene Stationen abarbeiten kann.

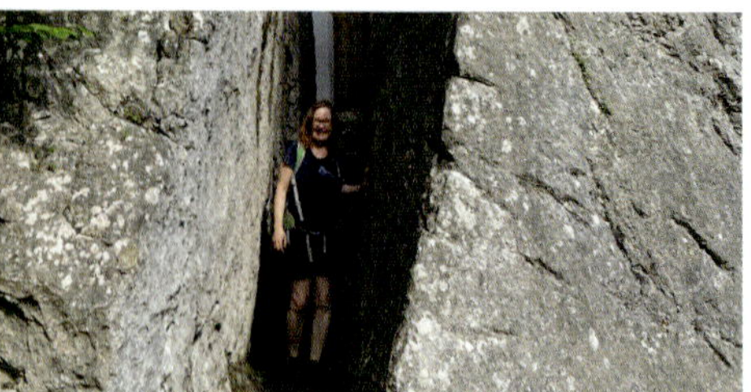

Der gespaltene Fels bei der Wallfahrtskirche Klobenstein

Anfahrt: Auf der Inntalautobahn bis Kufstein Nord und auf der Bundesstraße weiter nach Kössen. Im Ort bei den zwei Kreisverkehren Richtung Schleching ausfahren und ca. 300 Meter nach dem zweiten Kreisverkehr links in den *Mühlbachweg* einbiegen. Kurz darauf über eine überdachte Holzbrücke und vor der Sportalm in *Staffen* nach rechts abbiegen (brauner WW *Schmugglerweg*). Gleich danach bei der ersten Möglichkeit nach rechts fahren (gelber WW *Schmugglerweg*), wo man nach weiteren 500 Metern einen kleinen gebührenpflichtigen Parkplatz erreicht. Wenn dort kein Platz mehr ist, muss man zum großen gebührenpflichtigen Parkplatz bei der Sportalm zurückfahren.

Teufelsstiege und Aussichtsplattform: Zuerst geht's wunderschön direkt neben der Großache dem Forstweg entlang Richtung *Schmugglerweg über Teufelsstiege*. Bald darauf sieht man auch schon die Stiege und weiß, warum sie so genannt wird. Mühsam muss man die vielen Stufen zum Normalweg aufsteigen. Dort angekommen, geht es zuerst gemütlich weiter Richtung Norden. Allerdings führt der Weg im Weiteren immer wieder auf und ab und ist teilweise auch etwas steiler. Schautafeln geben Informationen über Hochwasser, die Klobensteiner Wassermandln, über Biber oder Eiben.

Die Ache ist zwar immer hörbar, aber der Weg führt teils etwas weiter von ihr entfernt durch wunderschönen Wald. Ausgesetztere Stellen sind gut abgesichert. Bänke laden immer wieder zum Verweilen ein. Beim Hinweg bleiben wir auf dem direkten Weg Richtung Klobenstein und kommen schließlich zu einem netten Platz mit zwei Bänken und einer Aussichtsplattform. Diese ermöglicht einen wunderbaren Blick auf die Ache, die traumhaften Steinformationen direkt dahinter sowie den Gasthof und die Wallfahrtskirche Klobenstein.

Hängebrückenrundweg: Von der Aussichtsplattform aus sieht man auch schon den weiteren Weg ein: zwei Hängebrücken, die über die Ache führen. Wir nehmen zuerst den *Hängebrückenrundweg* über die *Gletschermühlen*. Steil windet sich der Pfad Richtung Ache hinunter, bis man die nördlichere, höhere Hängebrücke erreicht. Sie ist 33 Meter lang und führt über die Großache. Von hier hat man einen wunderbaren Blick in die Tiefe.

Nachdem man die Brücke überquert hat, gelangt man auf der anderen Seite zu einem schönen Rastplatz mit mehreren Bänken. Dort befinden sich auch die Gletschertöpfe, Relikte aus der letzten Eiszeit.

Im Weiteren führt der Weg aufwärts. Zuerst zum nett gelegenen Gasthaus Klobenstein, das zu einer Rast in dem wunderbar angelegten Gastgarten einlädt. Gleich dahinter befindet sich die Wallfahrtskirche Klobenstein, die ebenfalls einen Besuch wert ist. Zwei Barockkirchen, die Loretokapelle und die Mariahilfkapelle, wurden miteinander verbunden. Der Name Klobenstein kommt von dem ca. zehn Meter hohen gespaltenen (= geklobenen) Stein, der sich vor der Kirche befindet.

Rückweg: Nach einer Pause setzen wir den Hängebrückenrundweg fort und gehen zur Ache hinunter. Auch hier findet man einen schönen Rastplatz. Weiter geht es über die zweite, niedrigere Hängebrücke. Auch diese bietet einen wunderbaren Blick hinunter auf die Ache. Auf der anderen Seite angekommen, geht es wieder Richtung Kössen und zurück zum Ausgangspunkt. Diesmal wählen wir aber den näher beim Wasser verlaufenden Weg, der über den *Waldrastplatz* geht. Auch hier gibt es eine Aussichtsplattform, die nochmals einen schönen Blick über die Ache ermöglicht. Der Pfad mündet schließlich wieder in den schon bekannten Normalweg ein, über den man dann den Parkplatz erreicht.

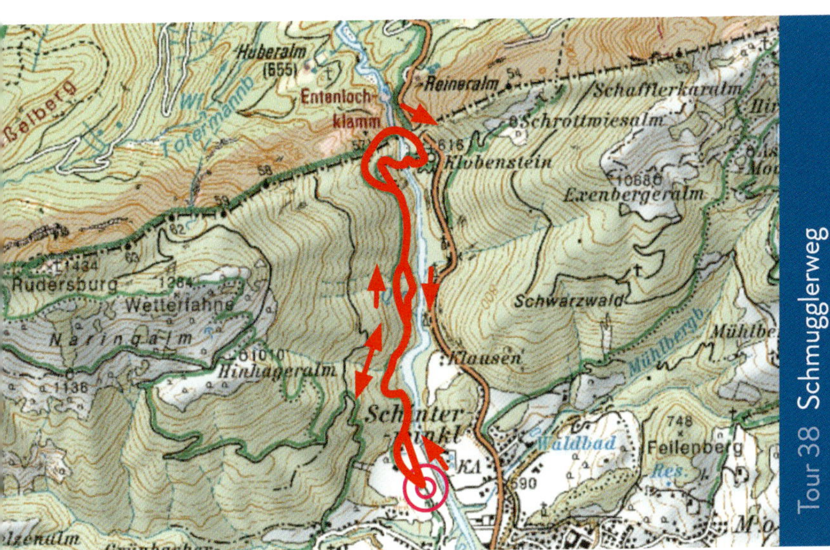

39 Griesbachklamm

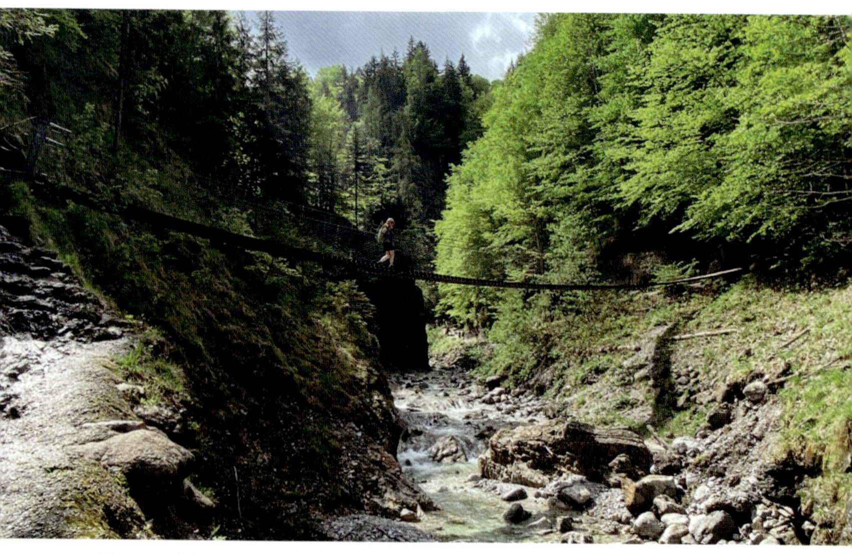

Die erste Hängebrücke über den Griesbach

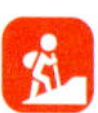 

Diese wildromantische Klamm ist so schmal, dass sie einem normalen Wanderweg meist keinen Platz bietet. Deshalb führen in weiten Teilen Holzstege durch, die sich oberhalb des Wassers an die Felswände schmiegen. Am Ende gibt's einen schönen Platz am Wasser mit einem Barfußweg, der zu einer Rast einlädt.

Anfahrt: Inntalautobahn Wörgl Ost – St. Johann – Erpfendorf

Ausgangspunkt: gebührenpflichtiger Parkplatz Griesbach II (634 m)

Route: Erpfendorf – Griesbachklamm – Breitauweg – Lärchenhof – Erpfendorf

Höchster Punkt: 860 m (vor dem Wendepunkt)

Km, Hm: 8,8 km, 275 Hm

Dauer: 3 – 3 ¼ Stunden

Voraussetzungen: Trittsicherheit

Beste Jahreszeit: Frühjahr – Herbst

Gebühren: Parkgebühr

Einkehrstationen: Hotel Lärchenhof; in Erpfendorf

Tipp: Parkplatz Griesbach I sollte näher bei der Klamm liegen, war aber im Sommer 2022 wegen Bauarbeiten für die Wildbachverbauung nicht zugänglich. Da die Wege in der Schlucht schmal sind, empfiehlt es sich, nicht durch diese zurückzugehen.

Anfahrt: Auf der Inntalautobahn bis zur Ausfahrt Wörgl Ost und auf der Bundesstraße weiter nach St. Johann und nach Erpfendorf. Dort ist bei der Kirche der Parkplatz Griesbach II angeschrieben, den man kurz darauf erreicht.

Zur Griesbachklamm: Der Weg in die Klamm ist durchwegs gut ausgeschildert. Schon beim Parkplatz ist der erste gelbe Wegweiser zur *Griesbachklamm* zu finden. Man geht zurück zur Kirche und dann ein Stück auf einer Straße, einem schmalen Wassergraben entlang. Nach Passieren einer Kneippanlage erreicht man einen Forstweg, der bald darauf in einen Radweg einmündet. Neuerlich geht es einen Forstweg entlang zu einer Holzbrücke und über den Griesbach. Auf der anderen Seite des Baches findet man Schautafeln mit Informationen zur Griesbachklamm.

Wildromantische Griesbachklamm: Vorerst geht es auf einem schmalen Weg gemütlich den Bach entlang bis zu einer über den Bach führenden Hängebrücke. Im weiteren Verlauf wird der Weg recht interessant. Die Klamm wird so eng, dass für einen

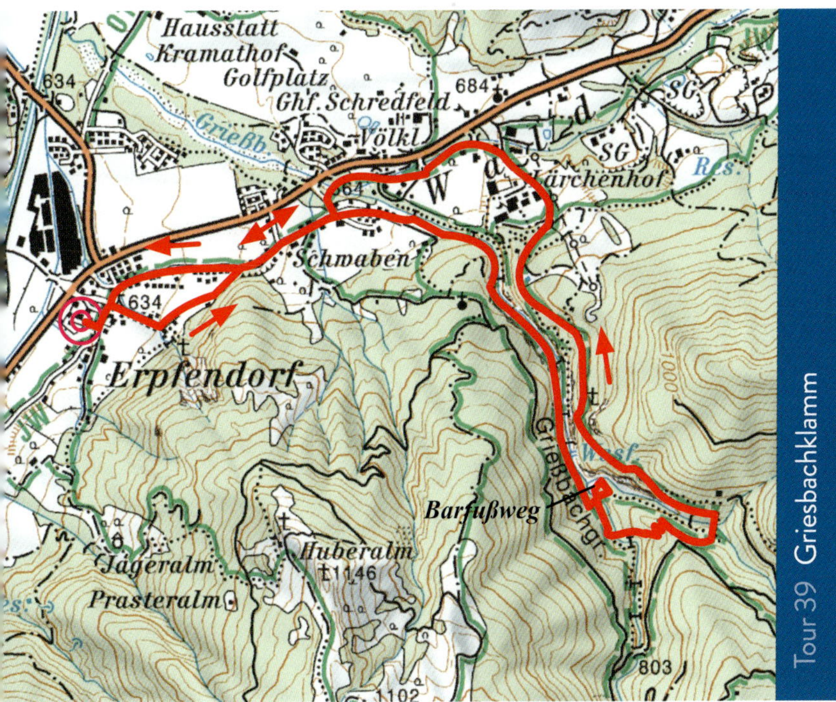

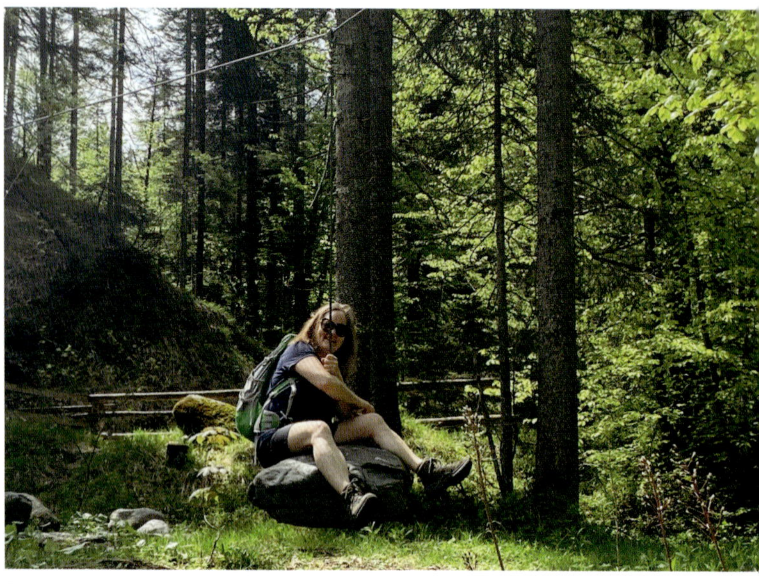

Rast auf einem großen aufgehängten Stein

normalen Wanderweg kein Platz mehr ist. Nun führen bis zu drei Meter oberhalb des Wassers angebrachte Holzstege die Felswand entlang. Für Ängstliche gibt es auf der Felsseite auch eine Seilversicherung. Da die Stege recht schmal sind, wird gebeten, den Wanderweg nur in eine Richtung zu gehen.

Im weiteren Verlauf führt der Weg abwechselnd über Holzstege und schmale Wanderpfade, wobei auch ein paarmal die Bachseite gewechselt wird. In der Mitte der Klamm befindet sich ein kleines Wehr. Kurz davor wird die Klamm so eng, dass der Weg etwas oberhalb geführt wird, ehe man das Wehr erreicht. Nach einer kurzen breiteren Passage wird es wieder enger. Man muss über einen schmalen, nur mit einem Seil abgesicherten Eisensteg über den Bach. Im weiteren Verlauf geht es wieder über ein paar Holzstege, bis man schließlich am Ende der Klamm ein größeres Wehr erreicht.

Kurzausflug zu einem Barfußweg: Ein überdimensional großer, aufgehängter Fuß aus Holz deutet an, wo man das Wasser überqueren kann. Auf der anderen Seite findet man dann ein Holzschild mit einem großen Fuß, der den Beginn eines Barfußweges markiert. Über verschieden große Steine gelangt man zu einem kleinen Spielparadies. Zwei große Steine vurden mit einem Seil aufgehängt, ›odass man sich draufsetzen kann. Hier lässt es sich sehr gut ausruhen. Weiterzugehen ist leider nicht mög-ich (gelber WW: kein Wanderweg). Man muss den Bach nochmals über-queren, um zum Hauptweg zurück-:ukommen.

Große Griesbachrunde: Beim Rückweg kann man immer den gelben Weg-weisern *Große Griesbachrunde* folgen. Zunächst geht man einen Bach ent-ang, dann führt der Weg durch den Wald, wobei sich einmal ein wun-lerbarer Blick auf den Bach ergibt. Schließlich gelangt man auf einen Forstweg, der gleich darauf wieder n den Wald hineinführt. Nach Überquerung eines schmalen Baches iber ein Eisenbrett kommt man an

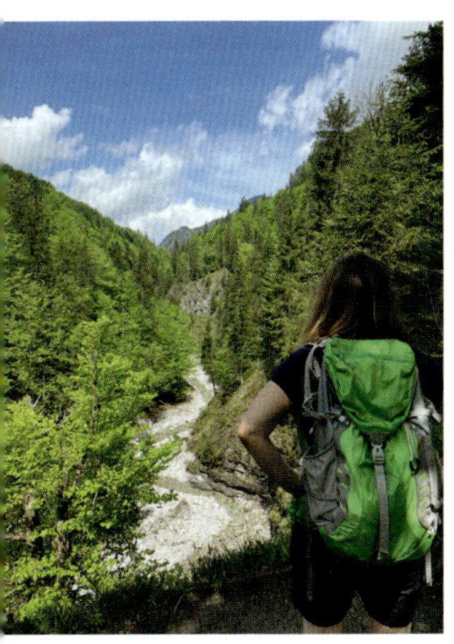

Wunderbarer Blick auf den Bach

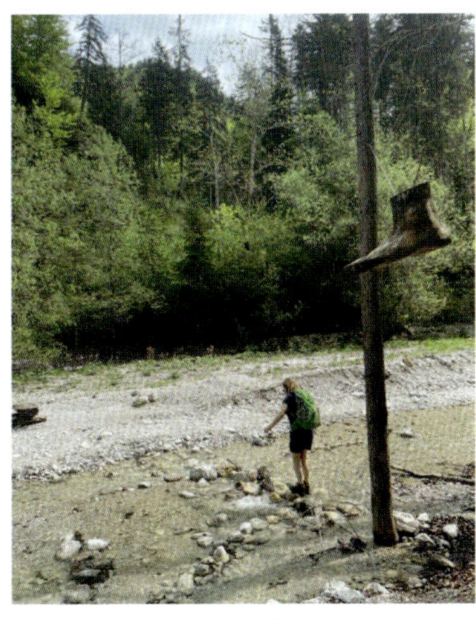

Der Holzfuß deutet den Übergang zum Barfußweg an.

einem kleinen Holzstadl vorbei, bei dem sich ein Brunnen befindet. Der Weiterweg geht einen Bach entlang bergauf. Man findet nun jede Menge roter Schilder zum Hotel Lärchenhof. Einen in die Griesbachklamm hin-unterführenden schmalen Weg igno-rieren wir, da man diese nur in einer Richtung gehen sollte. Wir folgen weiter der Großen Griesbachrunde. Der Weg wird schließlich breiter und bald darauf erreicht man auch das Hotel.

Rückweg zum Parkplatz: Zum Schluss folgt man den Wegweisern zum Park-platz. Durch die im Jahr 2022 durch-geführten Bauarbeiten kann es zu Änderungen des Weges kommen, die man bis zum Redaktionsschluss nicht wirklich genau absehen konnte.

40 Eifersbacher Wasserfall

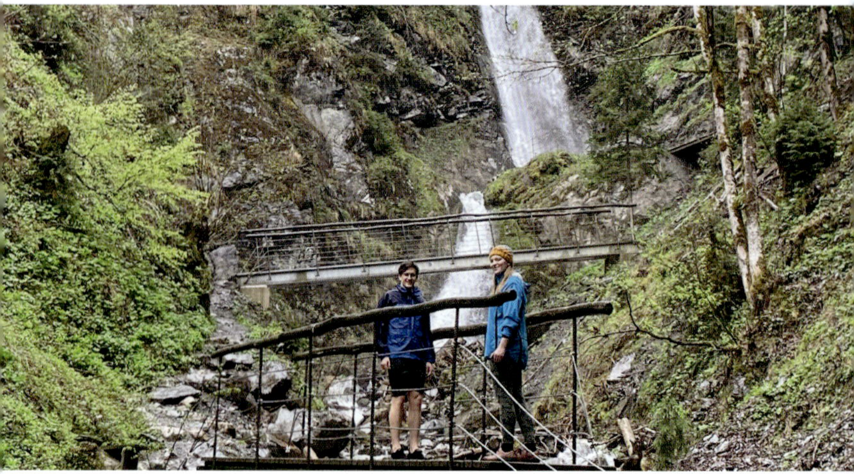

Ein paar Brücken führen über den Bach, bevor man das Becken des oberen Wasserfalls erreicht

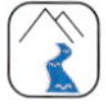

Auf dieser Runde kommt man beim Theresienbadl und beim Eifersbacher Wasserfall vorbei: zwei schöne Plätze, an denen man sich erfrischen kann. Vom Theresienbadl ist nur mehr eine Kapelle und ein Brunnen mit Heilwasser übrig. Der Wasserfall ist ein wunderbares Naturschauspiel. Ca. 25 Meter stürzt das Wasser in die Tiefe und erfrischt mit seinem Sprühregen.

Anfahrt: Inntalautobahn Ausfahrt Wörgl Ost – Söll – Ellmau – Going am Wilden Kaiser – St. Johann
Ausgangspunkt: St. Johann in Tirol beim Friedhof (680 m)
Route: Thalmühl-/Samerbadl-Kapelle – Eifersbach – Eifersbacher Wasserfall – Grander Schupf – Parkplatz
Höchster Punkt: 879 m (oberhalb vom Eifersbacher Wasserfall)
Km, Hm: 6,3 km, 260 Hm
Dauer: 2 ½ – 2 ¾ Stunden
Voraussetzungen: Trittsicherheit
Beste Jahreszeit: Mai – November
Gebühren: keine
Einkehrstationen: Grander Schupf, mehrere Möglichkeiten in St. Johann
Tipp: Gut mit der Bahn zu erreichen: Der Bahnhof ist gleich in der Nähe des Ausgangspunktes. Vom höchsten Punkt erreicht man nach ca. 15 Minuten den Hornblicksee.

Anfahrt: Anfahrt über die Inntalautobahn bis zur Ausfahrt Wörgl Ost und auf der Bundesstraße weiter bis St. Johann. Im Ort anfangs den Schildern zum Bahnhof folgen. Beim Kreisverkehr aber erst die dritte Ausfahrt Richtung Fieberbrunn nehmen und bei der ersten Möglichkeit rechts abbiegen und über die Bahngeleise fahren. Gleich danach links abbiegen. Nach ca. 300 Metern erreicht man den Friedhof, wo sich anschließend, vis-à-vis von Firma Aufschnaiter, ein Parkplatz befindet. Von dort startet man.

Einen kleinen Bach entlang: Der Weg ist gut ausgeschildert. Man folgt den gelben Wegweisern *Eifersbacher Wasserfall*. Zuerst geht's eine kleine Straße zwischen Häusern leicht aufwärts. Kurz nachdem man die Häuser hinter sich lässt, endet der Asphalt und geht in einen Forstweg über, der im Wald leicht abwärts führt. Man überquert den Wendbach, geht unter der Seilbahn durch und verlässt schließlich den Forstweg. Ein schmaler *Wanderweg* (gelber WW) führt durch einen romantischen Wald weiter abwärts. Man wird vom Plätschern eines kleinen Baches, einem Zufluss des Eifersbachs, begleitet. In diesem Wegabschnitt kann man sehr gut der rot-weiß-roten Markierung folgen. Über einen Holzsteg überquert man

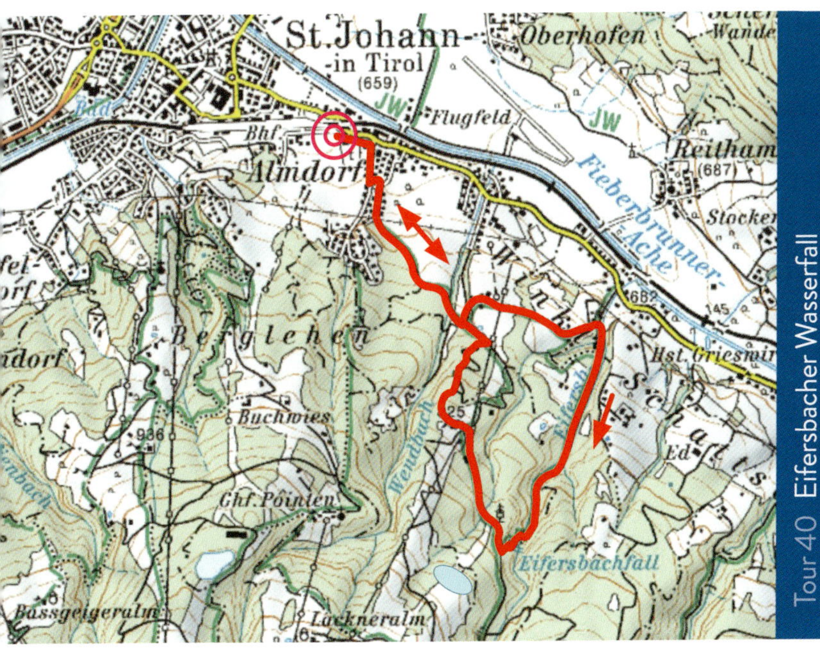

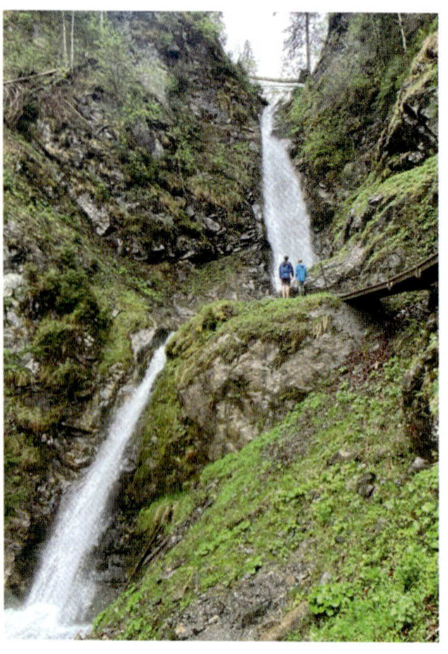

Die zwei Kaskaden des Eifersbacher Wasserfalls

einen schmalen Bach, dem man folgt, bis man auf einen Forstweg kommt. Über eine Wiese geht es kurz leicht bergab (gelber WW) und nach einer kurzen Waldpassage erreicht man die Thalmühl- bzw. Samerbadl-Kapelle. Ein idyllischer Platz, an dem früher das Theresienbad oder Samerbadl stand. Heute zeugt nur noch ein Brunnen davon, dessen Wassern man Linderung von Gicht und Rheuma zuschreibt.

Zum Eifersbacher Wasserfall: Nun geht's auf einem breiteren Weg dem Eifersbach entlang bergauf. Einmal quert man den Bach und folgt dem Weg auf der anderen Seite weiter aufwärts. Man kommt zu einem Schild, das darauf hinweist, dass der steile Weg nur auf eigene Gefahr begangen werden darf. Nun wird es interessant. Das Tal wird enger und man muss den Bach mehrmals auf Brücken überqueren. Man hört nicht nur das Tosen des Wasserfalls, man kann ihn auch schon im Hintergrund sehen. In zwei Kaskaden stürzt das Wasser ca. 25 Meter in die Tiefe. Ein Steig führt bis kurz vor das Tosbecken des oberen Wasserfalls. Wer sich dort länger aufhält, bekommt recht gut den Sprühnebel zu spüren, was im Sommer äußerst angenehm ist.

Rückweg: Nach dem Ausflug zum Wasserfall geht es in vielen, sehr steilen Stufen weiter aufwärts. Bis zur Zahl 96 sind sie beschriftet. Aber auch von dort weg geht es noch über einige weitere Stufen bergauf, bis man wieder auf einen breiteren Weg gelangt. Wer will, kann noch zum Hornblicksee weitergehen, den man in 15 Minuten erreicht. Sonst folgt man dem gelben WW *Grander Schupf*, quert eine Skipiste und erreicht nach ca. zehn Minuten dieses Gasthaus. Nun bieten sich zwei Möglichkeiten für die Rückkehr zum Ausgangspunkt. Entweder folgt man dem gelben WW nach St. Johann, oder man geht hinter dem Gasthaus über einen Forstweg ins Tal. Nach ca. 700 Metern kommen beide Wege wieder zusammen und man folgt dem schon bekannten Weg zurück zum Parkplatz.

41 Sintersbach-Wasserfall

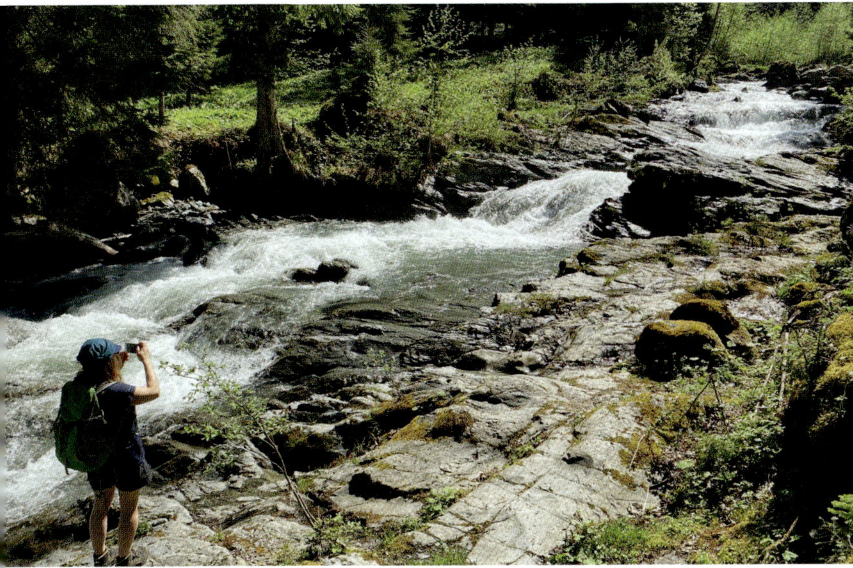

Magische Stimmung bei einem netten Rastplatz direkt am Wasser

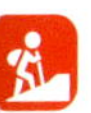

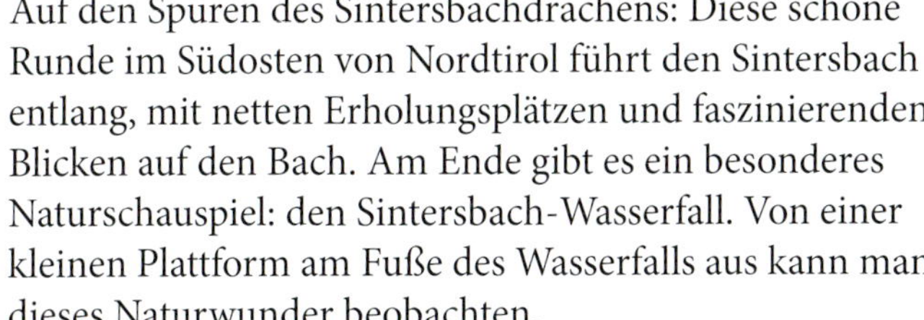

Auf den Spuren des Sintersbachdrachens: Diese schöne Runde im Südosten von Nordtirol führt den Sintersbach entlang, mit netten Erholungsplätzen und faszinierenden Blicken auf den Bach. Am Ende gibt es ein besonderes Naturschauspiel: den Sintersbach-Wasserfall. Von einer kleinen Plattform am Fuße des Wasserfalls aus kann man dieses Naturwunder beobachten.

Anfahrt: Inntalautobahn Ausfahrt Wörgl Ost – Kitzbühel – Jochberg
Ausgangspunkt: Parkplatz Schradler bei Jochberg (960 m)
Route: Sintersbach-Wasserfall-Parkplatz
Höchster Punkt: 1323 (beim Sintersbach-Wasserfall)
Km, Hm: 6,8 km, 380 Hm

Dauer: 3 – 3 ¼ Stunden
Voraussetzungen: Trittsicherheit
Beste Jahreszeit: Mai – Oktober
Gebühren: keine
Einkehrstationen: unterwegs keine
Tipp: alternativ: Rückweg über die Wildalm mit Einkehrmöglichkeit

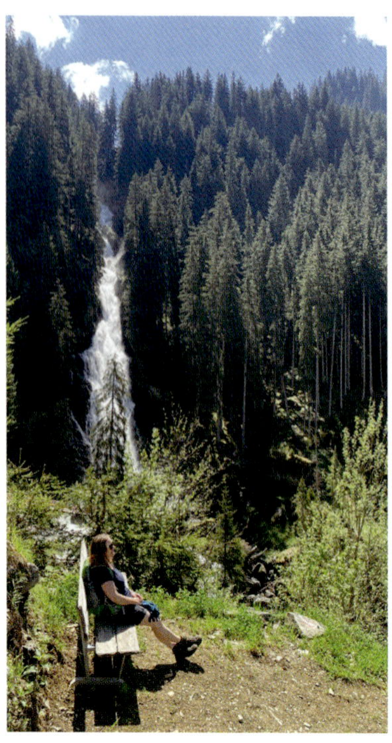

Blick auf die ganze Länge des Sintersbach Wasserfalls

Anfahrt: Auf der Inntalautobahn die Ausfahrt Wörgl Ost nehmen und weiter Richtung Lofer und Felbertauern fahren. Durch Kitzbühel, Jochberg und kurz nach Jochberg bei den vielen gelben Wegweisern nach links in die *Kupfstattgasse* (30er Zone) abbiegen. Hier ist der *Sintersbach-Wasserfall* (gelber WW) bereits angeschrieben. Dem Straßenverlauf so lange folgen, bis er in einen Forstweg übergeht, auf dem man kurz darauf den Parkplatz erreicht.

Entlang des Sinterbachs: Zuerst den Forstweg (Schranken – Mountainbiken verboten) entlanggehen und bei der Abzweigung den rechten Weg nehmen, der an einem netten Waldspielplatz vorbei und über eine Holzbrücke auf die andere Seite des Sintersbaches führt. Dann geht es am *Weiß-Wast-Steig* weiter aufwärts. Entlang des Weges sind Schautafeln zur Legende über den Sintersbachdrachen aufgestellt. Der Weg führt immer am Wasser entlang, am Anfang aber weit oberhalb, sodass es neben dem Weg teils recht steil zum Bach abfällt. Man kommt an einer kleinen Aussichtsplattform vorbei, von der man wunderbar auf den Bach hinabblicken kann. Am Weg gibt es mehrere Plätze, die zu einer kurzen Rast einladen. Ein magischer Rastplatz ist direkt am Bach. Dort gibt es eine nette Liegebank zum Verweilen. Man folgt weiter dem Bach, bis man eine Brücke erreicht. Auf der anderen Seite nimmt man ein kurzes Stück den Forstweg, den man in einer Kehre wieder verlässt. Zuerst überquert man einen Zufluss und geht dann einem schmalen Weg den Bach entlang weiter aufwärts. Ein weiteres Mal wechselt man auf die andere Bachseite.

Zum Sintersbach-Wasserfall: Während man im Wald einem Kamm entlang teils recht steil aufwärtsgeht, hört man von beiden Seiten das Rauschen von Bächen. Schließlich wendet sich der Weg eher nach links und nach einer schönen Lichtung wird das Rauschen des Baches von mächtigem Tosen übertönt. Dieses wird immer lauter und bald sieht man durch die Bäume hindurch den Wasserfall. Ehe man eine kleine Aussichtsplattform am Fuß des Wasserfalls erreicht, geht es noch ein paar Meter abwärts. Die Plattform wartet mit einem imposanten Blick auf den unteren Teil des Wasserfalls auf. Man kann zuschauen, wie das Wasser in tausende Tröpfchen zerstiebt, wenn es auf den Fels herabdonnert. Ein wahrhaft imposantes Schauspiel!

Rückweg: Für den Rückweg geht's über eine Holzbrücke auf die andere Seite des Baches. Vorsicht ist geboten, da der Sprühregen des Wasserfalls sich großflächig verteilt und der Boden ganz nass und somit recht rutschig ist. Von der Brücke aus hat man nochmals einen wunderbaren Blick auf den Wasserfall. Sobald man die Brücke passiert hat, führt ein breiterer Weg recht steil bergauf. Je weiter man raufkommt, desto besser sieht man auch den oberen Teil des Wasserfalls ein. Insgesamt überwindet der Wasserfall mehr als 80 Höhenmeter. Von einer Bank aus kann man dann auch den Bachverlauf unterhalb des Wasserfalls gut einsehen.
Bald erreicht man wieder den schon bekannten Forstweg und folgt diesem Richtung *Parkplatz Schradler* (gelber WW). Der Weg wird schmäler und bei einer Kreuzung, an der links ein Weg hinunter zum Bach und zu einer Brücke führt, nimmt man diesen. Von der Brücke aus hat man einen wunderbaren Blick hinunter auf den Sintersbach. Auf der anderen Seite angekommen, befindet man sich wieder auf dem Aufstiegsweg. Auf diesem geht es dann zurück zum Parkplatz.

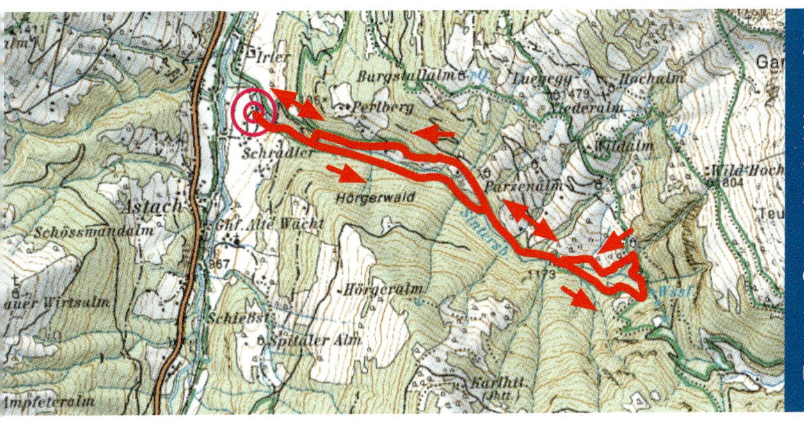

Tour 41 Sintersbach-Wasserfall

42 Innergschlöss – Gletscherrundweg

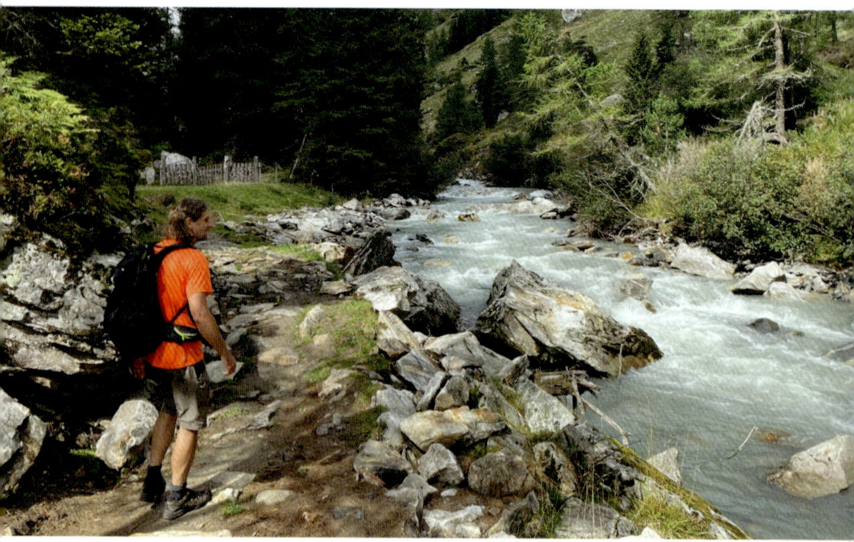

Teils führt der Wanderweg direkt nebem dem Gschlössbach entlang

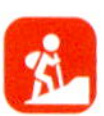 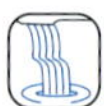

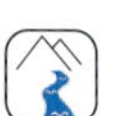 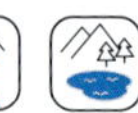

Vom Rauschen des Baches begleitet wandert man zuerst vom Matreier Tauernhaus nach Innergschlöss. Der Gletscherrundweg führt in hochalpiner Umgebung über den Salzbodensee, das Auge Gottes und bis hin zur Gletscherzunge des Schlatenkees. Mit wunderbarem Ausblick ins Tal hinunter geht es dann zurück. In Innergschlöss kann man entscheiden, ob man wieder zurückwandert oder sich lieber zum Tauernhaus führen lässt.

Anfahrt: Lienz – Matrei in Osttirol – Matreier Tauernhaus

Ausgangspunkt: Parkplatz Matreier Tauernhaus (1512 m)

Route: Hohe Achsel – Innergschlöss – Salzbodensee – Auge Gottes – Gletscherzunge – Innergschlöss – Parkplatz

Höchster Punkt: 2238 m

Km, Hm: 17 km, 1000 Hm

Dauer: 7 ¾ – 8 Stunden

Voraussetzungen: Trittsicherheit

Beste Jahreszeit: Sommer – Herbst

Gebühren: Parken

Einkehrstationen: Matreier Tauernhaus (1512 m), Venedigerhaus Innergschlöss (1691 m), Berghaus Außergschlöss (1695 m): liegt nicht direkt am Weg

Tipp: Tauernhaus – Innergschlöss: 3,5 km und ca. 200 Hm. Wer mit dem Taxi oder einem Panoramazug fährt, erspart sich diese Strecke entweder einmal oder sogar zweimal. Wer will, kann einen kleinen Umweg zur Gletscherzunge machen.

Anfahrt: Von Nordtirol kommend fährt man bei Wörgl Ost von der Inntalautobahn ab und weiter über Kitzbühel, Mittersill und durch den Felbertauerntunnel (Maut). Ca. zwei Kilometer nach dem Südportal des Tunnels zweigt man rechts zum *Tauernhaus* ab. Nach weiteren 1,5 Kilometern erreicht man einen großen gebührenpflichtigen Parkplatz.

Entlang des Gschlössbachs: Anfangs geht man zu Fuß ein Stück auf der Straße Richtung Talschluss. Nach ca. 500 Metern folgt man dem Wegweiser *Rundwanderweg* nach links und überquert den Gschlössbach. Vom Rauschen des Baches begleitet, geht es dann auf dem schön angelegten Steig im Wald teilweise etwas steiler aufwärts bis zur sogenannten Hohen Achsel. Von dort hat man einen schönen Blick hinunter auf den Bach und auf Wasserfälle auf der gegenüberliegenden Seite. Ab hier wandert man bequem weiter: zuerst mit Blick auf Außergschlöss und dann auf das mächtige Schlatenkees. Das ist der Gletscher, der vom Großvenediger, der Schwarzen Wand und dem Hohen Zaun herunterzieht. Bald hat man auch wieder die Höhe des Gschlössbaches erreicht. Nach Überquerung des Baches folgt man noch ca. 600 Meter dem Forstweg bis Innergschlöss, wo man wieder auf die andere Bachseite wechselt. Nun folgt man dem flachen Weg

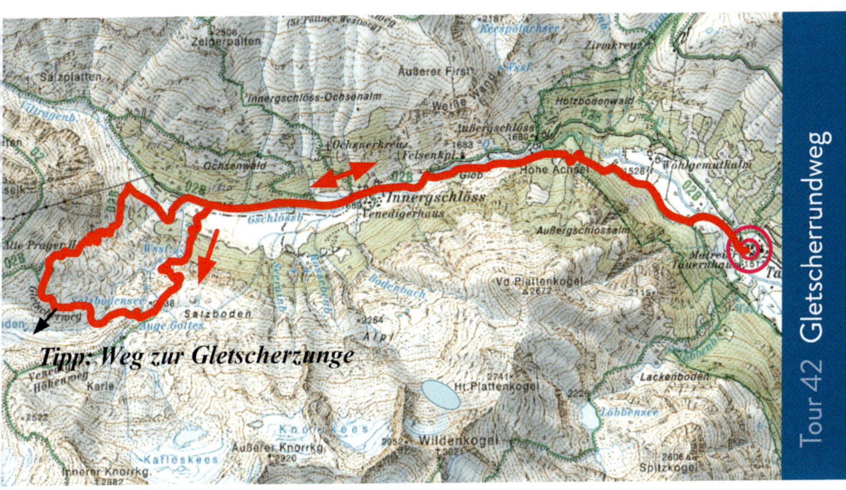

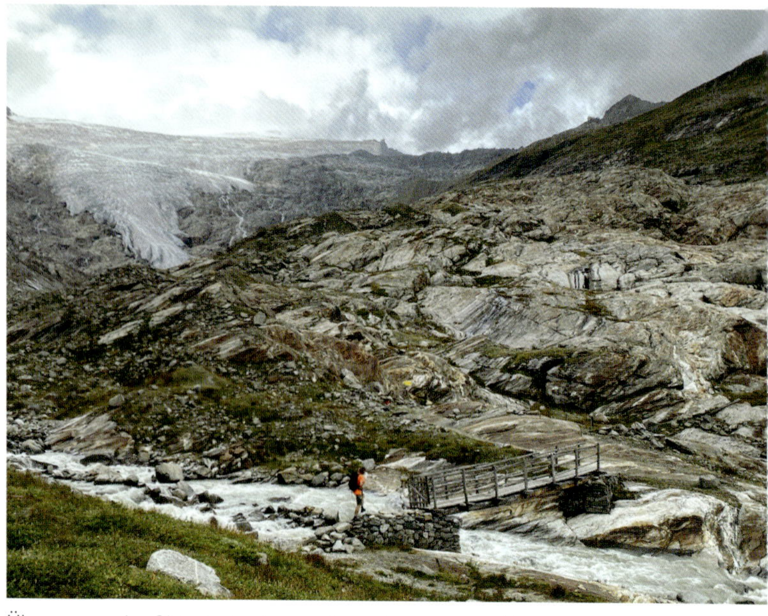

Überquerung des Gletscherbaches mit dem Schlatenkees im Hintergrund

südlich des Baches bis zum Beginn des Gletscherrundweges. Entlang des Gletscherweges sieht man 28 kleine Tafeln mit einer Nummer, die aber keine weitere Erklärung aufweisen. Wer nähere Informationen dazu haben will, muss sich den „Naturkundlichen Führer Gletscherweg Innergschlöss“ besorgen, den man im Matreier Tauernhaus oder im Nationalparkzentrum Matrei erhält.

Über einen Wasserfall zu zwei Seen: Nun geht's steil aufwärts, wobei man ständig das Tosen des mächtigen Schlatenbach-Wasserfalls hört. Zweimal bietet sich auch die Möglichkeit, von einer Aussichtsplattform aus die Wasserfälle ganz aus der Nähe zu bewundern. Der Steig führt weiter steil aufwärts, wobei Drahtseile, Felsplatten oder Holzstufen den Aufstieg erleichtern. Oben wird es wieder flacher und auf einer Höhe von 2137 Metern erreicht man den Salzbodensee, der wunderbar in die Landschaft eingebettet ist. Sein glatter Wasserspiegel reflektiert die umliegenden Berge. Nach weiteren 15 Gehminuten kommt man zum bekannten Auge Gottes, einer kleinen dreieckigen Wasserfläche, in deren Mitte eine Insel wie eine Pupille wirkt. Immer mit Blick auf die imposante Gletscherwelt geht's in leichtem Auf und Ab weiter bis zur Überquerung des Gletscherbaches. Nun folgt man den rot-weiß-roten Markierungen, die auf den riesigen, vom Gletscher blank polierten Steinplatten aufgemalt sind. Auf diesen Platten zu gehen, ist gar nicht so einfach. Es erfordert etwas Geschick und vor allem gutes Profil an den Wanderschuhen. Früher reichte der Gletscher bis zum Weg herab. Wer heute den Gletscher aus nächster Nähe sehen will, muss einen kleinen Umweg zur derzeitigen Gletscherzunge machen, die man erreicht, indem man dem Schild *Rundweg zur Gletscherzunge* folgt. Über lose Steine und rutschige Felsen geht es zum ewigen Eis.

Rückweg: Bald hat man den höchsten Punkt der Tour erreicht. Ab der Abzweigung zur Prager Hütte geht's schon abwärts und in vielen Serpentinen durch Wiesen bis zum Talboden hinunter. Schließlich erreicht man wieder den Weg neben dem Bach, der zurück nach Innergschlöss führt. Es gibt von dort mehrere Möglichkeiten der Rückkehr zum Tauernhaus: entweder am Aufstiegsweg oder am Forstweg, der an der bekannten Felsenkapelle vorbeiführt. Man kann sich aber auch bequem per Taxi oder Bummelzug zum Tauernhaus zurückbringen lassen.

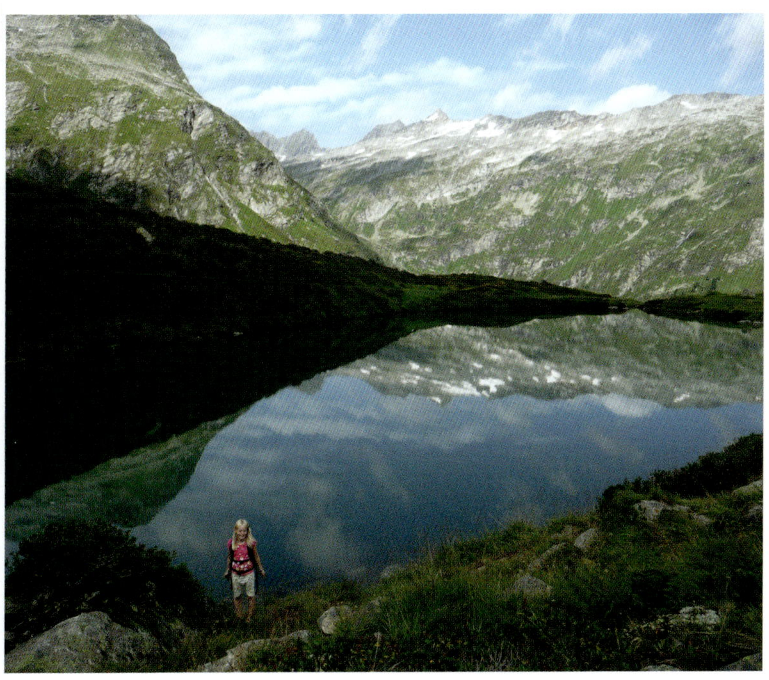

Im Salzbodensee spiegeln sich die Berge

43 Umbalfälle

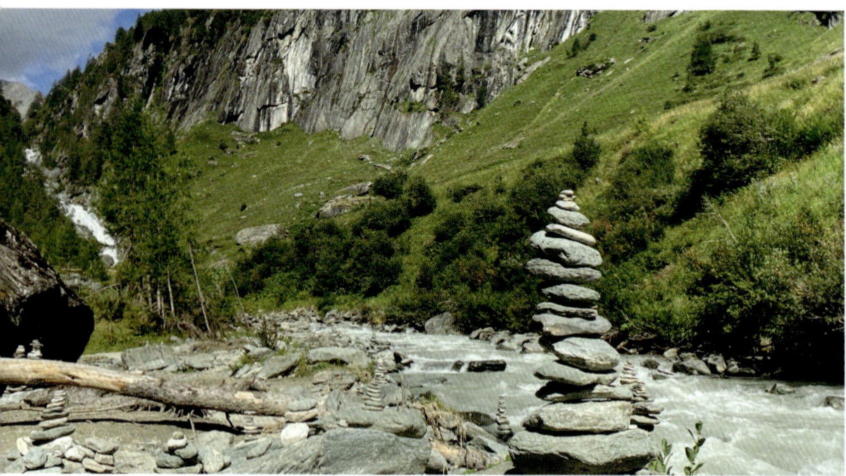

Vom Ende des offiziellen Wasserschaupfades sieht man die oberen Umbalfälle

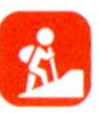 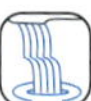 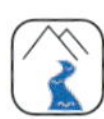

Bei den Umbalfällen wurde 1976 der erste Wasserschaupfad Europas eröffnet, der sich auch heute noch großer Beliebtheit erfreut. Die Isel, die das Umbaltal prägt, ist einer der letzten freifließenden Gletscherbäche Europas. Ganz hautnah kann man hier die Kraft der Wassermassen erleben, die dieses einzigartige Tal geformt haben. Entlang dieser Runde gibt es auch zwei Aussichtskanzeln: die des Kleinbachfalls und die des Großbachfalls.

Anfahrt: Inntalautobahn Ausfahrt Wörgl Ost – St. Johann – Pass Thurn – Mittersill – Felbertauern – Matrei in Osttirol – Virgental – Hinterbichl – Ströden

Ausgangspunkt: Parkplatz Ströden (1403 m)

Route: Aussichtskanzel Kleinbachfall – Pebellalm – Wasserschaupfad Umbalfälle – Aussichtskanzel Großbachfall – Islitzer Alm – Ströden

Höchster Punkt: 1655 m (am Forstweg beim Rückweg)

Km, Hm: 7,5 km, 420 Hm

Dauer: 3 ¼ – 3 ½ Stunden

Voraussetzungen: Trittsicherheit

Beste Jahreszeit: spätes Frühjahr – Herbst

Gebühren: Parkgebühr

Einkehrstationen: Islitzer Alm (1509 m)

Tipp: Aussichtskanzel Kleinbachfall und Pebellalm weglassen (spart ca. 100 Hm)

Anfahrt: Auf der Inntalautobahn bis Wörgl Ost fahren und auf der Bundesstraße weiter nach Lofer. Dem Schild *Felbertauern* folgen, über den Pass Thurn nach Mittersill und durch den Felbertauerntunnel nach Osttirol. Dann weiter nach Matrei und dort ins Virgental abbiegen. Schon bei der Abzweigung sind die *Umbalfälle* angekündigt. Im Virgental fährt man dann ganz zurück in den Talschluss, wo sich der gebührenpflichtige *Parkplatz Ströden* befindet. Gleich beim Beginn des Parkplatzes löst man das Parkticket und kann dann im ganzen Bereich des Talschlusses parken.

Der Kleinbachfall: Man wandert an einer Kapelle vorbei Richtung Talschluss. Die Straße geht recht bald in einen Forstweg über. Es gibt einen wunderbaren Blick über saftig grüne Wiesen, durch die ein Zufluss der Isel, der Maurerbach, fließt. Im Hintergrund sieht man inmitten der Wälder bereits die Umbalfälle. Man kommt am Kutschenstandplatz vorbei, an einem Gipfelkreuz der Wiesbauerspitze und gelangt schließlich zu den Informationstafeln der Umbalfälle, wo sich noch ein paar letzte Parkmöglichkeiten befinden. Dort kann man mehr Informationen zum Wasserschaupfad *„Natur-Kraft-Weg"* Umbalfälle finden. Dieser Wasserschaupfad wurde bereits 1976 eröffnet und war der erste in Europa. Heute erfreut er sich nach wie vor großer Beliebtheit. Das Umbaltal wird von der Isel geprägt, die einer der letzten frei fließenden Gletscherbäche Europas ist. Nun gilt es zuerst, zum Startpunkt des Wasserschaupfades zu gelangen. Dafür geht man den Forstweg entlang, teils recht steil

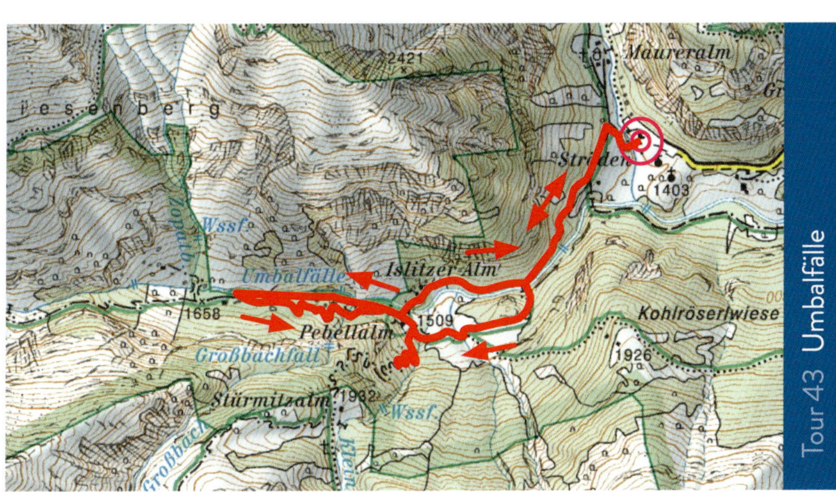

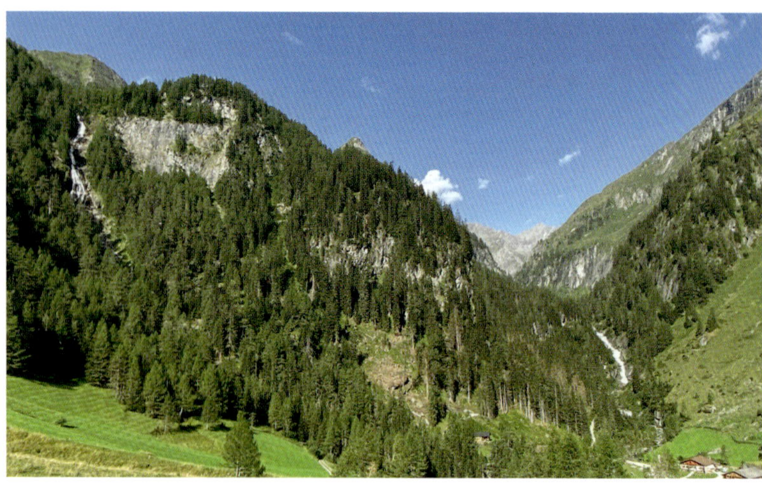

Links der Kleinbachfall und rechts die Umbalfälle und die zwei Hütten

aufwärts. Von Anfang an hört man das Rauschen der Isel. Bald verläuft auch der Forstweg direkt neben dem Bach. Diesen kann man dann von einer Plattform (*Blick von der Kanzel*) aus der Nähe betrachten. Wer vom Forstweg genug hat und lieber auf kleineren Pfaden geht, nimmt die nächste Abzweigung nach links über eine Brücke der Isel und kommt so auf einen Fußweg, der zur Pebellalm führt. Auch hier geht der Steig anfangs recht steil im Wald aufwärts. Oben erreicht man eine wunderschöne Almwiese. Im Hintergrund taucht ein Wasserfall auf, der Kleinbachfall, dessen Getöse allerdings von der Isel übertönt wird. Erst wenn man dem Wasserfall näher kommt, ist auch dieser zu hören. Über die Almwiese führt ein Karrenweg weiter Richtung Wasserfall zu einer wunderbaren Rastmöglichkeit. Von dort aus hat man einen schönen Blick sowohl auf den Kleinbachfall als auch auf die Umbalfälle. Weiter führt der Karrenweg abwärts zu den Almen, die bereits zu sehen sind. Kurz nachdem man den Kleinbach überquert hat, besteht die Möglichkeit, einen Abstecher zur *Aussichtskanzel Kleinbachfall* zu machen. Der hinführende Karrenweg geht allerdings recht steil aufwärts. Der Blick auf den Wasserfall lohnt aber die Mühe des Aufstiegs.

Wasserschaupfad Umbalfälle: Bald kommt man zur Pebellalm. Von dieser ist der Anfang des Wasserschaupfades nicht mehr weit. Man geht an einem Holzgatter vorbei und folgt dem Forstweg ein Stück aufwärts bis zu einer Abzweigung. Dort nimmt man den rechten, schmäleren Weg und erreicht kurz darauf eine erste Station mit Informationstafeln, von wo man einen wunderbaren Blick auf die unteren Umbalfälle hat. Kurz darauf überquert man einen weiteren Zufluss der Isel, den Großbachfall. Blickt man weiter aufwärts, sieht man, wie schön diese Wasserfälle im oberen Bereich sind. Der Weg führt der Isel entlang bergauf. Er ist teils recht steil und stellenweise mit Stufen versehen. Man erreicht eine Aussichtsplattform, von der aus man nach oben die unteren Umbalfälle sieht. Die Wassermassen der Isel donnern über ein paar niedrige Kaskaden in die Tiefe. Schaut man dem Iselverlauf nach, kann man den Blick dem Bach entlang ins Tal schweifen lassen. Eine zweite Plattform bietet die Möglichkeit, dem Donnern und Gurgeln der Wassermassen ganz nahe zu kommen. Schließlich erreicht man einen riesigen Stein, der mitten im Bach liegt. Über einen Holzsteg kann man diesen betreten und ist dann von den tosenden Wassermassen der Isel umgeben. Weiter geht man unter überhängenden Felsen durch. Der Fluss ist hier etwas ruhiger. Aber schon sieht und hört man im Hintergrund die oberen Umbalfälle. Der offizielle Wasserschaupfad endet allerdings, bevor man diese erreicht. Der Weg führt nach links zu einer schönen Sitzmöglichkeit. Es zahlt sich aber aus, noch kurz unten beim Bach – wo jede Menge Steinmandeln aufgestellt wurden – zu verweilen, um diese einzigartige Landschaft der oberen Umbalfälle auf sich wirken zu lassen.

Rückweg mit Blick auf den Großbachfall: Über ein paar Stufen erreicht man den Forstweg, dem man aufwärts Richtung *Großbachfall* folgt. Bald schon kommt man an der Aussichtskanzel Großbachfall vorbei. Auf diese gelangt man, indem man zwischen zwei riesigen Steinen durchgeht und im Weiteren ein paar Stiegen raufsteigt. Von der Aussichtskanzel hat man einen guten Blick auf den Wasserfall des Großbachfalls, der in der Ferne ins Tal rauscht. Eine Bank lädt zum Verweilen ein. Während des weiteren Weges sieht man immer wieder auf den Großbachfall. Bald schon ist man bei der Jausenstation Islitzer Alm, die direkt an der Isel liegt. Nach einer Rast geht es auf dem Forstweg zurück ins Tal.

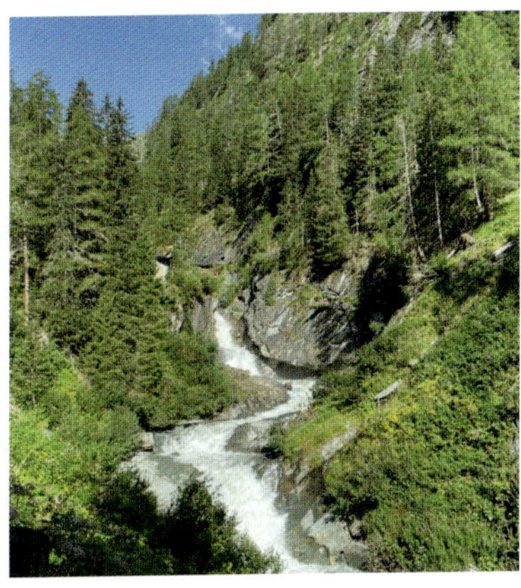

Die unteren Umbalfälle

44 Lesacher Almen

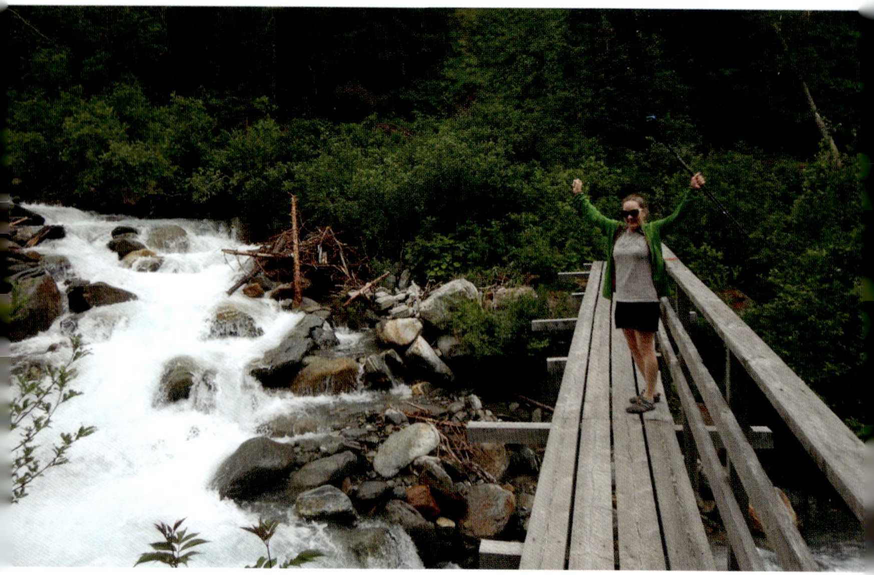

Ein paar Mal überquert man den Lesachbach

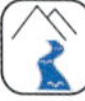

Mit Blick auf das Matterhorn Tirols, den imposanten Glödis, geht es im Lesachtal entlang des rauschenden Lesachbaches zu den Lesacher Almen. Unter den Almen ist derzeit leider keine einzige bewirtschaftet. Wer nicht den gleichen Weg zurückgehen will, wählt den Forstweg und kann somit eine Runde machen.

Anfahrt: Lienz – Richtung Felbertauern – Richtung Kals – Lesachtal – Oberlesach
Ausgangspunkt: Parkplatz in Oberlesach (1426 m)
Route: Lesacher Almen – Bacher Alm – Rubisoi – Parkplatz
Höchster Punkt: 1885 m
Km, Hm: 8,8 km, 490 Hm
Dauer: 3 ¾ – 4 Stunden
Voraussetzungen: Trittsicherheit
Beste Jahreszeit: Sommer – Herbst
Gebühren: Parkgebühr
Einkehrstationen: unterwegs keine
Tipp: Da die Lesacher-Alm-Hütte nicht mehr bewirtschaftet wird, sollte man Proviant mitnehmen. Wer will, kann noch eine Runde über wunderschöne Bergwiesen zur Lesach-Riegel-Hütte gehen.

Anfahrt: Von Lienz aus fährt man zuerst Richtung Felbertauern bis Huben. Dort biegt man nach Kals ab und fährt weiter bis zum grünen Wegweiser *Lesachtal.* Eine steile Straße führt gleich nach der Kurve zuerst nach Unterlesach und schließlich nach Oberlesach. Am Ende der Straße befindet sich auf der linken Seite ein kleiner gebührenpflichtiger Parkplatz. Die Gebühr ist allerdings nicht bei einem Parkautomaten zu entrichten. Der Parkplatzbesitzer hat sich eine originelle Methode überlegt. Man legt das Geld in ein Kuvert, beschriftet es mit der Nummer des Kennzeichens und wirft es in den Briefschlitz einer alten Milchkanne ein, die zur Kasse umfunktioniert wurde.

Zu den Lesachalmen: Zuerst geht's ca. 100 Meter die Straße entlang zurück bis zum Wegweiser *Lesachalmhütte/ Bachweg.* Hier folgt man dem Wiesenweg leicht aufwärts, der schließlich in den Wald führt. Man wird vom Plätschern des relativ schmalen Baches begleitet, das teilweise recht laut werden kann. Es gibt auch einige Zuflüsse, die fallweise kleine Wasserfälle bilden, die das Rauschen verstärken.

Bei der Sagbrücke überquert man das erste Mal den Bach und kommt auf einen breiteren Weg, der schließlich bei einer neu errichteten Brücke wieder auf die andere Seite des Baches führt. Man bleibt immer in der Nähe des sprudelnden Baches, sodass man ständig von seinem Rauschen be-

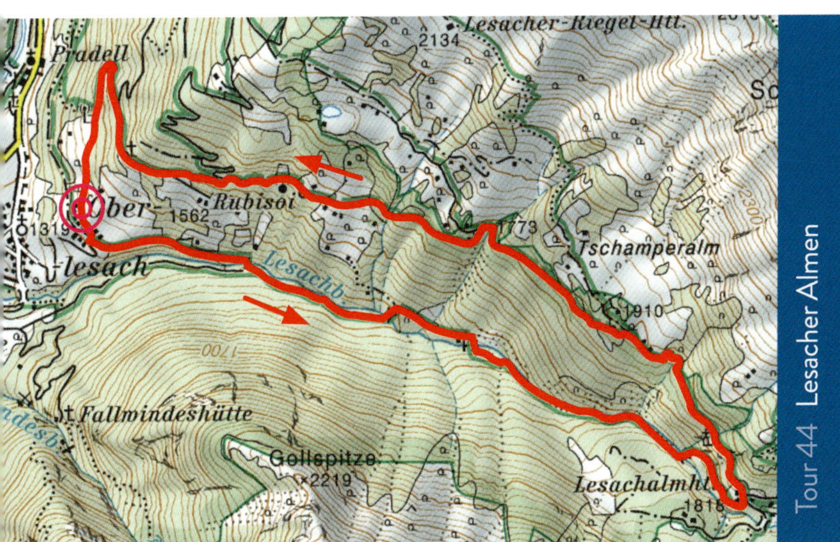

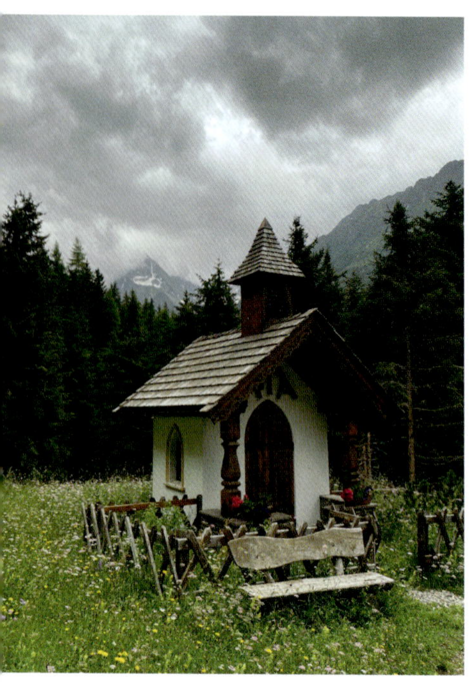

Die kleine Kapelle mit dem spitzen Türmchen

gleitet wird und im Sommer dessen Kühle genießen kann.

Bei schönem Wetter hat man immer wieder einen herrlichen Blick auf den Glödis, der wegen seiner imposanten Form auch das Matterhorn Osttirols genannt wird. Der relativ breite Forstweg endet bei einem kleinen Wasserkraftwerk. Anschließend geht's auf einem schmaleren Steig weiter aufwärts, wobei man zwei Mal die Bachseite wechselt. Einmal ist der Pfad über Geröll zu passieren, da vor ein paar Jahren ein kleiner Erdrutsch den Weg zerstört hat.

Zum Schluss führt der Steig etwas steiler bergauf und man erreicht die Lesacher Almen auf einer Höhe von 1835 Metern. Hier sind ein paar Almhütten verstreut, die allerdings nicht bewirtschaftet sind, sondern im Sommer teilweise an Touristen vermietet werden. Es gibt also keine Einkehrmöglichkeit.

Rückweg: Wer nicht den gleichen Weg zurück ins Tal gehen will, kann über den Forstweg direkt zum Auto zurückgelangen.

Dazu folgt man den Wegweisern *Lesach/Kals* und geht zuerst ein paar Höhenmeter leicht bergauf. Dieser Weg ist auch als Mountainbike-Strecke ausgeschildert, sodass man mit Radfahrern rechnen muss und dementsprechend aufpassen sollte. Unterwegs kommt man an der schön gelegenen privaten Bacher Alm vorbei. Auch wenn der Forstweg nicht direkt am Bach entlanggeht, hört man doch immer wieder sein Rauschen. Man kommt noch an einer wunderbar gelegenen kleinen Kapelle vorbei, die in einem Blumenmeer steht. Dort lädt eine Bank zum Verweilen ein. Auch ein Blick zurück zum Glödis zahlt sich aus, dessen mächtiger Gipfel einen richtigen Kontrast zu dem spitzen Türmchen der Kapelle bildet. Zum Schluss wendet sich der Forstweg vom Bach weg und führt schließlich in einer langen Linkskurve zum Auto zurück.

45 Galitzenklamm

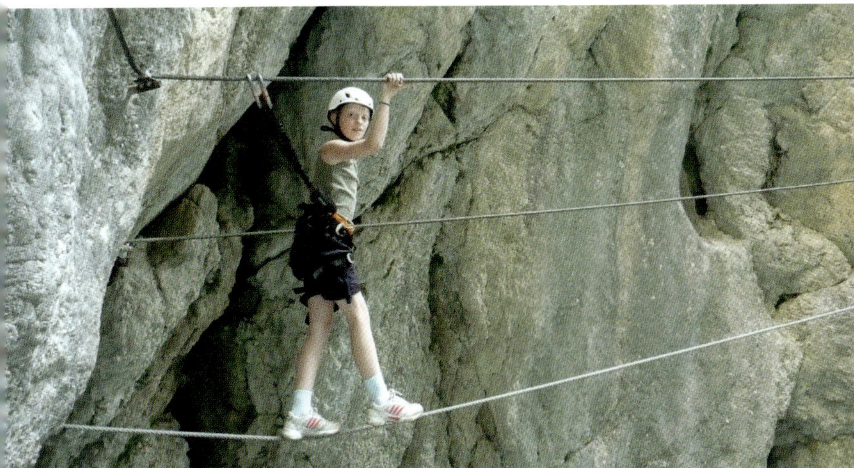

Seilbrücke über den Bach

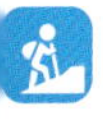

Die Galitzenklamm bietet Attraktionen für die ganze Familie: vom Wasserspielplatz über Hochseilgarten hin zum Klettersteig oder einem Wasserschaupfad, der faszinierende Einblicke in spektakuläre Wasserschauspiele ermöglicht. Wer sich den Klettersteig im Schwierigkeitsgrad C zutraut, kann über diesen aufsteigen und den Wasserschaupfad zurückwandern. Sonst ist es auch überaus reizvoll, nur den Wasserschaupfad zu gehen. Dabei kann man die Klettersteiggeher von oben beobachten.

Anfahrt: Lienz – Leisach-Gries
Ausgangspunkt: Parkplatz Galitzenklamm (745 m)
Route: Kasse – Galitzenklamm-Klettersteig – Wasserschaupfad – Parkplatz
Höchster Punkt: 825 m
Km, Hm: ca. 1,6 km, 80 Hm
Dauer: ¾ Stunde (Zustieg: 5 Minuten; Klettersteig: 30 Minuten, Abstieg: 10 Minuten)
Schwierigkeitsgrad KS: C, meist B/C
Ausrüstung: für den Klettersteig komplette Klettersteigausrüstung (Gurt, Klettersteigset, Helm, evtl. Handschuhe); für den Wasserschaupfad: Helm (Materialverleih am Eingang)

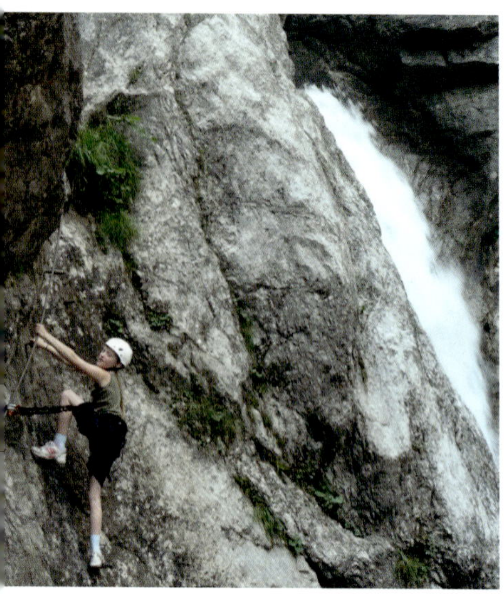

An der Wand entlang in der Nähe des tosenden Wassers

Voraussetzungen: Trittsicherheit, Schwindelfreiheit, Erfahrung mit Klettersteigen
Öffnungszeiten: 31. Mai – 31. Oktober von 10:00 bis 17:00 (Juli und August: 9:00 bis 18:00)
Gebühren: Eintritt Klamm
Einkehrstationen: vor dem Eingang: Jausenstation Galitzenklamm
Tipp: Im Erlebnispark Galitzenklamm gibt es auch einen Wasserspielplatz, einen Hochseilgarten und weitere Klettersteige: Adrenalin: D/E – Variante E; Endorphin: C/D; Dopamin: C/D, Übungsklettersteig: B/C.

Anfahrt: Von Lienz aus fährt man auf der B 100 Richtung Südtirol nach Leisach-Gries. Nach der Eisenbahnbrücke biegt man links ab, fährt über die Drau und erreicht gleich hernach den Parkplatz. Beim Eintritt zum Erlebnispark Galitzenklamm kann man an der Kasse auch eine komplette Klettersteigausrüstung ausleihen. Gleich nach dem Eintritt geht es dem Bach entlang leicht aufwärts. Dabei kommt man an dem Einstieg eines schwereren Klettersteigs vorbei (Dopamin).

Galitzen-Klettersteig: Wir gehen an der Abzweigung zum Wasserschaupfad vorbei und weiter zurück zum ersten großen Wasserfall. Dort findet man auf der linken Seite den Einstieg in den Galitzen- Klettersteig (B). Leicht oberhalb des tosenden Wassers führt er über eine Kante (B/C) und schließlich über eine Seilbrücke. Dabei hat man einen schönen Blick in die Tiefe. Weiter quert man eine Felswand auf vielen Stiften (B, A/B), bevor es zum nächsten Aufschwung in der Nähe eines Wasserfalls geht (C). Nach einer leichteren Stelle (B, A) gibt's die Möglichkeit eines Notausstieges. Im Klettersteig geht es mit einem kurzen Steilstück weiter (C, in anderen Topos auch als C/D gekennzeichnet). Weiter quert man unter dem Holzweg des Wasserschaupfades die Wand auf vielen Stiften (C, in anderen Topos B/C) und gelangt nach einer Kante (B) zur letzten Herausforderung des Klettersteiges: die zweite Seilbrücke, die einen spektakulären Wasserfall überquert (B). Steigt man aus dem Klettersteig aus, führt ein schmaler Pfad zur Aussichtsplattform zurück. Hier beginnt auch ein schwerer Klettersteig, der Adrenalin heißt.

Rückweg über den Wasserschaupfad: Die Plattform ist auch das Ende des Wasserschaupfades, der uns zum Eingang zurückbringt. Zuerst geht es über eine Holzbrücke, von der aus man nochmals auf die zweite Seilbrücke blicken kann. Dann geht es über eine Steiganlage, die direkt an die Wand montiert wurde, weiter. Dabei hat man einen spektakulären Blick in die Tiefe. Beim Abstieg kommt man noch an zwei weiteren Klettersteigen vorbei: dem Endorphin-Klettersteig und dem Übungsklettersteig. Auf Schautafeln bekommt man auch Infos zur Klamm. Bevor man das Gelände der Galitzenklamm verlässt, kann man noch die anderen Attraktionen wie Hochseilgarten oder Wasserspielplatz besuchen.

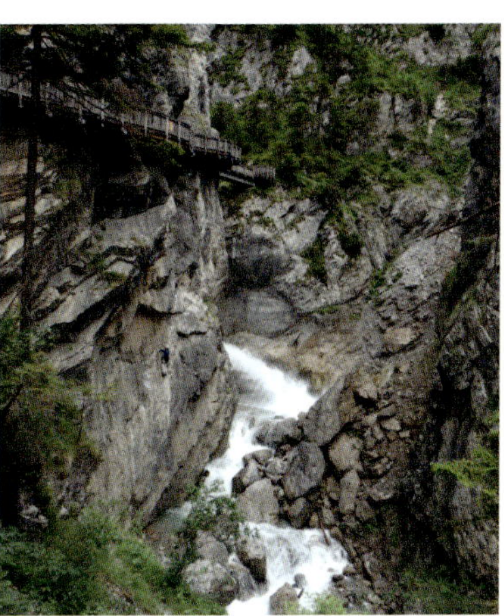

Vom Wasserschaupfad aus kann man die Kletterer in der Wand beobachten

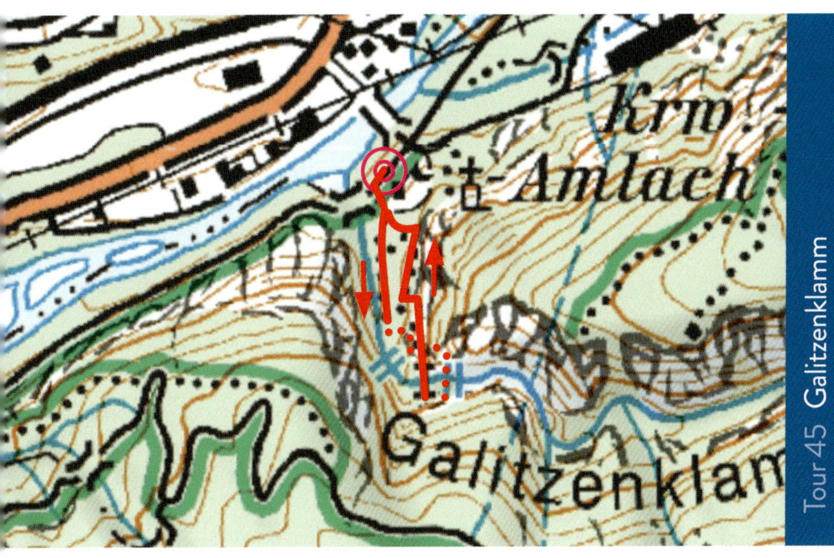

46 Tristacher See

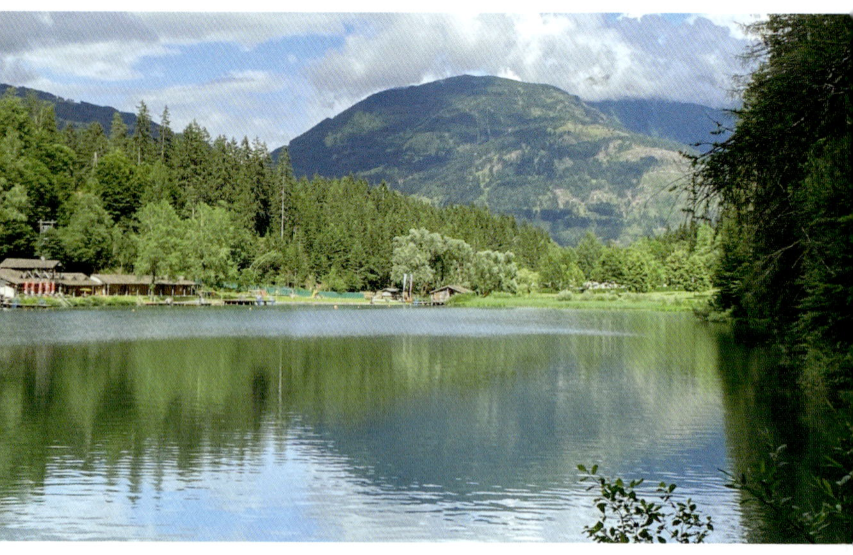

Das Strandbad am Tristacher See

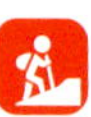 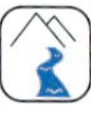

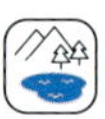

Der idyllisch gelegene Tristacher See ist ein Naturbadesee, der wunderschön im Wald eingebettet am Fuße der Lienzer Dolomiten liegt. Die Runde führt entlang eines Naturlehrpfades zuerst zu einem einzigartigen Naturjuwel: dem Alten See. Von dort geht's dann weiter zum Tristacher See und schließlich entlang des Seebaches wieder zurück zum Ausgangspunkt.

Anfahrt: Lienz – Tristach
Ausgangspunkt: Parkplatz in Tristach in der Nähe der Kirche (672 m)
Route: Waldlehrpfad – Alter See – Tristacher See – Parkplatz
Höchster Punkt: 892 m (am Forstweg vor dem Alten See)
Km, Hm: 7,8 km, 230 Hm
Dauer: 3 – 3 ¼ Stunden

Ausrüstung: Schwimmsachen
Voraussetzungen: Trittsicherheit
Beste Jahreszeit: Frühjahr – Herbst
Gebühren: keine
Einkehrstationen: Terrassencafé beim Strandbad
Tipp: das Naturbiotop Alter See umrunden

Anfahrt: Von Lienz fährt man Richtung Westen nach Tristach. Dort biegt man rechts Richtung Gemeindeamt ab und kommt dann, wieder nach rechts, zu einem ausgeschilderten Parkplatz, der sich auf der linken Seite der Straße befindet. Von diesem aus beginnt die Wanderung.

Zu den beiden Seen: Man startet die Runde, indem man den nicht beschilderten Wiesenweg 300 Meter Richtung Süden geht. Bei einem Strommast erreicht man einen Pfad, in den man rechts einbiegt. Dieser geht im Schatten von Bäumen recht flach Richtung Westen und bietet immer wieder schöne Ausblicke auf den Ort Tristach.

Sobald man den Wegweiser *Tristacher See – Naturlehrpfad* erreicht, folgt man diesem. Der Weg biegt links ab und führt dann im Wald aufwärts. Immer wieder sieht man Tafeln mit Informationen zum Thema „Wald“ oder zum Thema „Tiere im Wald“. Einmal überquert man einen breiteren Weg, folgt aber dem schmalen Weg weiter aufwärts. Das nächste Mal biegt man in eine kaum befahrene Straße rechts ein, folgt dieser ca. 80 Meter und biegt dann links in den Weg zum *Tristacher See* ab. Bald wird der Weg breiter, führt aber nach wie vor im Wald aufwärts, bis man die höchste Stelle der Tour erreicht. Dann geht es wieder bergab und man nimmt eine nicht beschilderte Abzweigung nach rechts, in einen Forstweg. Dieser führt zuerst abwärts, geht dann nochmals kurz bergauf und führt schließlich nach links zu dem Naturdenkmal Alter See. Dieser kleine

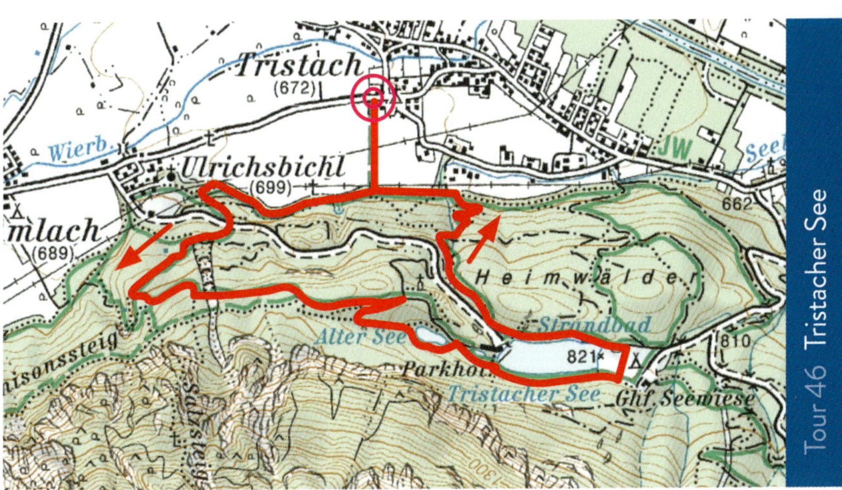

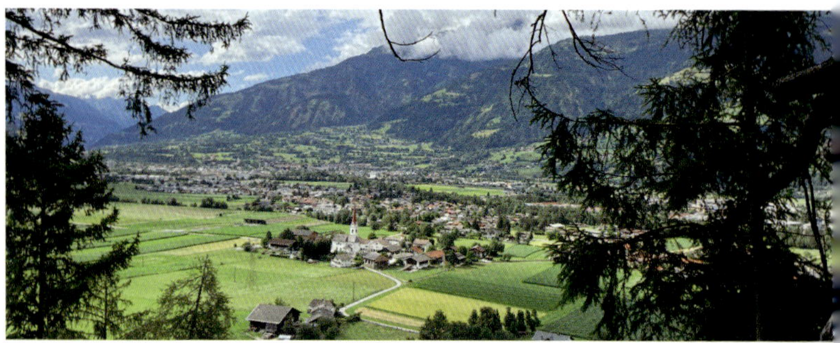
Schöner Blick nach Tristach

See ist das Quellgebiet des Tristacher Sees und ein einzigartiges Biotop. Um dieses einzigartige Naturjuwel zu genießen, bietet sich der um den See führende Rundweg an. Auf dieser Runde findet man immer wieder Bänke, um das Naturschauspiel genießen zu können. Schautafeln mit Informationen zum See und seinen Bewohnern und Pflanzen geben mehr Information zu diesem Biotop.

Auf Holzplanken geht es dem Südufer des Sees entlang zum anderen Ende des Sees. Dort folgt man geradeaus dem Wegweiser zum *Tristacher See*. Am Verbindungsweg zwischen den beiden Seen hört man ein nettes Geplätscher. Man erreicht den Garten des Parkhotels, kommt an der Kaiser-Maximilian-Quelle vorbei und gelangt schließlich zum Tristacher See. An diesem Naturbadesee liegt am Westufer das Parkhotel und am Ostufer befindet sich ein Strandbad. Ein schmaler Rundwanderweg führt um den See herum. Wir gehen zuerst am Südufer des Sees entlang Richtung Strandbad. Zwischen Strandbad und Campingplatz führt dann ein schmaler Weg zum Nordufer des Sees.

Entlang des Baches retour: Am Ende des Nordufers erreicht man das Parkhotel. Kurz davor führt ein schmaler Pfad an einem kleinen See entlang Richtung Norden und am Parkplatz des Hotels vorbei. Kurz darauf zweigt ein Weg nach Tristach/Amlach ab. Dieser Weg führt entlang des Seebaches, den man anfangs nur hört, da er teilweise von Stauden vollkommen verdeckt ist. Je weiter man runterkommt, desto lauter wird man vom Rauschen des Baches begleitet, da er mit immer steiler werdendem Gefälle durch das Tal fließt. Dementsprechend wird auch der Bergpfad immer steiler. Er geht über Stufen in ein paar Kehren weiter abwärts, bis man den Weg erreicht, der Richtung Amlach/Unterbichl wieder zu dem Strommast führt, von dem aus man den Parkplatz sehen kann.

47 Burkhardklamm

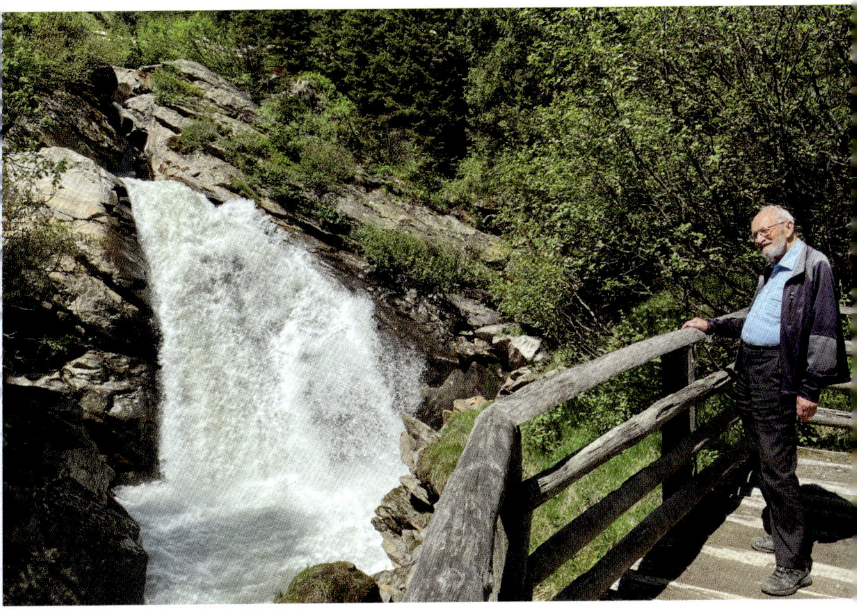

Das Wasser zwängt sich aus dem Felsspalt und breitet sich fächerartig über den Felsen aus

Diese schöne Runde führt uns den Fernerbach entlang und durch die Burkhardklamm. Für die Mühen des Aufstiegs kann man sich auf der schön gelegenen Aglsbodenalm erholen. Diese liegt auf einem wunderbaren Hochplateau, von dem aus man im Frühjahr eine Unzahl kleinerer Wasserfälle sehen kann.

Anfahrt: Brennerautobahn Ausfahrt Sterzing – Ridnaun – Maiern

Ausgangspunkt: Parkplatz beim Bergbaumuseum (1400 m)

Route: Burgstallwald – Burkhardklamm – Aglsbodenalm – Forstweg – Parkplatz

Höchster Punkt: 1730 m (bei der Wassersperre)

Km, Hm: 7 km, 380 Hm

Dauer: 3 – 3 ¼ Stunden

Voraussetzungen: Trittsicherheit

Beste Jahreszeit: Frühjahr – Herbst

Gebühren: keine

Einkehrstationen: Aglsbodenalm (1720 m): Ende Mai – Anfang November

Tipp: Man kann auch durch die Klamm wieder zurückgehen.

Anfahrt: Auf der Brennerautobahn bis zur Ausfahrt Sterzing und dann den braunen Wegweisern Richtung *Ridnaun* folgen. Im Ridnauntal bis ganz zum Talschluss, wo sich das Bergwerksmuseum befindet. Dort gibt es einen großen Parkplatz.

Zum Beginn der Klamm: Man startet, indem man dem Wanderweg Nr. 9 folgt. Der Wegweiser kündigt sowohl die Burkhardklamm als auch die Aglsbodenalm an. Zuerst geht's auf einer kleinen Straße an den alten Bahnen des Bergbaus vorbei. Kurz darauf zweigt ein schmälerer Weg ab und schlängelt sich immer weiter aufwärts, teils auch über ein paar Felsplatten. Der Weg ist anfangs mit Steinplatten sehr aufwändig angelegt. Im weiteren Verlauf werden die Platten weniger und dann folgt ein normaler Wanderweg. Es geht im Burgstallwald bergauf, teilweise sogar recht steil. Rechts unten hört man das Rauschen des Fernerbaches und manchmal kann man auch einen Blick auf das Wasser erhaschen. Weiter oben kommt man dem Bach näher und man kann beobachten, wie sich dieser seinen Weg über die vielen großen und kleineren Steinblöcke sucht, die im Bachbett liegen. Eine Zeitlang geht es direkt neben dem Bach entlang weiter taleinwärts. Anfangs in etwas größerer Höhe entlang eines Holzzaunes und später ohne Zaun auf der Höhe des Baches. Schließlich kommt man zu einem netten Rastplatz mit mehreren Wegweisern, von denen der in Richtung Burkhardklamm zu einer Holzbrücke weist.

Durch die Burkhardklamm: Auf der anderen Seite des Baches beginnt der Steig durch die Burkhardklamm. Nachdem man das offizielle Tor durchschritten hat, führt zunächst ein recht breiter Weg dem Bach entlang. In der Ferne sieht man schon viele kleine Wasserfälle. Bald geht's wieder etwas steiler bergauf und schließlich erreicht man einen Aussichtspunkt, von dem aus man mehrere Wasserfälle aus der Nähe betrachten kann. Dann schlängelt sich der Weg durch eine Unmenge von Heidelbeerstauden weiter aufwärts. Man kommt an mächtigen Felswänden und großen Steinblöcken vorbei. Zweimal führt der Weg über einfache Holzbrücken, von denen aus man einen schönen Blick in die Klamm hat. Zum Schluss kommt man noch zu einem wunderschönen Wasserfall, den man von einer Aussichtsplattform aus betrachten kann. Hier zwängt sich das Wasser aus der schmalen Klamm heraus und breitet sich fächerartig auf der Felsstufe aus. Nachdem man ein Holzgatter durchschreitet, geht's ein Stück einem Holzzaun entlang und schließlich über eine Wassersperre auf die andere Seite des Baches. Ein wunderbarer Blick in das Hochtal des Aglsbodens tut sich auf. Von allen Seiten stürzen schmälere Wasserfälle auf die Hochebene. Im Hintergrund sieht man eine kleine Hütte vor einem größeren Wasserfall. Auf der Ebene davor viele mäandernde Bäche und dazwischen grasende Schafe. Am Forstweg entlang oder auf einem direkten Weg in der Nähe der Bäche (allerdings mit einer einfachen Flussdurchquerung) geht's zur Aglsbodenalm. Kurz davor befindet sich ein Forellenteich. Auf der Terrasse der Alm kann man sich gut entspannen und stärken. Auf Wunsch gibt es sogar frische Forellen. Direkt hinter der Alm befindet sich ein größerer Wasserfall. Wer will, kann den Bach über eine schmale Hängebrücke überqueren.

Rückweg: Zurück geht man entweder wieder durch die Klamm, oder man nimmt einfach den Forstweg Nr. 8 nach *Maiern*. Um den wenigen Mountainbikern aus dem Weg zu gehen, kann man vom Forstweg aus immer wieder Abkürzungen nehmen. Bei der Brücke, wo die Burkhardklamm beginnt, wechselt man für den weiteren Abstieg die Bachseite und geht auf der anderen den Forstweg entlang ins Tal. Dabei ist der Aufstiegsweg auf der gegenüberliegenden Bachseite teilweise einsehbar. Bei einer Abzweigung folgt man dem Weg Nr. 8a nach *Maiern*. Ein schmaler Bergweg, der anfangs rechts steil abfällt, führt abwärts. Man kommt an einer Lichtung vorbei, die einen schönen Blick auf das Bergbaumuseum freigibt. Mit einer letzten Bachüberquerung beendet man die Tour und gelangt auch schon zum Parkplatz.

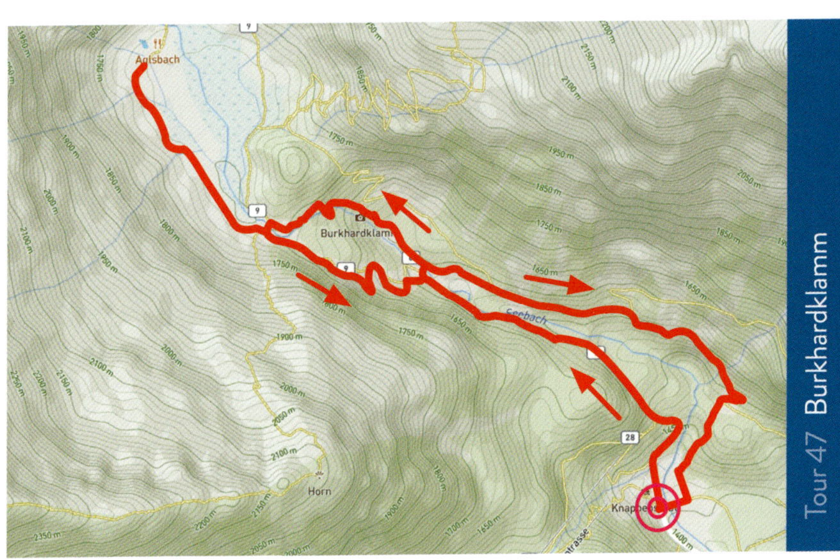

48 Gilfenklamm

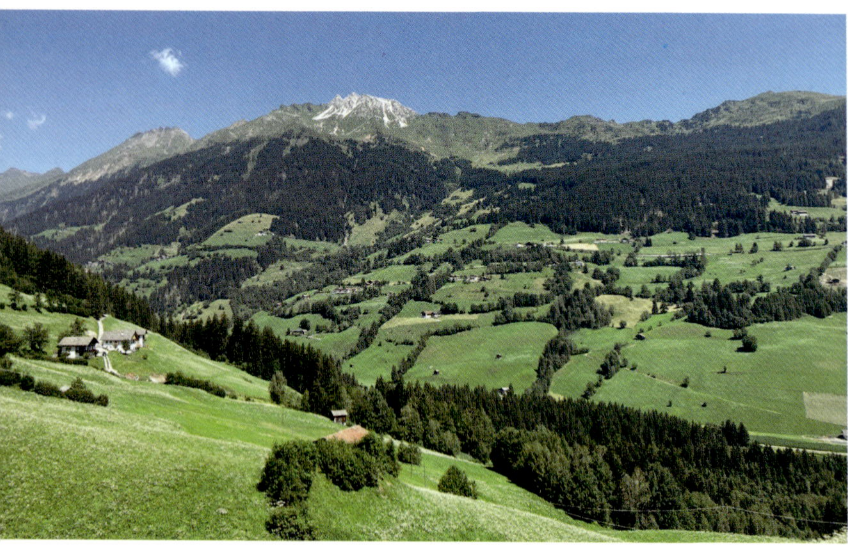

Beim Rückweg mit wunderbaren Blick auf den Telfer Weißen

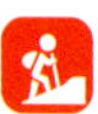

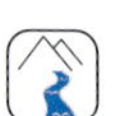

Die Gilfenklamm ist ein Naturdenkmal und gilt als eines der schönsten Naturschauspiele der Alpen. Sie ist für ihren weißen Marmor bekannt. Ein kühn angelegter Steig führt durch den engen Teil der Klamm, von dem aus man wunderbar die Wasserfälle und das smaragdgrüne Wasser in den Gumpen bestaunen kann. Der Rückweg führt mit schöner Aussicht wieder zurück nach Stange.

Anfahrt: Brennerautobahn Ausfahrt Sterzing – Ratschingstal – Stange
Ausgangspunkt: Parkplatz Gilfenklamm (971 m)
Route: Gilfenklamm – Jaufensteg – Pordaun – Stange – Parkplatz
Höchster Punkt: 1200 m
Km, Hm: 5,2 km, 230 Hm
Dauer: 2 – 2 ¼ Stunden

Voraussetzungen: Trittsicherheit, Schwindelfreiheit
Beste Jahreszeit: Juni – Oktober
Gebühren: Eintritt Klamm
Einkehrstationen: Gasthof Jaufensteg (1149 m); Stange: einige Gasthäuser
Tipp: Man kann die Klamm auch wieder zurückgehen oder mit dem Bus nach Stange zurückfahren.

Anfahrt: Auf der Brennerautobahn nimmt man die Ausfahrt Sterzing und fährt anschließend auf der Bundesstraße Richtung *Ratschings*. Kurz vor der Ortseinfahrt von Stange ist auf der rechten Straßenseite der Parkplatz Gilfenklamm, der sich in der Nähe des Sportplatzes befindet.

Zum Beginn der Klamm: Am großzügigen Parkplatz kann man nach einem großen blauen Pfeil Ausschau halten, der die Richtung zur Gilfenklamm anzeigt. Man spaziert zwischen den Sportplätzen durch und gelangt zu einem nett dahinplätschernden Bach. Diesem folgt man nach links und gelangt kurz darauf zur Bundesstraße, die man überquert. Auf der anderen Seite geht man dem Bach entlang weiter und erreicht schließlich ein Häuschen, wo man das Eintrittsgeld für die Klamm entrichten muss.

Immer weiter geht es dem Bach entlang taleinwärts. Einmal teilt sich der Weg. Der gemütliche Wanderweg geht leicht aufwärts, ein kleinerer Steig führt abwärts zum Bach und zu einem Kalkofen, zu dem es auf einer Schautafel eine nähere Erklärung gibt. Geht man den schmalen Weg, gibt es nach dem Kalkofen ein paar Stufen, die wieder zum Hauptweg zurückführen. Es geht weiter dem Bach entlang, immer wieder Brücken überquerend oder an Bänken vorbei, die zum Verweilen einladen. Da die Wanderung bis jetzt nur einem Bach entlang ging, fragt man sich, wo die Klamm bleibt, die für ihre Schönheit so gelobt wird.

Durch die Gilfenklamm: Und dann kommt man zu einer kleinen Aussichtsplattform, von der aus man sieht, wie der Steig relativ weit oben in einem schmalen Felsspalt verschwin-

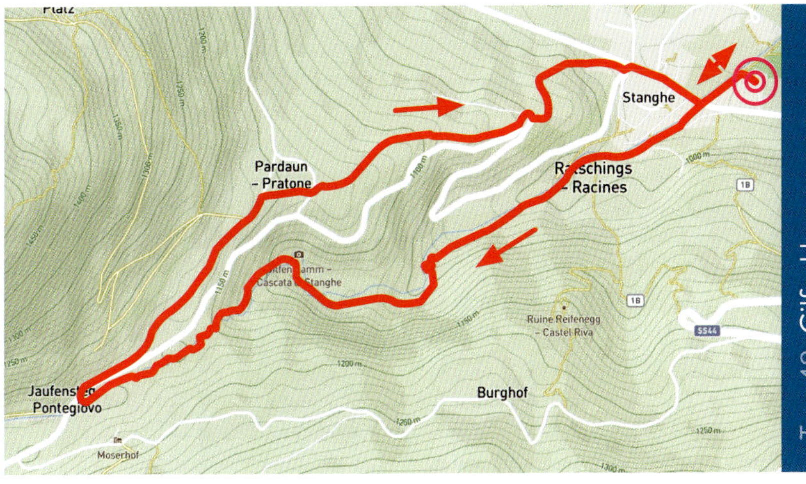

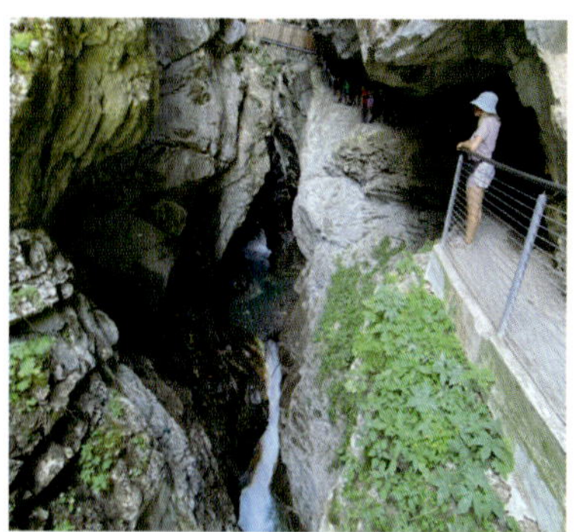

Der kühn angelegte Steig erlaubt immer wieder wunderbare Tiefblicke auf das Wasser in der Schlucht

det. Das Rauschen des Baches lässt erahnen, dass er in diesem Felsspalt nicht mehr ruhig dahinfließt. Dass sich gleich dahinter ein gewaltiger Wasserfall befindet, kann man nur erahnen. Sehen kann man ihn erst, wenn man den Steig weitergeht. Über eine ca. 15 Meter hohe Felsstufe stürzt das Wasser in die Tiefe. Eine Gedenktafel erinnert daran, dass der Weg bereits 1898 zum 50-jährigen Kronjubiläum von Kaiser Franz Joseph angelegt wurde. Da die Klamm so schmal ist, wurde ein Weg in den Marmor eingesprengt. So spaziert man stellenweise auf Marmor durch die Schlucht. Immer wieder überquert man Holzbrücken, die einen wunderbaren Blick in die Tiefe und zu den Wasserfällen oder auf das smaragdgrüne Wasser in den Gumpen ermöglichen. Die Felsformationen, die das Wasser hier über die Jahrtausende geformt hat, sind beeindruckend. Auch ein Blick nach oben zahlt sich aus. Die Klamm ist so schmal, dass man nur wenig Himmel sehen kann.

Zum Schluss führen viele Stufen in ein offeneres Gelände. Damit verlässt man das Reich der Klamm. Man kommt noch an einem weniger spektakulären Wasserfall vorbei, der über eine Felswand plätschert. Kurz darauf geht man wieder einem ruhig dahinfließenden Gebirgsbach entlang. Der Pfad endet dann beim Gasthof Jaufensteg.

Rückweg: Gleich beim Gasthof Jaufensteg ist der Wanderweg Richtung Stange angeschrieben. Ein paar Höhenmeter muss man nochmals bergauf, bevor es endgültig ins Tal hinunter geht. Beim Abwärtsgehen hat man immer wieder einen schönen Blick auf das Tal und die Berge dahinter. Der Weg ist gut ausgeschildert. Ein kurzes Stück geht's an ein paar Häusern entlang zu einer Straße hinunter, die man überquert. Anschließend muss man wieder nach den Wegweisern Ausschau halten und dem Pfad weiter folgen. Schließlich mündet der schöne Weg in eine Kehre der Hauptstraße. Man überquert die Hauptstraße gleich zweimal und folgt dann wieder dem Weg nach *Stange*. Im Ort kommt man auf der Hauptstraße raus, biegt in diese rechts ein und ist kurz darauf beim Eingang in die Gilfenklamm. Am schon bekannten Weg geht es dem Bach entlang zurück zum Parkplatz.

49 Passerschlucht – Stieber Wasserfall

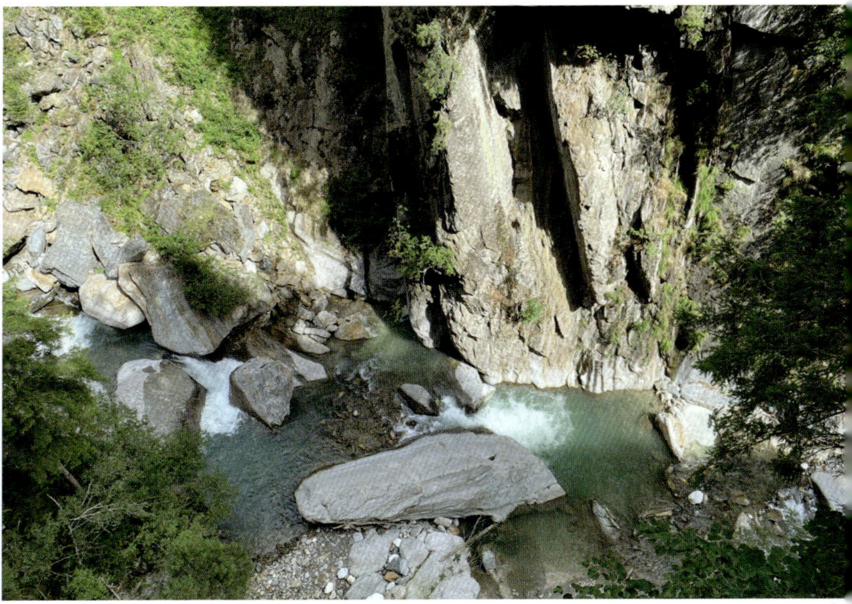

Blick hinunter zur Passer

 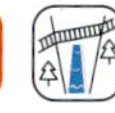 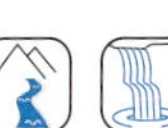

Diese Wanderung führt von St. Leonhard bis nach Moos in Passeier. Dabei begleitet sie mit teilweise aufwändigen Gitterstegen die Passer. Anfangs ist diese noch breit und fließt ruhig dahin. Im weiteren Verlauf wird sie aber immer schmäler und wilder. Anschließend hat man die Möglichkeit, eine weitere Runde über den Stieber Wasserfall anzuhängen, um auch dieses Naturschauspiel zu bewundern.

Anfahrt: Brennerautobahn Ausfahrt Sterzing – Jaufenpass – St. Leonhard in Passeier
Ausgangspunkt: Parkplatz hinter dem Fußballplatz (713 m)
Route: Passerschlucht – Bad Sand – Stieber Wasserfall – Moos in Passeier – Passerschlucht – Parkplatz
Höchster Punkt: 1028 m (kurz vor dem Bad Sand)
Km, Hm: 15 km, 600 Hm
Dauer: 5 ¾ – 6 Stunden

Voraussetzungen: Trittsicherheit
Beste Jahreszeit: Frühjahr – Herbst
Gebühren: keine
Einkehrstationen: Hofschenke Hinterbrugg (sieben Minuten vom Weg entfernt), Bad Sand
Tipp: Kürzere Varianten: zur Hofschenke Hinterbrugg und wieder zurück oder von Bad Sand oder Moos mit dem Bus 240 zurück nach St. Leonhard; die Runde um den Stieber Wasserfall weglassen.

Anfahrt: Auf der Brennerautobahn bis zur Ausfahrt Sterzing und anschließend weiter Richtung *Jaufenpass*. In vielen Kehren über diesen Pass bis nach St. Leonhard in Passeier. Beim ersten Kreisverkehr biegt man Richtung *Sportzone* ab und beim zweiten Kreisverkehr mit dem großen liegenden T biegt man Richtung *Camping Zögghof* ab. Gleich hinter dem Fußballplatz befindet sich ein Parkplatz.

Passerschlucht: Beim Parkplatz ist eine Übersichtstafel aufgestellt, die den Weg durch die Passerschlucht abgebildet hat. Ähnliche Tafeln findet man entlang des ganzen Weges. Sie zeigen einem an, wo man sich gerade befindet. Da man dem Bach bergauf folgt, geht es meist leicht aufwärts. Da sich der Weg aber an das Gelände anpasst, gibt es auch steilere Passagen oder sogar kurze Strecken bergab.

Zu Beginn geht man ein Stück die Straße weiter, die gleich nach den

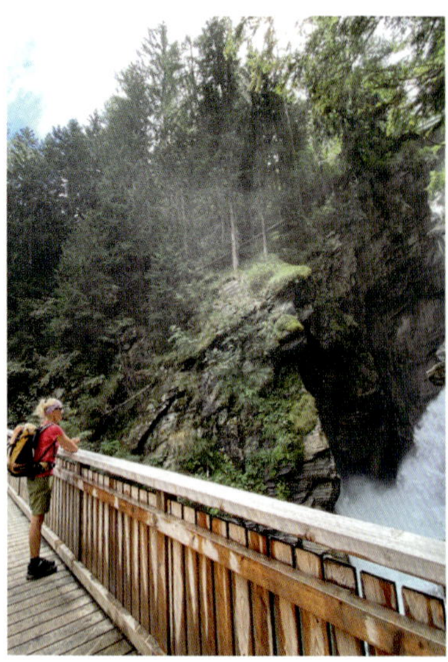

Beim Stieber Wasserfall kann man sich von der Gischt abkühlen lassen

Sportplätzen in einen breiten Wanderweg übergeht, der direkt neben dem Bach entlangführt. Nachdem man eine Brücke über die Passer überquert, wird der Weg schmäler. Um entlang der Passer gehen zu können, wurden immer wieder aufwändige Stege aus Gitterrost entlang der Felsen fixiert. Diese wechseln sich mit Wanderwegen ab. Es gibt auch immer wieder Sitzmöglichkeiten. Dort kann man ausruhen und das Geplätscher des Wassers auf sich wirken lassen.

Nach ungefähr der Hälfte der Strecke ist bei einer Abzweigung die Hofschenke Hinterbrugg angekündigt, die man nach sieben Minuten erreicht. Wer eine Pause braucht oder nicht mehr weitergehen will, kann dieser netten Schänke einen Besuch abstatten.

Wer noch fit ist, folgt dem Weg Nr. 1 der Passer entlang weiter. Schließlich erreicht man das alte, stillgelegte Kraftwerk *Polt-Werk*. Man kann einen Raum besichtigen. In einen zweiten wurde eine moderne öffentliche WC-Anlage eingebaut.

Entlang des Weges sieht man immer wieder, dass es von beiden Seiten Zuflüsse zur Passer gibt. Da man ihr ja flussaufwärts folgt, erklärt das auch, warum der Bach immer schmäler wird. Schließlich geht es in ein paar Kehren einen Hang aufwärts zu einer Plattform. Diese ermöglicht allerdings keinen Blick auf die Passer, die hier unterhalb durch eine Schlucht fließt. Vielmehr bietet sie einen wunderbaren Blick auf die Stuller Wasserfälle, deren Wassermassen sich auf der gegenüberliegenden Seite der Passer über 300 Meter in die Tiefe stürzen. Da im oberen Bereich ein Klettersteig entlang des Wasserfalls gebaut wurde, kann man meist auch Klettersteiggeher ausmachen.

Beeindruckend ist dann auch noch der Stahlsteig aus Gitterrost, der weit oberhalb der Passer einer steilen Felswand entlang Richtung Westen führt. Im Weiteren geht es dann ein kurzes Stück auf die andere Seite der Passer. Vor allem von den Brücken aus hat man schöne Tiefblicke hinunter auf das Wasser, das im Laufe der Jahr-

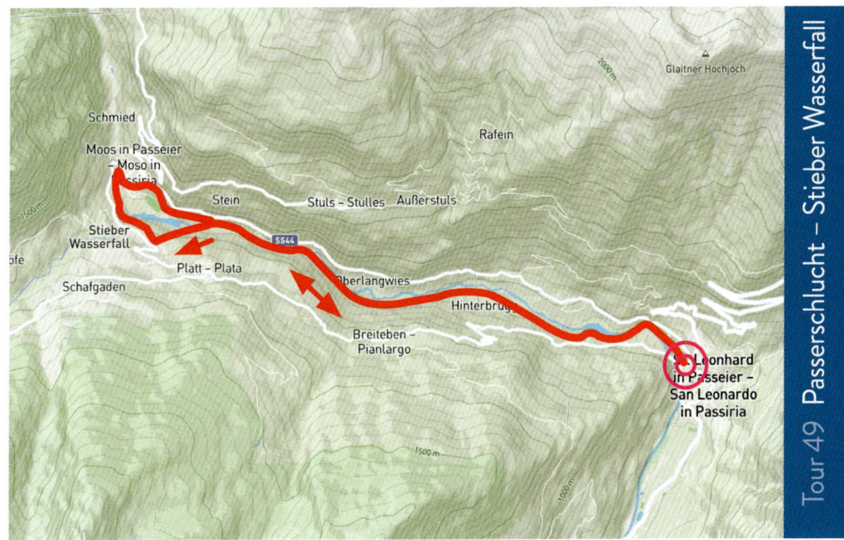

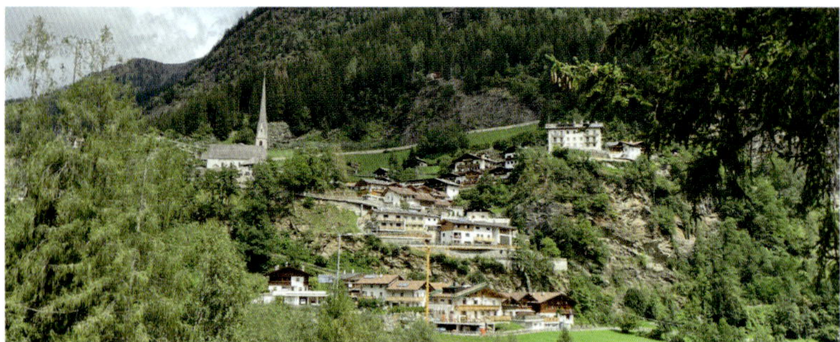

Blick nach Moos in Passeier

tausende seinen Weg durch den Fels gefressen hat und ein wunderbares Naturschauspiel bietet.

Stieber Rundweg: Erreicht man bei der Staumauer die große Brücke über die Passer, kann man noch einen weiteren schönen Wasserweg anhängen: einen Rundweg über den Stieber Wasserfall. Dafür folgt man dem Stieber-Wasserfall-Weg aufwärts, zuerst durch Wald und bald darauf über eine schöne Wiese, bis man das Café Bad Sand erreicht. Auf der netten Terrasse lässt es sich gut einkehren. Wer mit dem Bus zurückfahren will, findet kurz nach dem Lokal eine Bushaltestelle. Weiter geht es dann im Wald abwärts, bis man bei einer Holzbrücke über den Pfelderer Bach die Stieber Wasserfälle erreicht. Hier stürzen sich die Wassermassen fast 40 Meter durch eine schmale Schlucht in die Tiefe. Ein tolles Erlebnis ist der Blick in die Schlucht, da es wunderbare Felsformationen zu sehen gibt. Aber beeindruckend ist auch, dass man die Gischt im Gesicht spürt, während man das Naturschauspiel bewundert. Auf der anderen Seite der Brücke sieht man, wie der Pfelderer Bach in die Passer einmündet.

Geht man weiter, erreicht man bald die Straße nach Moos in Passeier. Dieser folgt man zu einer Holzbrücke, überquert sie und geht noch zum Ort aufwärts bis zur Abzweigung in die Passerschlucht. Hier gibt es abermals die Möglichkeit, mit dem Bus zurückzufahren. Dafür muss man zur Bushaltestelle in den Ort gehen.

Rückweg Passerschlucht: Sonst folgt man dem Weg in die Passerschlucht. Zuerst einer kleinen Seitenstraße entlang, die bald in einen Wanderweg übergeht, der zur großen Brücke führt. Nachdem man diese überquert hat, geht es am schon bekannten Weg wieder zurück nach St. Leonhard in Passeier. Durch die Richtungsänderung nimmt man aber ganz andere Details wahr.

50 Algunder Waalweg

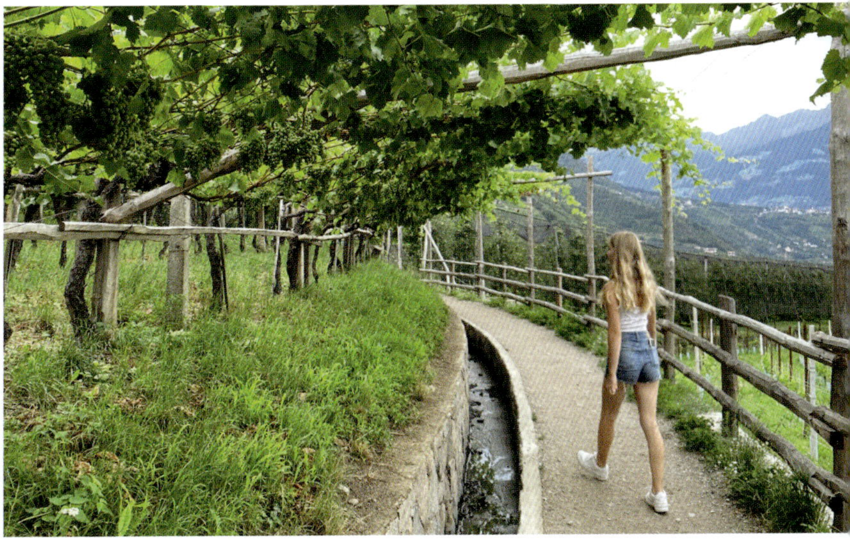

Der Weg führt teils unter Weinreben entlang

 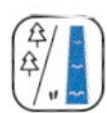

Die Waalwege, also Wege entlang von Wasserkanälen, sind typisch für das Vinschgau, wo man diese benötigte, um die Südhänge mit Wasser zu versorgen. Der Algunder Waalweg ist einer von vielen rund um Meran. Er führt durch schöne Apfelplantagen und Weingärten oberhalb des Ortes Algund und geht recht flach bis zum Café Konrad.

Anfahrt: Brennerautobahn Ausfahrt Bozen – Meran – Töll Schleuse
Ausgangspunkt: Parkplatz Algunder Waalweg (508 m)
Route: Algunder Waalweg bis Café Konrad – gleich zurück
Höchster Punkt: 508 m (Parkplatz)
Km, Hm: 4,9 km, 80 Hm
Dauer: 1 ½ – 1 ¾ Stunden
Voraussetzungen: keine
Beste Jahreszeit: ganzjährig
Gebühren: keine
Einkehrstationen: Leiter am Waal, Café Konrad
Tipp: Man kann mit dem Bus 221 von Meran zur Töller Schleuse fahren und bis Meran zurückgehen. Um Meran gibt es jede Menge anderer Waalwege wie z. B. den Kuenser Waalweg, Riffianer Waalweg, Marlinger Waalweg.

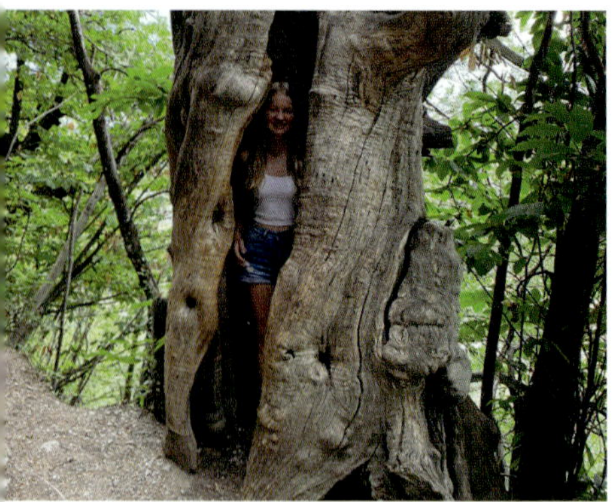

Ausgehöhlter Baum, der sich zum Verstecken eignet

Waalwege: Der Vinschgau wartet mit über 20 Waalwegen auf. Das sind künstlich angelegte Bewässerungskanäle, die meist recht flach verlaufen. Sie wurden vor Jahrhunderten gebaut, um die Felder und Wiesen an den Sonnenhängen zu bewässern. Direkt neben diesen Kanälen wurden schmale Wege errichtet, um die Wartung dieser Wasserwege zu erleichtern.

Diese schmalen Wege werden heute von Wanderern und Spaziergängern sehr gerne benutzt. Sie sind meist recht flach und können eigentlich das ganze Jahr über begangen werden, wobei jede Jahreszeit etwas Besonderes bietet.

Stellvertretend für alle Waalwege soll hier der Algunder Waalweg vorgestellt werden, der in der Nähe von Meran oberhalb des Ortes Algund verläuft. Dieser Wasserkanal wird aus der Etsch gespeist und ist heute noch in Verwendung.

Anfahrt: Auf der Brennerautobahn nimmt man die Ausfahrt Bozen Süd und fährt dann auf der Schnellstraße weiter nach Meran, an der Forst-Brauerei vorbei und biegt bei der Schleuse Töll nach Algund ab. Kurz darauf befindet sich auf der linken Straßenseite der geräumige Parkplatz für den Algunder Waalweg.

Entlang des Algunder Waalweges: Vom Parkplatz aus folgt man einem Schotterweg auf der linken Straßenseite und kommt dann gleich zum offiziellen Beginn des Waalweges.

Entlang desselben findet man immer wieder Standln, wo Bauern ihre Ware ausgestellt haben und zum Verkauf anbieten. Das Geld dafür ist in die zu diesem Zweck vorgesehenen Kassen einzuwerfen.

Der Waalweg geht zwar immer dem Wasser entlang, ist aber überaus abwechslungsreich. Es muss nicht zu jeder Tageszeit überall Wasser fließen. So kann es passieren, dass man beim Hinweg neben einem ausgetrockneten Kanal marschiert, der beim Rückweg dann reichlich Wasser führt.

Meistens wandert man durch Apfelplantagen und Weingärten. Die Trauben hängen manchmal direkt über dem Weg, sodass sie im Sommer und Herbst zum Greifen nahe sind.

Aber es gibt auch Waldpassagen oder Abschnitte, wo verschiedene Pflanzen zu sehen sind: so beispielsweise Bäume mit Edelkastanien, Feigen oder Granatäpfeln. Man bekommt stellenweise sogar Palmen zu sehen. Entlang des Weges befindet sich auch ein ausgehöhlter Baum, der zum Versteckspiel einlädt.

Anfangs verläuft der Wasserkanal recht gerade oberhalb der Straße. Aber bald wendet er sich ab und führt durch einen beleuchteten Tunnel. Gegen Ende hin schlängelt er sich durch die Landschaft, an größeren Steinblöcken vorbei oder unter ihnen durch.

Es gibt auch immer wieder Bänke, die zu einer Rast einladen. Dann kann man seinen Blick über die Obstplantagen wandern lassen und einfach das Panorama genießen.

Zweimal kommt man zu einer Kreuzung. Da muss man nur nach dem Wasserkanal Ausschau halten, um den richtigen Weiterweg nicht zu verfehlen. Gegen Ende hin hat man auch einen schönen Blick Richtung Meran. In der Nähe des Café Konrad endet der offizielle Algunder Waalweg. Wer mit dem Bus 221 von Meran nach Töll gefahren ist, kann auf einem netten Weg bis Meran weitergehen.

Rückweg: Zurückgegangen wird am gleichen Weg. Dabei zeigen sich – wie bei allen Waalwegen – ganz andere, zusätzliche Details als am Hinweg.

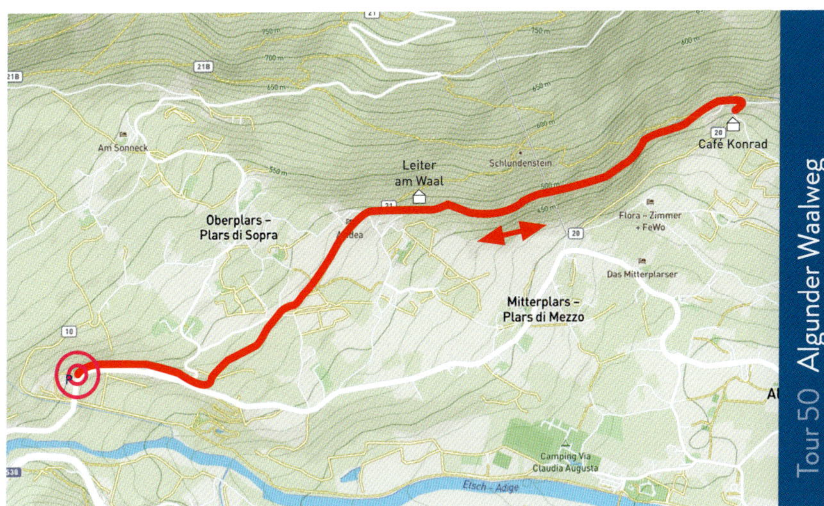

51 Barbianer Wasserfälle

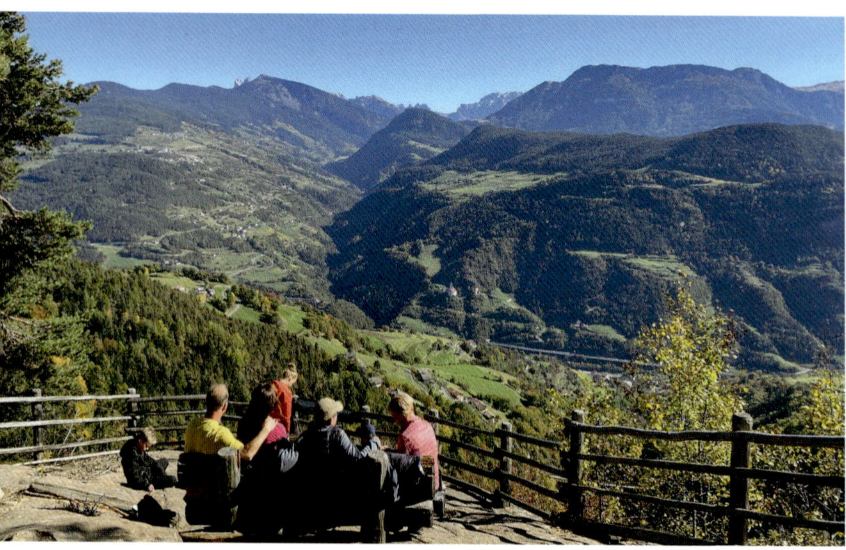

Wunderbare Aussicht von einer der Aussichtsplattformen

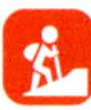 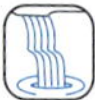

Vom netten Ort Barbian, der an seinem schiefen Kirchturm leicht zu erkennen ist, geht eine schöne Rundwanderung zu den Barbianer Wasserfällen. In acht Kaskaden stürzt der Ganderbach in die Tiefe. Die tosenden Wassermassen sind im April/Mai bei Schneeschmelze am beeindruckendsten, aber auch im Herbst überaus sehenswert.

Anfahrt: Brennerautobahn Ausfahrt Klausen – Richtung Bozen – Barbian

Ausgangspunkt: Parkplatz am südlichen Ortsende von Barbian (830 m)

Route: unterer Barbianer Wasserfall – oberer Barbianer Wasserfall – Barbian – Parkplatz

Höchster Punkt: 1234 m (oberer Wasserfall)

Km, Hm: 4,3 km, 410 Hm

Dauer: 2 ½ – 2 ¾ Stunden

Voraussetzungen: Trittsicherheit

Beste Jahreszeit: Frühjahr – Herbst

Gebühren: keine

Einkehrstationen: unterwegs keine; mehrere Möglichkeiten in Barbian

Tipp: Direkt in Barbian kann man die Kirche mit dem schiefen Turm (aus dem 14. Jahrhundert) besichtigen.

Anfahrt: Anfahrt über die Brennerautobahn und dann in Südtirol bis zur Ausfahrt Klausen. Auf der Bundesstraße weiter Richtung Bozen, bis man rechts zur Abzweigung nach Barbian kommt. Auf dieser Straße fährt man einige Kehren aufwärts, durch den Ort und dann am südlichen Ende zu den wenigen Parkplätzen (entlang der Straße). Hier ist auch der Wasserfallweg schon angeschrieben.

Zum Wasserfall: Abmarsch ist beim Marterl. Von dort geht der *Wasserfallweg* zuerst über eine kleine Straße steil bergauf. Nach einer Kehre hat sie nur mehr zwei asphaltierte Streifen. Man verlässt bald die Straße, um dem Wasserfallweg zum *unteren Wasserfall* zu folgen. Ein schmaler Steig quert nun einen breiten Hang. Von diesem gibt es wunderbare Ausblicke auf die Berge der Umgebung. Dann wandert man durch einen Kastanienhain.

Schließlich gelangt man auf eine schmale Straße, in die man nach rechts einbiegt und der man ein kurzes Stück entlanggeht, bis der Wasserfallweg in einen Wald abzweigt. Dieser Weg ist zunächst recht gemütlich zu gehen. Bald sieht man in der Ferne die Kaskaden des Barbianer Wasserfalls. Man folgt immer dem Wegweiser *Unterer Wasserfall.* Der Weg wird bald schmäler und führt unter Kastanienbäumen weiter aufwärts. Der Steig ist gut abgesichert und geht über Stufen aus Stein oder Holz aufwärts. Dabei kommt man an verschiedenen Stationen mit Kneippbecken vorbei. Schließlich erreicht man den überaus beeindruckenden unteren Wasserfall. Er stürzt in vier

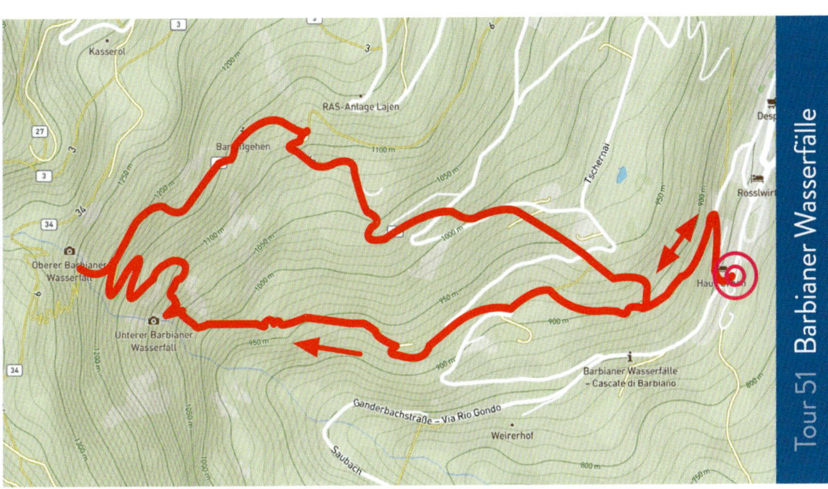

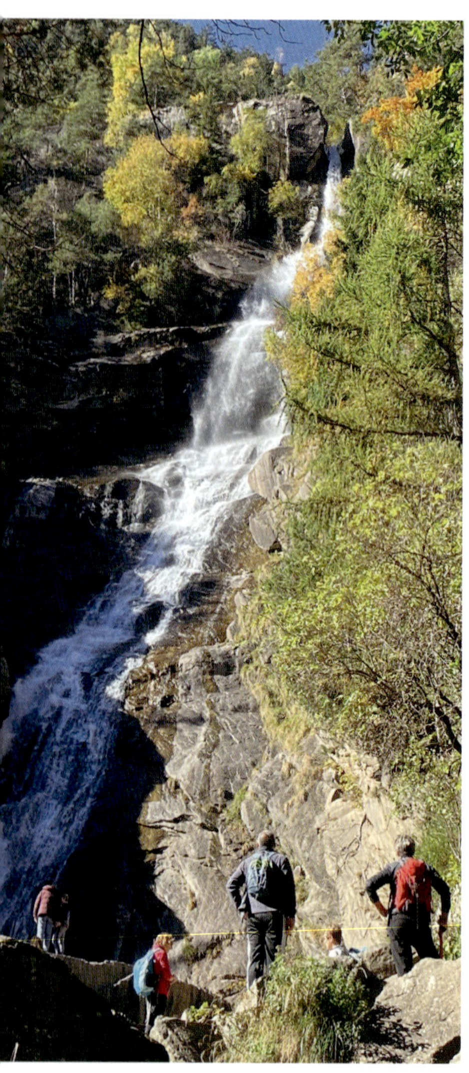

Kaskaden des unteren Wasserfalls

Kaskaden tosend in die Tiefe. Wer will, kann durch Herumklettern auf den Steinblöcken ganz nahe an den Wasserfall herankommen. Im Sommer bietet das eine wunderbare Abkühlung, weil man die Gischt zu spüren bekommt.

Zum oberen Wasserfall: Weiter folgt man den Wegweisern zum *oberen Wasserfall.* Unterwegs findet man einige sehr schöne Sitzmöglichkeiten. Solche befinden sich auch auf einer wunderbaren Aussichtskanzel, von der aus man die Bergwelt auf der anderen Talseite des Eisacktales bewundern kann.

Den Wegweisern weiter folgend gelangt man zum oberen Wasserfall. Eine kleine, über den Bach führende Holzbrücke ermöglicht es, den Wasserfall auch von der anderen Seite aus – und vor allem ganz nah – zu betrachten.

Runde: Hier drehen wir um und gehen den Weg 6 nach Barbian ins Tal zurück. Auch hier finden sich auf dem netten kleinen Steig immer wieder Sitzmöglichkeiten, von denen aus man eine wunderbare Aussicht hat. Schließlich gelangt man auf einen Forstweg, der in eine schmale Straße einmündet. Dieser folgend kommt man bald wieder zu einem Wegweiser nach *Barbian* (Weg 6a). Man bleibt weiter auf diesem Weg, der ein paarmal die Straße kreuzt. Schließlich gelangt man wieder auf den vom Anfang der Tour bekannten Weg. Dieser führt direkt zum Auto zurück.

52 Bletterbachschlucht

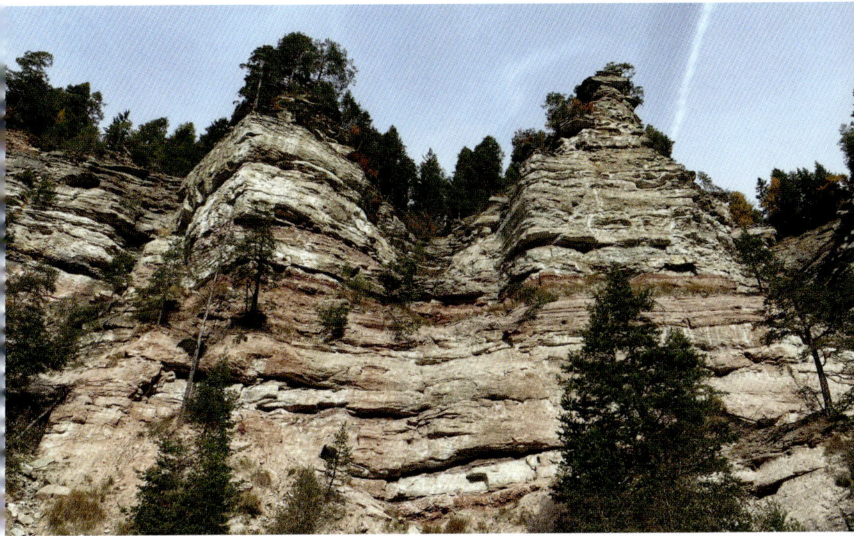

Faszinierende Gesteinsschichten, die Millionen von Jahren darlegen

  Das Naturdenkmal Bletterbachschlucht ist Südtirols größte Schlucht und verspricht eine Reise durch die Zeit. Und das wird auch geboten. Der Bletterbach hat durch die Jahrtausende einen Weg durch die Felsen gesucht und dabei die verschiedensten Gesteinsschichten zum Vorschein gebracht. Je nach Tages- und Jahreszeit schillern sie in den schönsten Farben.

Anfahrt: Brennerautobahn Ausfahrt Neumarkt-Auer-Tramin – Auer – Aldein – Besucherzentrum Geoparc Bletterbach

Ausgangspunkt: Parkplatz Besucherzentrum Geoparc Bletterbach (1552 m)

Route: Bletterbachschlucht – Bletterbach-Wasserfall – Lahneralm – Parkplatz

Höchster Punkt: 1618 m

Km, Hm: 4,4 km, 260 Hm

Dauer: 1 ¾ – 2 Stunden

Ausrüstung: Helm (kann im Besucherzentrum ausgeliehen werden)

Voraussetzungen: Trittsicherheit

Öffnungszeiten: 1. Mai – 31. Oktober. Bei Regen und Gewitter wegen Steinschlag gesperrt

Gebühren: Eintritt Schlucht

Einkehrstationen: Lahneralm (1583 m)

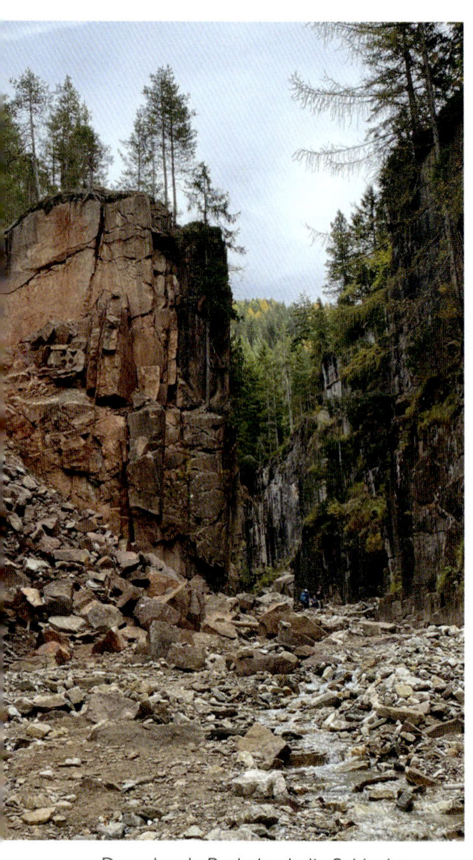

Der schmale Bach durch die Schlucht

Tipp: Führung durch die Schlucht, GEO-Museum in Radein

Anfahrt: Anfahrt über die Brennerautobahn und in Südtirol bis zur Ausfahrt Neumarkt-Auer-Tramin. Nach der Mautstelle, beim Kreisverkehr, Richtung *Auer*, über die Brücke und auf der SS12 Richtung Auer. Den Ort kann man auf der *Circonvallazione di Ora* durch einen Tunnel schön umfahren. Auf der SS48 weiter bis zum Brückenwirt. Dort deutet ein brauner Wegweiser *Geoparc Bletterbach* an, dass man links abbiegen soll. Auf der SP72 weiter Richtung *Aldein*. Am Ende des Dorfes, beim Gasthaus Pizzeria Waldrast, nach rechts dem Schild *Geoparc Bletterbach* folgen. Nach einigen Kehren erreicht man den Parkplatz des Besucherzentrums Bletterbach. Von der Autobahnausfahrt bis zum Parkplatz sind es ca. 20 Kilometer.

Zum Wasserfall: Im Besucherzentrum bekommt man mit der Eintrittskarte auch einen Übersichtsplan zur Schlucht. Außerdem kann man sich hier für geführte Touren anmelden sowie Helme ausleihen.

Wer es bevorzugt, ohne Führung zu gehen, kann die Schautafeln studieren, die Information über die Schlucht und deren Entstehung bieten.

Südlich des Besucherzentrums sieht man einen Wegweiserbaum. Wir nehmen den schmalen Steig Nummer 3 Richtung *Bletterbachschlucht*. Dieser schön angelegte Pfad führt im Wald abwärts und mündet schließlich in einen breiteren Weg, dem man abwärts Richtung *Taubenleck* folgt. Bald sieht man in der Ferne schon wunderbare Steinformationen, die in den verschiedensten Farben leuchten.

Die Infotafeln erklären, wie sich das Gestein zusammensetzt und wie es entstanden ist. Schließlich führen etliche Stufen in die Schlucht hinunter und man geht den Schildern *Wasserfall Butterloch* nach. Unten angekommen, folgt man dem fast trockenen Bachbett. Ein Weg ist hier nur schwer zu erkennen. Es handelt sich eher um einen schwach ausgeprägten Trampelpfad. Gelegentlich muss man den kleinen Bach überqueren. Hier ist Trittsicherheit gefordert. Man muss über viele größere und kleinere Steine steigen, wie sie bei Gewitter und starkem Regen durch die Schlucht geschwemmt werden. Stellenweise liegen auch riesige Felsblöcke herum. Der durch die Schlucht fließende Bach ist eher bescheiden. Man wundert sich, dass er sich so tief in den Felsen eingraben konnte.

Schließlich führen links von einem kleinen Wasserfall ein paar Stufen aufwärts. Zu beiden Seiten ragen die Felsen beeindruckend empor. Sie zeigen ein schönes Farbenspiel. Weiterhin folgen wir dem Schild *Wasserfall Butterloch*. Man gelangt zu einer Absperrung, wo man im Hintergrund den Wasserfall sieht. Die Absperrung ist leider vom Wasserfall recht weit entfernt, sodass er nicht so beeindruckend wirkt, wie er aus der Nähe wohl sein mag.

Zur Lahneralm: Von der Absperrung geht man dann zum letzten Wegweiser zurück. Ab hier folgt man den Wegweisern in Richtung *Besucherzentrum*. Über viele Stufen führt der Weg recht steil aufwärts. Immer wieder gibt es einen schönen Ausblick in die Schlucht hinunter. Wenn man

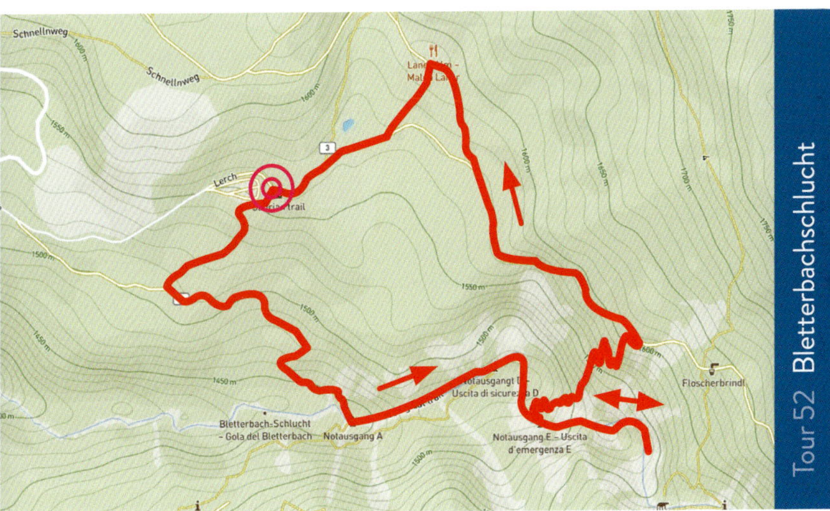

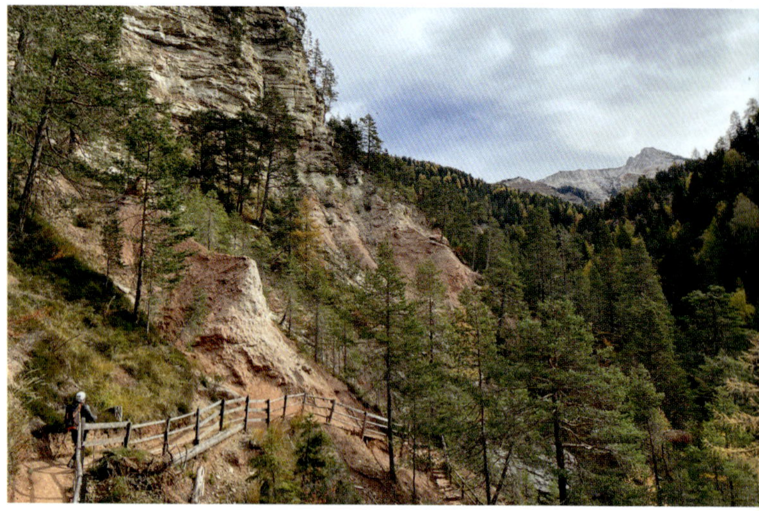

Der Weg hinunter in die Schlucht

das bröselige Gestein von oben sieht, wird klar, warum in der Schlucht Helmpflicht besteht. Der Butterloch-Wasserfall wirkt von oben sogar schöner als von unten.

Auch im Bereich der vielen Stufen sind Schautafeln aufgestellt, bei denen man sich über verschiedene Tiere der Gegend informieren und dabei verschnaufen kann. Schließlich gelangt man wieder in flacheres Gelände und trifft auf einen Forstweg, den man links in Richtung *Besucherzentrum* weitergeht. Wer einkehren will, macht bei der nächsten Abzweigung einen Abstecher und folgt dem Wegweiser *Lahneralm*. Der Weg wird schmal, aber es ist nicht mehr weit, bis man die Holzhütte der Alm durch die Bäume durchscheinen sieht.

Zurück zum Besucherzentrum: Nach einer feinen Rast in der netten Alm geht es zurück zum Ausgangspunkt. Man geht zurück zur Forststraße und folgt dieser abwärts. Kurz darauf erreicht man den Parkplatz beim Besucherzentrum.

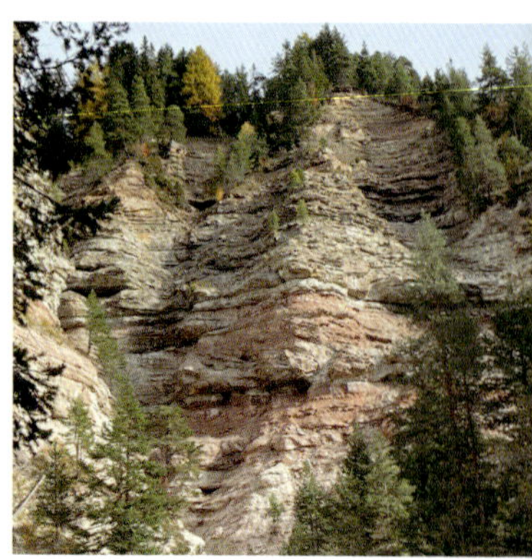

Faszinierende Gesteinsschichten

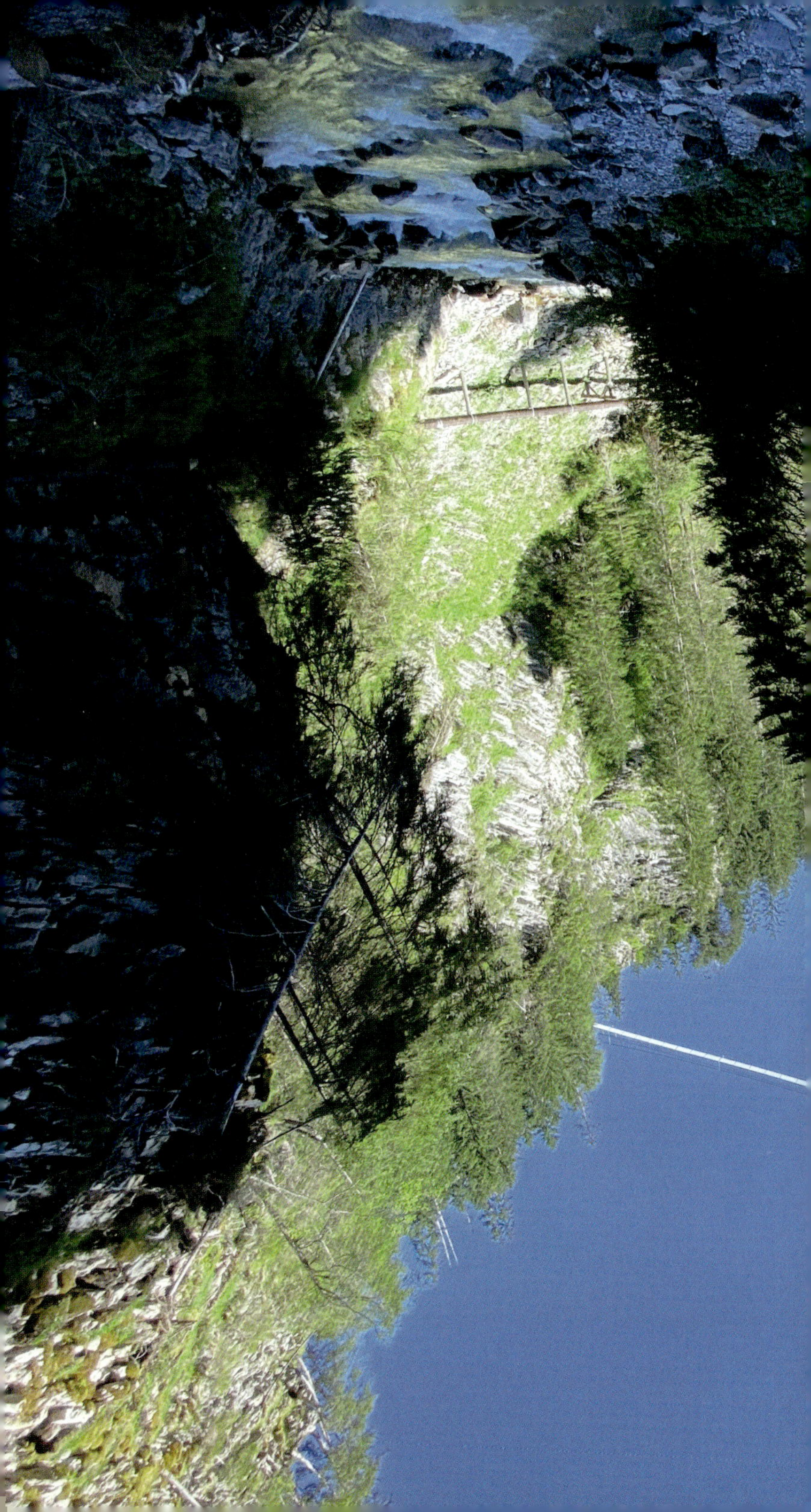

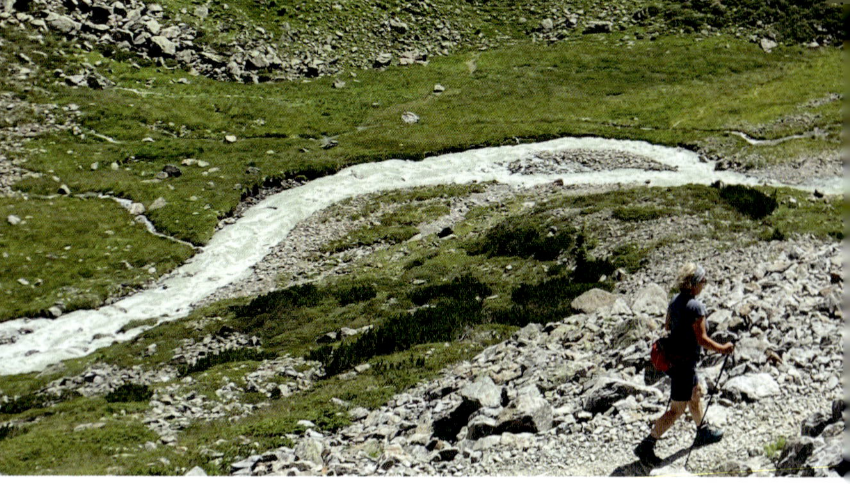

Die schöne Hochebene mit dem Winnebach

Übersichtstabelle aller 52 Touren

Nr.	Name der Tour	Weg	Schwierigkeitsgrad	km	Hm
1	Simmswasserfall	Bach/Wasserfall	W – rot/KS – schwarz	5,1	270
2	Hölltalschlucht – Weg der Sinne	Bach/Klamm	Wanderung	7	510
3	Rotlechschlucht	Klamm	Wanderung	2,7	175
4	Stuibenfälle	Bach/Wasserfall/See	Wanderung	4,5	250
5	Schnanner Klamm – Fritzhütte	Klamm/Bach	Wanderung	5,6	600
6	Radurschlklamm	Klamm	Wanderung	6,3	400
7	Kaunertaler Wasserweg	Wasserkanal	Wanderung	11	520
8	Verpeilbach	Wasserfall/Bach	Wanderung	8	730
9	Salvesenklamm – Hoher Übergang	Klamm	Wanderung	3,8	210
10	Rosengartenschlucht – Blaue Grotte	Klamm/See	Wanderung	4,3	250
11	Pitzeklamm	Klamm	Wanderung	5,2	260
12	Söllbergwasserfall	Wasserfall	Wanderung	1,4	160
13	Ötztaler Ache – Piburger See	Bach/See	Wanderung	6,1	220
14	Stuibenfall	Wasserfall	W – rot/KS – schwarz	5,2	430
15	Winnebachseehütte	Bach/Wasserfall/See	Wanderung	8,1	730
16	Rotmoos-Wasserfall – Zirbenwegrunde	Wasserfall/Bach	Wanderung	5,2	370
17	Zimmerbergklamm – Strassberghaus	Klamm	Wanderung	6,8	520
18	Leutascher Geisterklamm	Klamm	Wanderung	3,3	140
19	Gleirschklamm	Klamm/Bach/Wasserfall	Wanderung	11,6	535
20	Ehnbachklamm	Klamm	Wanderung	3,4	280
21	Hundstalsee	Bach/See	Wanderung	7,7	720
22	Lüsenerblick	Bach/Wasserfall	Wanderung	6,5	600
23	Mühlauer Klamm	Klamm/Bach	Wanderung	4,5	300
24	Grawa-Wasserfall – Sulzenauhütte – Blaue Lacke	Wasserfall/Bach/See	Wanderung	10,6	920
25	Laponesalm – Bremer Hütte	Bach/See	Wanderung	15	1170
26	Obernberger See	Bach/See	Wanderung	9,1	300

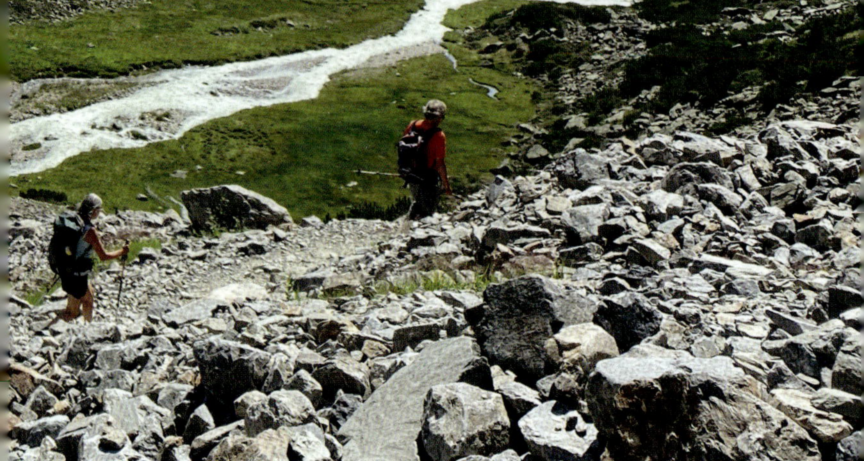

Nr.	Name der Tour	Weg	Schwierigkeitsgrad	km	Hm
27	Naviser Almenrunde	Bach/Wasserfall	Wanderung	10,8	620
28	Ramsgrubner See – Wildlahnerbach	See/Bach	Wanderung	9,1	1040
29	Wolfsklamm – St. Georgenberg	Klamm	Wanderung	7	390
30	Achensee	See	Wanderung	8,5	160
31	Dalfazer Wasserfall	Wasserfall	W – rot/KS – schwarz	3,2	350
32	Talbach	Wasserfall	W – rot/KS – schwarz	2,4	130
33	Riederklamm	Klamm	W – rot/KS – schwarz	2,8	260
34	Schraubenfall	Wasserfall/Bach/Klamm	Wanderung	3,8	280
35	Kaiserklamm – Weißache	Klamm/Bach	Wanderung	7	150
36	Tiefenbachklamm	Klamm	Wanderung	8,4	150
37	Kundler Klamm	Klamm/Bach	Wanderung	11,8	200
38	Schmugglerweg	Bach	Wanderung	5,1	150
39	Griesbachklamm	Klamm	Wanderung	8,8	275
40	Eifersbacher Wasserfall	Bach/Wasserfall	Wanderung	6,3	260
41	Sintersbach-Wasserfall	Bach/Wasserfall	Wanderung	6,8	380
42	Innergschlöss – Gletscherrundweg	Bach/Wasserfall/See	Wanderung	17	1000
43	Umbalfälle	Bach/Wasserfall	Wanderung	7,5	420
44	Lesacher Almen	Bach	Wanderung	8,8	490
45	Galitzenklamm	Klamm	W – blau/KS – schwarz	1,6	80
46	Tristacher See	Bach/See	Wanderung	7,8	230
47	Burkhardklamm	Klamm/Bach	Wanderung	7	380
48	Gilfenklamm	Bach/Klamm	Wanderung	5,2	230
49	Passerschlucht – Stieber Wasserfall	Bach/Klamm/Wasserfall	Wanderung	15	600
50	Algunder Waalweg	Wasserkanal	Wanderung	4,9	80
51	Barbianer Wasserfälle	Wasserfall	Wanderung	4,3	410
52	Bletterbachschlucht	Klamm	Wanderung	4,4	260

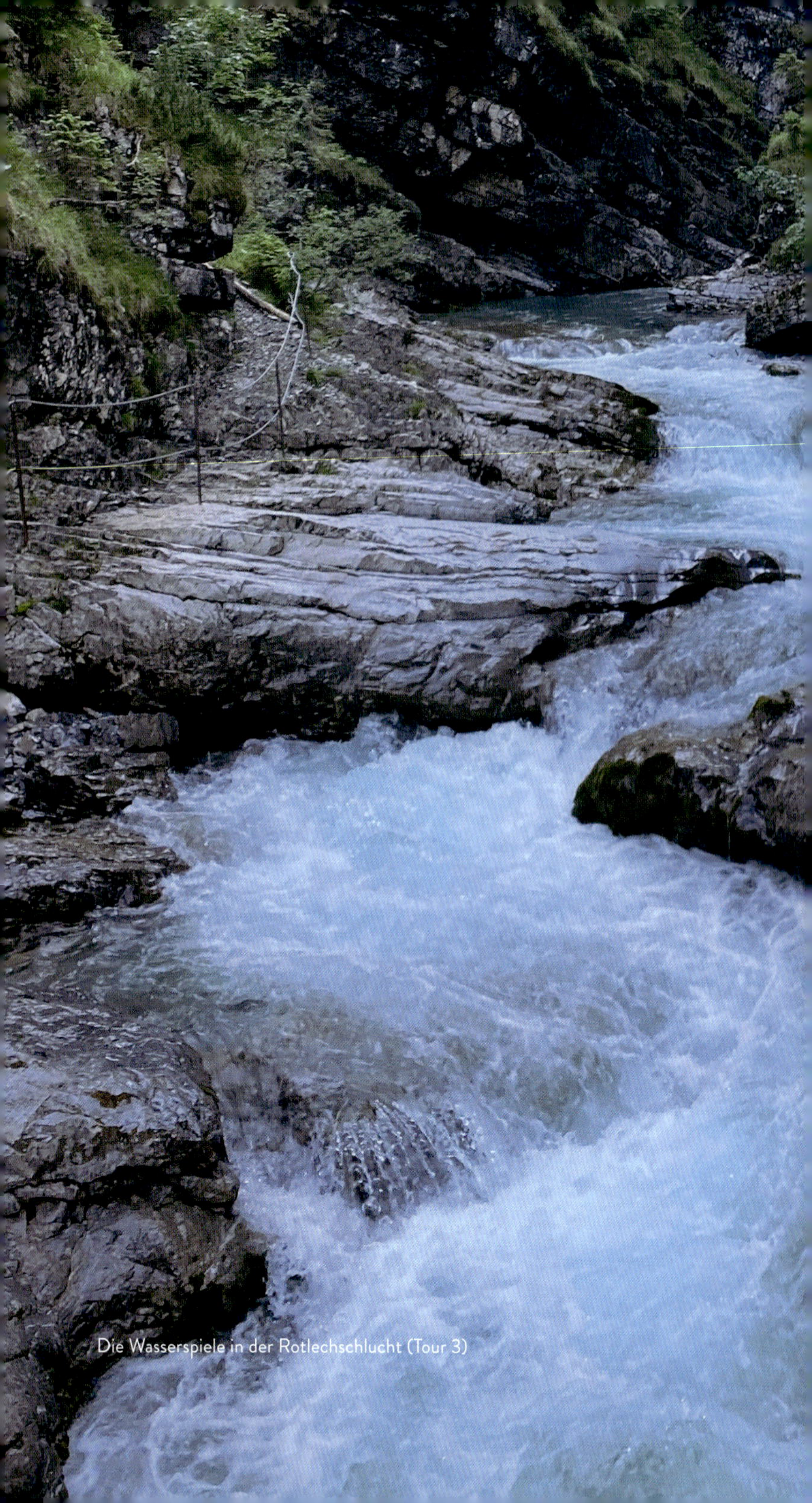

Die Wasserspiele in der Rotlechschlucht (Tour 3)

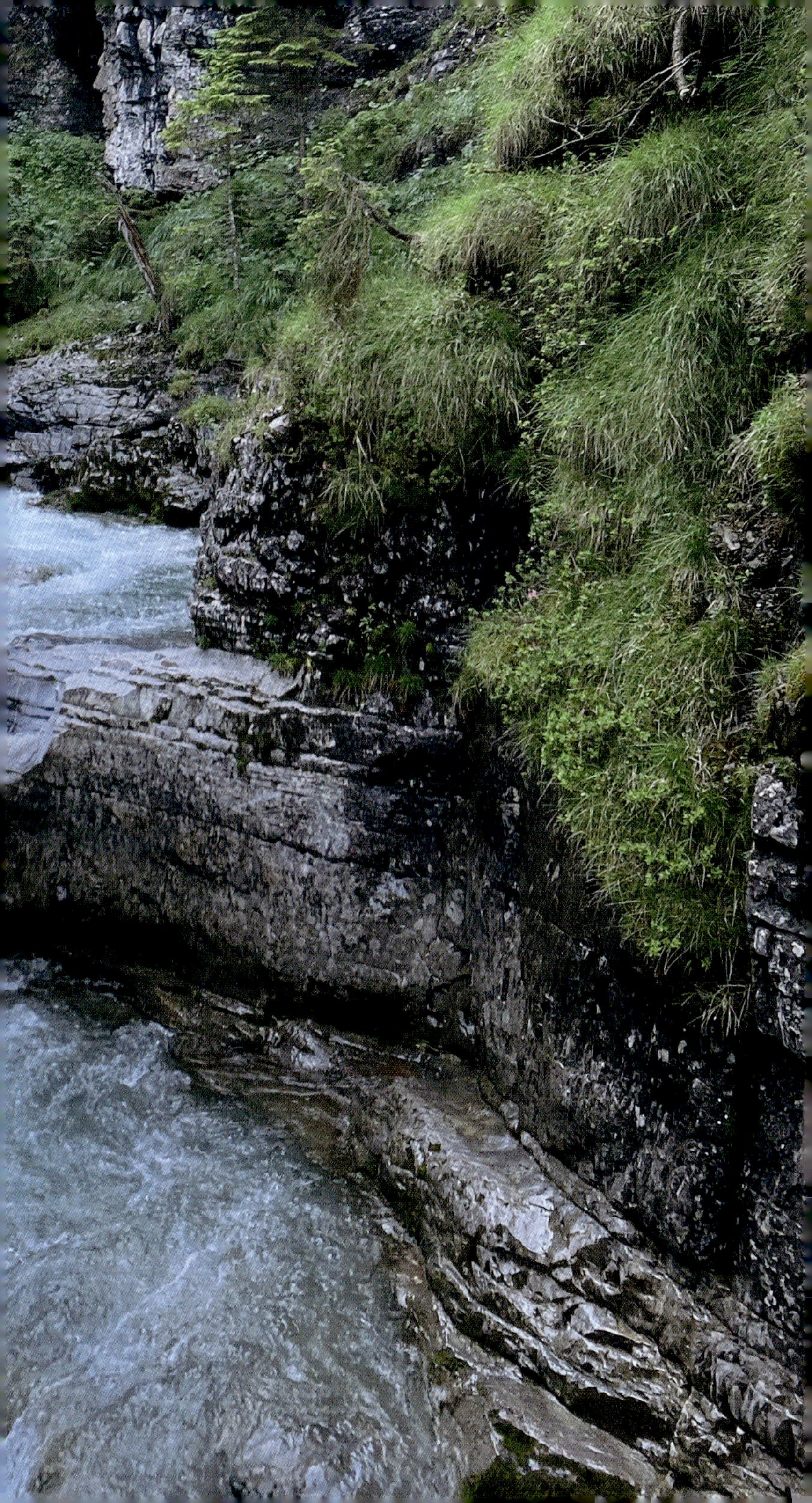

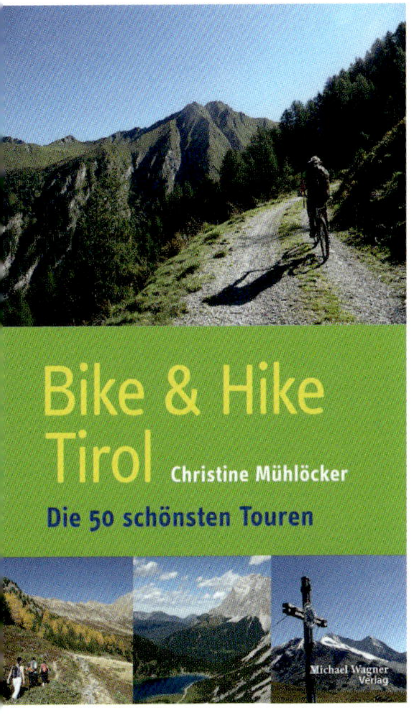

Christine Mühlöcker

Bike & Hike Tirol
Die 50 schönsten Touren

232 Seiten, Broschüre
978-3-7107-6721-0
EUR 19,95

Bike & Hike, das ist sportliche Herausforderung und Naturerlebnis pur: Mit dem Rad flott die ersten Höhenmeter zum Ziel überwinden und dann in die Wanderschuhe steigen, um einen der beeindruckenden Gipfel der Tiroler Bergwelt zu erobern.

Die Mountainbike-Expertin und TT-Tourentipp-Autorin Christine Mühlöcker versammelt in diesem Buch die besten Touren für Bike & Hike in Tirol – von einfachen Ausflügen für Einsteiger, die auch mit Kindern bewältigbar sind, bis zu anspruchsvollen Routen für konditionell und alpin Fortgeschrittene.

Zu jeder Tour finden sich exakte Routenbeschreibungen und Kartenausschnitte – und viele stimmungsvolle Fotos, die Lust machen, sofort loszulegen!

zu jeder Tour:

- die wichtigsten Informationen auf einen Blick
- detaillierte Tourenbeschreibung mit Expertinnen-Tipps
- Kartenausschnitte mit eingezeichnetem Routenverlauf
- viele Fotos